日本語研究叢書

日本語存在表現の歴史

金水 敏
【著】

ひつじ書房

導入

本書は、日本語の基本的な存在動詞「ある（あり）」「いる（ゐる）」「おる（をり）」を中心に、その意味・用法・機能等の歴史的展開について扱った研究書である。存在動詞をテーマとする単著としては、春日（一九六八）が挙げられるが、これは古代語のいわゆるラ行変格活用動詞に焦点を絞り、形態論・意味論を中心に述べたものであり、本書の興味・関心とはややずれている。上記存在動詞三語についての、文献を通じての通史的な研究書としては、本書が初めてのものではないかと思う。

なぜ存在動詞を取り上げるのか、またどのような点を明らかにしていきたいのか、という点については、次の諸点が挙げられる。

1　基本的な存在動詞が三語もあるという言語は、よく知られた言語の中でもそう多くなく、その意味・用法・機能の区別自体が興味を引く。

2　特に「いる」と「ある」は、主語が有生物か無生物かによって使い分けられると言われるが、その実態はもう少し複雑である。この点について、有生性（animacy）の点からはもちろんのこと、より広範な見地から探求したい。

3　また「いる」と「おる」の関係も複雑である。例えば標準語では、「おる」「おった」のような形態は一般的には使用されないのに対し、「おります」「おられる」のような形態は盛んに用いられている。このような点を含め、類義語とされる「いる」と「おる」の関係を、包括的・立体的に捉えたい。

4　これらの動詞の分布は、中央語の歴史だけでなく、地理的な分布としても興味深いものがある。すなわち国立国語研究所（一九六七）の第五三図によってよく知られるように、「あそこに人が○○」という表現について、東日本の多くの地域では「いる（いた）」が、また西日本の多くの地域では「おる」が用いられる。和歌山県の一部や八丈島では、「ある」も用いられる。このような地理的分布の形成と、中央における歴史的展開とが、どのような関係にあるのか考察したい。

5　「ある」「いる」「おる」は、本動詞として存在を表すのみならず、補助動詞としてアスペクトや断定などの形式を作り出している。すなわち文法的な形式の素材として、日本語の中で極めて重要な役割を果たしている。そのような文法形式の意味・用法等について明らかにするためにも、本動詞としての歴史をまず極めることが重要である。その上で、特に「文法化」の観点から、文法的形式の歴史的形成・発展過程を明らかにしたい。

以上の目標を踏まえ、本書では以下のような構成を採ることとする。

まず第1部「「いる」と「ある」」では、「いる」と「ある」の関係に焦点をあてる。第1章「存在表現の構造と意味」では、意味論、統語論の観点から、先行文献を踏まえつつ、現代共通語における存在動詞の意味と用法について整理する。ここで、「空間的存在文」「限量的存在文」「所有文」「リスト存在文」など、本書で使用する概念について基礎的定義を与えることとなる。

第2章「古代語の「ゐる」と「あり」」では、上代から鎌倉時代までの「ゐる」と「あり」の意味、用法について述べる。

第3章「存在動詞「いる」の成立」では、一五世紀–一六世紀初頭までの京都を中心とする地域のことばを扱い、存在動詞「いる」の成立過程および成立後の「ある」との機能分担について述べる。

第4章「近世上方語・現代京阪方言の「いる」と「ある」」では、浄瑠璃、洒落本、落語ＳＰレコード、談話録音資料等を用いて、近世から現代までの京阪における、存在動詞「いる」の伸長を確認する。

第5章「近世江戸語・現代東京語・共通語の「いる」と「ある」」では、「浮世風呂」、テレビドラマのシナリオ、近代小説等を用いて、江戸語から現代共通語までの資料における存在動詞「いる」の展開を検証する。

第6章「「いる」「ある」の歴史的変化の方向性と推進力」では、存在動詞「いる」の成立以後、「いる」が勢力を強めていく変化の過程をまとめ、その変化の要因について考察する。

第7章「敬語の意味変化と「ござる」」では、天草版平家物語を中心に、「ござる」が尊敬語から丁寧語へと推移した要因について考察する。

第2部「「いる」と「おる」」では、「いる（ゐる）」と「おる（をり）」の関係に焦点を移して論じていく。まず第8章「上代・平安時代の「ゐる」と「をり」―状態化形式の推移」では、上代文献において「をり」が「ゐる」の唯一の状態化形式であったことを検証し、平安時代に「をり」から「ゐたり」への推移のあったことを述べる。

第9章「平安時代の「をり」再考―卑語性の検討を中心に」では、議論のある平安時代和文資料の「をり」の卑語性について資料を再検討するとともに、文体間での差異をふまえながら、卑語性の発生要因について考察する。

第10章「鎌倉時代の「をり」と文体（附　室町時代・抄物）」では、鎌倉時代資料における「をり」の多用な機能を整理し、理解の道筋を示す。

第11章「室町末～現代　上方・京阪方言の「おる」」では、京阪語資料における「おる」の機能を分析していく。

第12章「全国共通語「おる」の機能とその起源」では、共通語における「おる」の複雑な機能を整理した上で、その成立過程を、上方語や文体の継承等の点から論じる。

第13章「存在動詞の地理的分布」では、全国における人の存在を表す存在動詞の分布を整理しながら、中央における歴史的変化との関係について論じる。

第14章「存在型アスペクト形式の歴史概観」は、動詞連用形や動詞テ形に存在動詞を付加して作られるアスペクト形式の、中央における歴史的変化を存在動詞の変化と関連づけながら概観するとともに、方言における分布との関係についても言及する。

最後に「結語」として本書の成果と残された問題を示す。附録として、主要資料一覧、参考文献、要語索引を付ける。

本書の各章と、筆者の既発表論文との関連は以下の通りである。第1章は金水（二〇〇二b）によっている。第2章は金水（一九八二）と金水（一九九八）の一部に基づき、書き下ろした。第3章は金水（一九九六b）と金水（一九八二）に基づき改編を加えたものである。第4章は金水（二〇〇五a）の一部に大幅に加筆したものである。第5章は金水（二〇〇四e）と金水（二〇〇五a）により、改編を加えている。第6章は金水（二〇〇五a）の一部に基づき書き改めたものである。第7章は金水（二〇〇五c）に基づいている。第8章は金水（一九八三a）を改編したものである。第9章は金水（二〇〇二a）に基づいている。第10章は金水（二〇〇五b）に加筆・修正を加えたものである。第11章は書き下ろしである。第12章は金水（二〇〇四d）に依っている。第13章は金水（二〇〇五d）に基づいている。第14章は新たに書き下ろした。

なお本書は、平成一六－一八年度科学研究費補助金基盤研究(B)(1)「日本語史の理論的・実証的基盤の再構築」（課題番号：一六三二〇〇五九、研究代表者：金水　敏）に基づく研究である。また出版にあたっては、平成一七年度科学研究費補助金（研究成果公開促進費）学術図書（課題番号：一七五一二二）の助成を受けたことを付記しておく。

目次

第2部　「いる」と「おる」

第1部　「いる」と「ある」

第１章　存在表現の構造と意味

１・１　導入および先行研究

本書では、日本語の存在動詞の用法の歴史的変遷について、具体的な文献資料に基づき考察を進めていくが、その場合に、そもそも「存在」とはどのような意味であるのか、またその変異の幅はどのようであり得るかという点について、一定の枠組みを得ることが作業上不可欠となると考える。本章では、そのような枠組みの構築を進めるために、まず日本語の存在表現を取り扱った主要な先行文献を取り上げ、問題点を整理していく。次に、意味論・統語論を援用しながら、本書の立場からの、存在表現の分類案を示す。これは直接的には現代日本語（共通語）を中心とする分類であるが、歴史的研究に資することを視野に収めている。

研究史を見れば分かるように、日本語の存在表現では、人を主語とする場合の「いる」と「ある」の使い分け、あるいは「いらっしゃいます」と「ございます」の使い分けなど、具体的な語彙の使い分けの問題として、半ば規範的な観点からの発言が多いが、この語彙の使い分けを掘り下げていくとき、日本語文法の根幹にも通底する、重要な意味論的・統語論的問題が立ち現れるのである。論点を先取りして言えば、意味論的には「存在」の、時間・空間に展開する「出来事」としての面を述べるのか、話者の世界に関する「判断」を述べるのかという二面性が問題となる。また統語論的には、構文における「場所」名詞句の有無、また主語との語順が問題となる。そして、この意味論的問題と統語論的問題の交渉が重要な課題となるのである。

以下、三上章を出発点として、研究史に入っていく。

1・1・1　三上（一九五三）

（1）三上（一九五三）では、「いる」と「ある」の意味的な違いについて、次のように述べている。

「ヰル」は履歴を背負った有情者が或る場所を占めることを表す。それまでに或る場所を占めていた者だけが、新に或る場所を占めることができるので、忽然と「ヰル」ことはできない。「アル」は哲学でいう所与（ドイツ語の es gibt etwas）で、むしろコツ然と「アル」方が普通であろう。所与と所有とは、我々の言語心理の上では紙一重であって、

マア待テ、私ニイイ考ヘガアル

昔々、或ル所ニオヂイサントオバアサンガアリマシタ

の二文はパタアンを等しくするのみならず、動詞の意味もほとんど同じだと考えられる。近頃の小学読本に、この「アリマシタ」を「ヰマシタ」に改めたものがあると聞いたが、ほんとうなら嘆かわしい改悪である。

（三上　一九五三：一〇九―一一〇頁）

また、三上（一九七〇）でも次のように述べている。

（2）動詞〝ある〟は、無生物（非情物）の存在を表すばかりでなく、不特定の人間の存在（むろん初出）にも使われるが、これは古くからそうであり、昔話にその例が多い。

（三上　一九七〇：一〇五頁）

ここでは、存在前提の有無（「それまでに或る場所を占めていた者」対「コツ然」）、所与（コツ然とあること）と所有との関連性・類似性等、重要な問題が提出されているが、具体的に、個々の指摘がどのような関係を持つのかが十分に説明しつくされていないために、曖昧な点が多い。

例えば存在前提の有無という点で言えば、中国語の「有・在」の使い分けを思わせるが（相原 一九九〇、張 一九九二）、両者はかなり違っている。日本語では、有生物を主語とする場合には、「いる」と「ある」の使い分けについて、存在前提による説明はよく当てはまるが、無生物を主語とする場合には基本的に「ある」しか用いられない。一方、中国語の場合は、主語が有生か無生かということとはまったく関わりなく、存在前提がない場合には「有」、ある場合には「在」という使い分けが成り立つのである。つまり両言語は、類似の観点による分類でありながら、分類の軸がずれているのである。この点については後述する。

1・1・2　三浦（一九五六、一九七六）

三浦（一九五六）は増補・改訂を経て三浦（一九七六）として復刊された。ここでは後者から引用しておく。

三浦は、

（3）「母はいま台所にいます。すぐ来るでしょう。」
「私には理解してくれる父と心のやさしい母があるから幸せだ。」（三浦　一九七六：一五二頁）

（4）「今日は北海道からのお客が三人もあったので疲れたよ。」
「野口くんは明日帰るのかね？」
「彼は当分東京にいるそうだ。」（同）

のような例を示し、また「昔の「あり」は、何かが存在するという意味しか持っていません。無生物にも生物にも使っていました。（同）」とした上で、

（5）　存在表現の「ある」は、「いる」に代えられた場合が多いのですが、時間的・空間的な特殊性を扱わないきわめて抽象的な人間のとらえかたの場合には、いまもって人間に「ある」を使うのです。（一五三頁）

と一般化している。

ここでは、日本語の存在表現の歴史的な変化を示唆し、以前はすべて「ある」であったが、「時間的・空間的な特殊性」を扱う場合には「いる」に代えられるようになった、と考えているのである。ここで言う「時間的・空間的な特殊性」がどんなものか、また「抽象的な人間のとらえかた」とはどういうことを言うのか、という点については十分明らかにされていない。

1・1・3　久野（一九七三）、柴谷（一九七八）

久野（一九七三：五三）では、次のような対を示し、所有文と存在文の違いを示している。

（6）　a　太郎ニ弟ガアル。

b　*京都ニ（大勢ノ）外人ガアル。

ここで、（6）aは所有文であり、「弟」は目的語であるから「ある」が許容されるのに対し、（6）bでは「外人ガ」が主

語であるから「ある」が許容されない（「いる」でないといけない）といけない、というのである（Kuno 1973: 86–88にも同趣旨の記述がある）。ただし、同書五六頁の注3で、次のような観察を付け加えている。

(i)　主語が高等動物である場合、存在を表す「アル」は、その主語が充分長い関係代名詞節で修飾されていない限り、非文法的である。

*京都ニ外人ガアッタ。
*京都ニ変ナ外人ガアッタ。
京都ニ私ガヨク知ッテイル外人ガアッタ。

(ii)　所有を表わす「アル」の目的語が高等動物である場合には、「アル」の代わりに「イル」も用いられる。

太郎ハ弟ガアル。／太郎ハ弟ガイル。
太郎ハオ金ガアル。／*太郎ハオ金ガイ（居）ル。

つまり、存在文では主語が高等動物である時は「いる」が用いられるはずなのに、「充分長い関係代名詞節で修飾されて」いれば「ある」も使えるということである。また所有であっても目的語が高等動物の場合には「いる」も用いられるとしているわけで、「いる」「ある」と存在・所有の関係は曖昧なままである。「十分な関係代名詞節で修飾されて」いるということがどういう働きをするのかも述べられていない。

柴谷（一九七八：一八九–一九四頁）では、久野（一九七三）と同様に、存在文では存在物を表すガ格名詞句が、所有文では所有者を表すニ格名詞句または大主語が「主語」として捉えられている。久野の把握と異なる点は、久野は「太郎は弟がある」「太郎は弟がいる」の両方を所有文と見ているのに対し、柴谷は後者は存在文であり、所有文はあくまで「ある」（または尊敬語形「おありだ」）によって構成されなければならないと考えている点である。その根拠として、「いる」の尊敬語形「いらっしゃる」はガ格名詞句が尊敬の対象であるときに誘発されるのに対し、「おありだ」はニ格名詞句または大主語が尊敬の対象であるときにのみ誘発されるという点を挙げている。

尊敬表現の誘発条件は柴谷の述べるとおりであるが、存在文と所有文が動詞語彙によって完全に分離できるかどうかにはなお疑問が残る。そこには歴史的変遷が関わっており、かつては「私には弟がある」という表現がよく用いられたが、現在ではむしろ「私には弟がいる」の方が優勢であり、「ある」の文型は年輩の話者に限られてきているのである（鈴木　一九九八参照）。この点は、所有文と存在文との関連も含めて、検討しなければならない。

1・1・4　金水（一九八二）

金水（一九八二）では、「天草版平家物語」とその原拠本に近いとされる文語の「平家物語」との対照を中心として、「いる」と「ある」との使い分けの変遷の一端を調査した。この論文では、存在表現を存在Ⅰと存在Ⅱに分けて、それぞれ次のように規定している。

（7）　存在Ⅰ　聞き手にとって未知の人物を話し手が物語世界に初めて持ち出す表現である。（中略）どこに存在するかという情報は必ずしも重要ではなく、（中略）場所情報を欠くものもある。（中略）時間を捨象した状態性判断である。（中略）抽象性・観念性の強いタイプの文である。

存在Ⅱ　既知の人物が（その時点で）どこに存在するかという表現であり、場所情報は必須である。また同じ状態性であっても、持続する時間の幅を意味として含んでいるという点で、（存在Ⅰとは）異なる。具体性・実体性の強い、動作・行為文にも似たタイプ。

（同：五九頁）

さらに、存在Ⅰと存在Ⅱを分類する基準として、次のような特徴を挙げた。

（8）a　場所格「（ドコドコ）ニ」など、具体的な場所情報を伴う（省略されている場合を含む）。
b　主語が固有名詞、それに準ずる名称、代名詞等、既知・既出の人物を特定的に指示する性格を持った名詞である。
c　場所情報が述語の直上にある。
d　主語を主名詞とする連体をつくる。
e　親族名称（特に親族の所有者が連体修飾している）を主語とし、かつ所有文ではない。
f　眼前の（未知の）人物の存在を見たままに語る文である。

（同：六五―六六頁）

右の条件のうち、aとbを満足するものを存在Ⅱa、aとc―fのどれか一つを満足するものを存在Ⅱbとしている。
さて、上記の基準で、「天草版平家物語」とその原拠本に比せられる「平家物語」（原拠本としておく）の存在表現を較べてみたところ、次のようなことが分かった。

（9）a　原拠本では存在Ⅰ、存在Ⅱに関わらず「あり」およびその尊敬語形が用いられる。
b　天草版では、存在Ⅱに「いる」および「ある」（およびその尊敬語形）が用いられるが、存在Ⅰでは「いる」（およびその尊敬語形）が用いられることはない。

本論文では、この観察に基づいて、次のような歴史的変遷の過程を考えている。

(10)
a 「ゐる（いる）」はもともと「立つ」と対をなす運動性の動詞であり、一五世紀頃、存在動詞化したときにまず存在IIの領域に侵入した。
b 近世には、有生の主語を持つ場合、存在Iでは「ある」が、存在IIでは「いる」が相補的に用いられた。
c 近代に入って、存在Iの領域にも「いる」が入り込んできて、この領域で揺れている。現在もその状況が続いている。

これらの見方について、基本的に修正の必要はないと考えるが、存在Iと存在IIを区別する基準について、どのような理論的根拠があるのか、また本質的に存在Iと存在IIの違いとは何であるのか、という点については十分な説明を与えることができなかった（なお、この論文の実証的な考察については、本書3章に取り込まれている）。

1・1・5　寺村（一九八二）

寺村（一九八二）では、存在と所有を一応区別し、存在における「ある」と「いる」の使い分けが所有では必ずしも守られない例として、

(11) 彼女ニハ子供ガアルトハ知ラナカッタ　（同：一五七頁(12)）
(12) アノ人ハ奥サンガアリマスカ　（同：一五七頁(13)）

といった例を挙げ、「上のような場合は「イル」でもいけないということはないかもしれないが、「アル」の方が一般に自然なようだ」と述べている。

また、寺村（一九八二）は次のような例を示している。

(13) ナニカ質問シタイ人ハアリマセンカ？（同：一五八頁）(23)

(14) 居眠リヲシテイル議員ガ半分以上アッタ（同：一五八頁）(24)

(15) 昔ハ交通ストノ時ニハトラックヲ借リ切ッテデモ会社ヘ行クトイウ人ガカナリアッタガ、最近デハ少ナクナッタヨウダ（同：一五八頁）(25)

そして、次のように説明している。

(16) これらの「アル」構文の特性は、その〝存在〟の主体を表す名詞には、いつも修飾語句が付いているということと関係がありそうである。

(23)の場合でいうと、ある一団の人が存在する、その中で「質問のある」人の存在を問うている。その一団の人を、「質問のある人」と「質問のない人」に分け、そのように限定された人の存在の有無を問題にしているのである。（中略）つまり、ある集合の中のある種の部分集合の存在を問題にする表現だといってよいだろう。この種の表現では、存在主体が生きものであるかどうかという区別意識が全くなく、アルとイルの区別もなくなる。

（寺村　一九八二：一五九頁）

この種の、「いる」と「ある」の対立が中和する存在文を、寺村は「部分集合・種類の存在」と言っている。

1・1・6 西山（一九九四）

西山（一九九四）では、「ある」「いる」の使い分けは直接の考察の対象とはせず、所有も含めて広く存在表現全体を意味論的観点から分類・網羅しようとした研究である。また、「中立叙述」「措定文」「総記」等、文のいわゆる情報構造にも留意している点に特色がある。

西山の分類で最も重要視されているのは、場所表現を伴うか否かである。すなわち存在表現は、「場所表現を伴うタイプ」と「場所表現を伴わないタイプ」の二つにまず分類され、それぞれ次のように細分されるのである。

(17) 1 場所表現を伴うタイプ
(a) 場所・存在文 (例：机の上にバナナがある。)(中立叙述)
(b) 所在文 (例：おかあさんは、台所にいる。)
(c) 所在コピュラ文 (例：おかあさんは、台所です。)(措定文)
(d) 指定所在文 (例：その部屋に誰がいるの。…洋子がいるよ。)(総記)
(e) 存現文 (例：おや、あんなところにリスがいるよ。)(中立叙述)

2 場所表現を伴わないタイプ
(a) 実在文 (例：ペガサスは存在しない。)
(b) 絶対存在文 (例：太郎の好きな食べ物がある。)
(c) 所有文 (例：山田先生には借金がある。)
(d) 準所有文 (例：フランスには国王がいる。)
(e) リスト存在文 (例：甲：母の世話をする人はいないよ。

乙：洋子と佐知子がいるじゃないか。）

（同：一一六－一一七頁）

西山の分類は周到であり、「いる」「ある」の使い分けについては直接の考察の対象とはしていないにも関わらず、この点についても資するところが大であるが、本書の立場からは、なお修正の余地がある。まず、所在文と指定所在文は、主題文か総記かの違いであって本質的には同じ種類の存在文と認められるので、区別の必要はないと考える。その上で、場所表現の有無に基づく大分類は、本書においても基本的に踏襲するが、場所を表すニ格名詞句の必須性、また統語的位置によってより細かい分析が必要であることを主張する。その結果、西山の場所・存在文、実在文等はその所属が変わってくるであろう（所在コピュラ文は、本章で扱う存在表現からははずれるので、除外する）。

以上の研究史を踏まえながら、以下の節では、「いる（いない）」「ある（ない）」の意味論、動詞の分類、統語構造等について、筆者の立場から分析していく。

1・2　存在文の意味的分類―空間的存在文と限量的存在文

筆者の直感では、有生（animate）の主語を取った場合、厳密に「いる」しか用いられない種類の存在文と、有生の主語を取っていても「ある」が許容される種類の存在文とがある。ただし、この直感を共有しない日本語話者が、特に若い人に増えてきているように見える。このような話者においては、有生の主語であれば必ず「いる」を、そうでなければ「ある」を用いることになる。これは一種の歴史的変化であり、このこと自体が、本書の考察の対象となる。さて、以下の記述では、基本的に有生・無生の区別とは独立に「いる」「ある」の使い分けに関わる要因が存在するとする筆者自身の直感に基づいて、議論を進めていく。

(18) a 子供が公園に{いる／*ある}。

b 授業中に寝ている学生が{いる／ある}。

前者は、物理的な空間と存在対象(主語の指示対象)との結びつきを表す表現であるのに対し、後者は、特定の集合における要素の有無を表す表現であると見られる。あるいは、前者は物理的な時間、空間を対象が占有することを表す出来事の一種であるのに対し、後者は、話し手の立場から下す、世界についての判断の一種であるということもできる。前者はすなわち、場所と対象を項として取る二項述語であると見ることができる。一方、後者は、述語と言うよりは、記号論理学における存在限量詞に近い働きをすると考えられる。後者は、例えば、次のような表記によって表される意味と極めて近いであろう。

(19) ∃x(授業中に寝ている(x)∧学生(x))

前者の存在文を、「空間的存在文(spatial existense sentence)」、後者の存在文を、「限量的存在文(quantificational existense sentence)」と呼ぶことにする。

空間的存在文と限量的存在文の区別、および「いる」「ある」との対応関係は必ずしも単純ではないので、以下、検討していく。

1・3 場所名詞句と動詞の分類

空間的存在文の方は、定義からすれば、場所名詞句が必須である。表層に場所名詞句が現れていない場合には、省略されていることになる。確かに、有生の主語を取って、かつ「ある」に置き換えられない存在表現は、何らかの場所名詞句が必ず想定できる。

(20)　あれ、お母さん{いない／*ない}ねえ。どこに行ったのかな。

右の例では、場所名詞句は表層に現れていないが、文脈から、「ここに」あるいは「この家に」等の場所名詞句が省略されていると考えることができる。

一方、典型的な限量的存在文には、場所名詞句が不要に見えるもの、あるいは想定しにくいものが多い。また、場所名詞句が不要に見えたり想定しにくい存在文では、有生の主語を取る場合でも「ある（ない）」が許容できる。

(21)　本当にへそで茶を沸かせる人間は{ない／いない}。

ところが、次のように、有生の主語を取りながら「ある（ない）」が許容できる存在文の中には、場所名詞句を取ることができるものもある。

(22)　村に、又次郎という男が{いた／?あった}。

これに対し、同じような構文でも、場所名詞句を動詞の直前に持ってくると、「ある」が許容しにくくなるようである。

(23) 又次郎という男が村に{いた／?*あった}。

そこで、空間的存在文および限量的存在文という存在文の区別と一応独立に、ニ格名詞句と動詞との統語的関係に基づいて、存在動詞に次のような二つの類型を認める。

(24) a 二項存在動詞：場所名詞句が必須。場所名詞句の基本的な語順は、動詞の直前と仮定する。
b 一項存在動詞：場所名詞句は必ずしも要しない。場所名詞句の基本的な語順は、主語より前。

二項存在動詞によって形成される統語構造は、次のように仮定される。

(25)

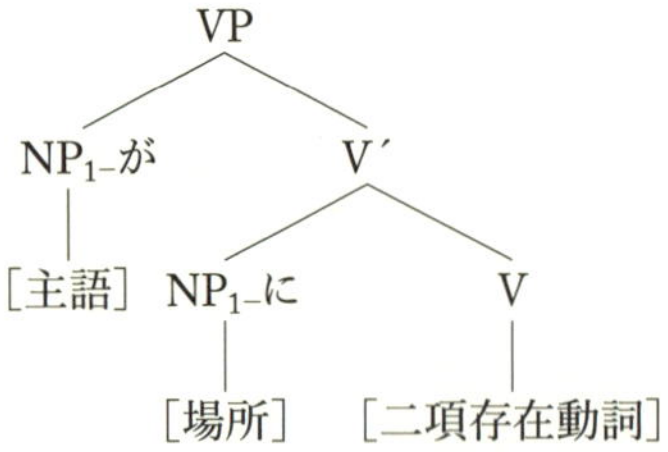

すなわち、場所名詞句は主語とともに、動詞の項として位置づけられる。

一方、一項存在動詞によって形成される統語構造は次のようなものである。

(26)

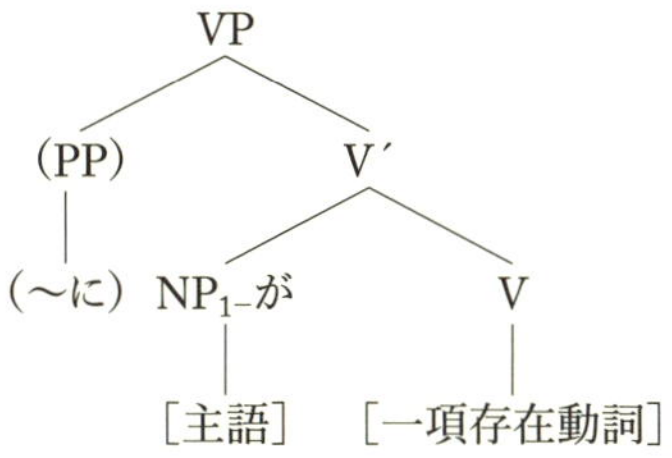

ここで、ニ格名詞句は項ではなく、副詞句として位置づけられる。この副詞句「〜に」の意味論的解釈は、後に述べる。

「いる」と「ある」の使い分けと、上の動詞の組み合わせは以下の通りである。

(27)　a　二項存在動詞：「いる」は有生の主語のみを選択し、「ある」は無生の主語のみを選択する。つまり、主語の有生・無生の区別によって、「いる」と「ある」が厳密に区別される。

b　一項存在動詞：「いる」は有生の主語のみを選択するが、「ある」は有生の主語も無生の主語も選択することができる。

この動詞の区別と、空間的存在文と限量的存在文との区別の関係をあらかじめまとめておくと、次のようになるであろう。

(28)　a　空間的存在文には二項存在動詞が用いられる。
　　　b　典型的な限量的存在文には一項存在動詞が用いられる。
　　　c　限量的存在文と同じ機能を果たす存在動詞文で、二項存在動詞が用いられる場合がある。これを疑似限量的存在文とし、分類としては空間的存在文の一部に含めておく。
　　　d　ガ格名詞句が普通名詞からなっており、場所名詞が動詞から離れていたり表層に現れていないなどの条件があると、二項存在動詞か一項存在動詞かが決めにくい場合もある。

以上の特徴を表にまとめることとする。

動詞の型	動詞の語彙	主語の性状	文の種類
二項	いる	有生	空間的存在文、疑似限量的存在文
二項	ある（ない）	無生	空間的存在文、疑似限量的存在文
一項	いる	有生	限量的存在文
一項	ある（ない）	有生、無生	限量的存在文

空間的存在文、限量的存在文等の区別は、主語の性状（有生か否か）の区別とは独立の原理によっているので、有生の主語であっても無生の主語であっても空間的存在文、限量的存在文を区別することは原理的に可能である。しかし、無生の主語を取る場合、述語動詞は「ある」しか取れないので、結果として空間的存在文と限量的存在文を区別することは必ずしも容易でない場合が多い。一方、有生の主語を取る場合は、空間的存在文では「いる（おる）」のみが許容されるのに対し、限量的存在文では「いる（おる）」も「ある」もともに許容される。ただしこの言語直感は現在、若い世代を中心に失われてきていることは既に述べた。それぞれ、典型的な例を挙げておこう。

(29)　a　田中さんは研究室にいる。　【二項動詞、有生、空間的存在文】
　　　b　昔、変わった男が村にいた。　【二項動詞、有生、疑似限量的存在文】
　　　c　昨日買った本は机の上にある。　【二項動詞、無生、空間的存在文】
　　　d　昔、変わった壺がうちにあった。　【二項動詞、無生、疑似限量的存在文】
　　　e　病気をしても絶対病院に行かない人もいる。　【一項動詞、有生、限量的存在文】
　　　f　病気をしても絶対病院に行かない人もある。　【一項動詞、有生、限量的存在文】
　　　g　落としても絶対壊れないコンピュータもある。　【一項動詞、無生、限量的存在文】

(30)　a　昨日買った本はここに{ある／*いる}。　【無生、空間的存在文】
　　　b　値段の高い本も{あれば／*いれば}、安い本も{ある／*いる}。　【無生、限量的存在文】
　　　c　昨日会った人はここに{*ある／いる}。　【有生、空間的存在文】
　　　d　背の高い人も{あれば／いれば}、低い人も{ある／いる}。　【有生、限量的存在文】

それでは、以下の節で、個々の類型について検討していく。

1・4　空間的存在文

1・4・1　所在文

空間的存在文の典型は、主語が固有名詞（例「田中さん」「花子」）およびそれに準じる呼称（例「お母さん」「先生」「社長」）が主語となっている場合である。これらの名詞句の指示対象は、すでに存在していることが前提されているので、存在表現に用いるとすれば、「その対象が空間的にどこに存在するか」あるいは「どのような状態で存在するか」という表現しか原理的にはありえない。後者の場合は、例えば「お母さんは元気である（元気だ）」「お母さんは元気でいる」等の、コピュラ文ないし属性叙述文になるが、これらは狭義の存在表現からは一応除いて考えることにする。すなわち、存在表現の枠内で考える限り、ガ格名詞句の指示対象に存在前提があるならば、必然的に空間的存在文になるわけである（ただし、1・9節で後述するリスト存在文は別）。このような類型を、西山（一九九四）とともに所在文と呼ぼう。

(31)　お父さんは（{会社／アメリカ／どこか}に）いる。

(31)では、ニ格名詞句を省略したとしても、文脈から特定の場所を補うことができるはずである。「お父さんは会社にいる」の意味を述語論理の記号で表すならば、次のようになろう。「いる$_2$」というのは、二項存在動詞の「いる」の意味を表す関数である。また「お父さん」「会社」は特定のお父さん、会社を表す定項である。

(32) いる$_2$（お父さん，会社）

1・4・2　生死文、実在文

ところで、

(33) お父さんはもういません。

のような表現を解釈すると、「文脈から想定される、特定の場所にいない」という解釈のほかに、「死んでしまった」という解釈も出てくる。このように、有生の対象物の生死を表す存在表現を生死文ということにする。結論から言うと、生死文は「この世に」「あの世に」等の場所表現が含意あるいは明示された所在文の一種と考える。その根拠として、「ある」「ない」が使いにくいという直感が挙げられる。

(34) お父さんはもう｛??ありません／いません｝。

しかし一方で

(35) 父は｛ありません／いません｝。

のようにすると、「ある」がまったく問題なく許容される。これは、限量的存在文の一種である所有文（後述）に類型が変わったためで、個体を指す呼称としての「お父さん」と普通名詞としての「父」との差異、また時間の推移に伴う状況変化を含意する「もう」の働きなどが作用しているものと考えられる。現実の文脈では、所在文的な生死文なのか、所有文なのかは必ずしも判然としない場合もある。

なお、「今はなき父」「父はなくなった」「父のありし日の面影」等の表現では「ある」「ない」が用いられるが、これは文語的な言い回しが慣用句として固定的に用いられているものと見られる。

生死文に類似した表現として、西山（一九九四）の挙げた「実在文」がある。次のようなものである。

(36) {ペガサス／シャーロック・ホームズ／神様／幽霊／宇宙人} はいます（いません）。

これらの表現で注目したいのは、名詞句に「は」がついて主題化されているという点である。主題化される対象は、必然的に存在が前提されていなければならない。存在するかしないか決まっていないものに対して新たに属性を与えることはできないからである。その場合の「存在」というのは、外延的意味論における現実世界での存在ではなく、多分に内包的な意味での存在であるが、われわれは現実世界を常に外延的に捉えているわけではなく、お話、小説、宗教的文書、神話の世界と並べて、すべて「場所」として捉えている面がある。これは、生死を場所の移動として捉える発想とごく近いところにある。この感覚は、やはり「ある」の許容度として現れてくる。

(37) {ペガサス／シャーロック・ホームズ／神様／幽霊／宇宙人} は?*あります（?*ありません）。

なお、ここまで例文でことさらに丁寧形を用いているのは、文語的ニュアンスの混入を防ぐためで、「神はない」などとするとかなりよくなるのは、文体的な理由によると考える。

1・4・3　眼前描写文

主語が普通名詞の場合でも、眼前の状況を描写する場合は、空間的存在文でありうる。この場合、主語の名詞句は、限量的な表現がなくても、眼前の状況によって定項として扱われていると見ることができる。これを眼前描写文と呼ぶ。

(38)　あ、子供が{いる／*ある}。

この文の意味を述語論理で表現するならば、次のようになろう。

(39)　$a \in \text{子供} \wedge \text{いる}_2(a, \text{目の前})$：ただしaは眼前の対象を表す定項

対話的な文脈では、眼前描写文は明瞭に区別できるが、小説の地の文では、同一文脈上で眼前描写文も限量的存在文が現れうるので、区別が難しい場合がある。すなわち、登場人物の目から捉えた描写的な表現なのか、語り手の立場から総括した限量的な表現なのかが区別しにくいということである。この点については、5章で実例に基づいて検討する。

1・5　限量的存在文

1・5・1　部分集合文

限量的存在文の一つの典型は、主として連体修飾節を用いて部分集合を言語的に設定し、その集合の要素の有無多少について述べる種類のものである。これを寺村（一九八二）にならって、部分集合文と呼ぶことにする。

(40)　最近は、教科書以外の本は一冊も読まない学生が{いる／ある}。

この文が表す意味を、（「最近は」は無視して）論理式で書くと、次のようになるであろう。

(41)　∃x（教科書以外の本は一冊も読まない（x）∧学生（x））

部分集合文では、右の例に見るように、場所名詞句が不要である（あるいは想定することが難しい）場合が多いが、しかし必ず不要であるという訳ではない。

(42)　最近の日本に、教科書以外の本は一冊も読まない学生が{いる／?ある}。

この場合、場所名詞句は出来事が展開される空間という意味を表すのではなく、対象の有無を判断する際の領域をあらかじめ設定していると見ることができる。「ある」に付した?の理由については1・6節で後述する。このようなニ格名詞句を、世界設定語と呼んで場所名詞句から区別しておこう。世界設定語は、可能世界を規定する表現であると見て、仮に次のような記法で(42)の意味を表しておく。ここで、「$V_{w\text{最近の日本}}$」は、表現に対して「$w_{\text{最近の日本}}$」という可能世界における外延を与える関数である。

(43)　$V_{w\text{最近の日本}}$（∃x（教科書以外の本は一冊も読まない（x）∧学生（x）））＝TRUE

この式の意味は、「最近の日本」という可能世界においては、∃x（教科書以外の本は一冊も読まない（x）∧学生（x））という言明が真になる、というものである。

もし限量的存在文に世界設定語がなければ、現在、文脈の中で話題になっている可能世界についての言明と捉えられる。

空間的存在文（あるいは二項存在動詞）にとって場所名詞句が必須の項であるのに対し、限量的存在文における世界設定語は、随意的な修飾語句である。

1・5・2　初出導入文

次のような、物語の冒頭によく見られる表現に注目しよう。

(44)　昔、ある山奥の村に、太郎という男の子が{いた／あった}。

この種の存在文を、初出導入文と呼ぼう。初出導入文は、有生の主語であっても「ある」が使用可能であるところから、限量的存在文の一種であるという予測ができる。

先の部分集合文との共通点を求めると、主語が、多くの場合、連体修飾節を持つ普通名詞から構成されているという点が挙げられる。すなわち、部分集合文と同様に、次のような論理式で表せるのである（時間、世界設定語は無視する）。

（45）　∃x（太郎という（x）∧男の子（x））

初出導入文の特徴を挙げるなら、存在限量によって導入される対象が特定の対象であり、導入後は唯一的な個体として取り扱われるという点であろう（一般に、限量的存在文の存在の対象は不特定であり、個体が特定できるとは限らない）。また、多くの場合場所の表現（すなわち世界設定語）を伴うこと、初出導入文には否定文がないということなども指摘できる。否定文がないのは、対象を物語世界に導入することが動機としてあるからである。

（46）　??昔、ある山奥の村に、太郎という男の子が｛いなかった／なかった｝。

結局、初出導入文は、物語の展開上、登場人物を導入するために特に動機づけられた、部分集合文の一特殊型であると認めることができる。

1・5・3　疑似限量的存在文

先に、初出導入文の例として出した例を再び見てみよう。

(47)　昔、ある山奥の村に、太郎という男の子が{いた／あった}。＝(44)

筆者は、この例の場所名詞句を、動詞の直前に移すと、「あった」の許容度が大幅に落ちるという直感を持っている。

(48)　昔、太郎という男の子がある山奥の村に{いた／*あった}。

このことから、定義に従って、(48)に用いられている動詞は二項存在動詞であると言える。しかし文全体の機能は、物語に初出人物を導入するという点で、典型的な初出導入文とさほど変わらないはずである。(48)が表す意味は次のような論理式で表されると仮定してみよう。

(49)　∃x（太郎という(x)∧男の子(x)∧いる$_2$(x, 山奥の村)）

ではここで、存在限量詞∃はいったいどのようにして導入されたのであろうか。これは、一般的な「存在化閉包(existential closure)」によって導入されたものであると考える（Heim 1982）。Heim によれば、「男の子」等の普通名詞句は変項を表す。そして、一定の動詞句のスコープ（核スコープ：nuclear scope という）に義務的に限量存在詞∃が加えられ、これがスコープ内のすべての変項を束縛することによって、存在の意味が与えられるとするのである（Heim 1982: 137–138）。

存在化閉包は、動詞が「いる」でなくても適用されるので、次のような文でも同様の効果が生じる。

(50)　浦島太郎は浜辺で亀を助けた。

(50)では存在動詞ではなく「助ける」という動詞が用いられているが、結果的に「亀」の存在が含意されている。これもまた、存在化閉包の働きによると考えられる。

(51)　∃x（亀（x）∧助ける（浦島太郎, x））

このように考えると、実は一項存在動詞は意味論において直接存在限量詞に翻訳されるのではなく、実質的な意味が極めて希薄な述語として翻訳されるだけであるという見方が出てくる。限量的存在文における存在限量化の意味は、従って、すべて存在化閉包によってもたらされるものであると考えればよいのである。例えば、(40)の意味は、次のような論理式によって与えられることになる。ここで「ある$_1$」は、一項存在動詞の意味を表す述語である。

(52)　∃x（教科書以外の本は一冊も読まない（x）∧学生（x）∧ある$_1$（x））

この式を翻訳すると、「教科書以外の本は一冊も読まず、学生であり、かつ〝ある$_1$〟であるようなxが〝ある〟（∃）」というふうになるだろう。ここで、「ある$_1$」は一定の動詞句のスコープを作って存在化閉包を引き起こす働きをするだけで、実質的な意味はほとんどない。ただし統語論的には、否定時や時制辞を付加するための土台として、なくてはならない。

なお、この解釈を採ると、否定の扱いが若干複雑になる。例えば、

(53)　教科書以外の本は一冊も読まない学生は{いない／ない}。

の論理式として、否定のスコープが述語動詞だけとすると、正しい意味を反映してくれない。

(54)　∃x（教科書以外の本は一冊も読まない（x）∧学生（x）∧¬ある$_1$（x））

しかし一方で、次のような空間的存在文では、述語動詞の否定と取ることで正しい意味が得られる。

(55)　a　お母さんは台所にいない。
　　　b　¬いる$_2$（お母さん，台所）

そこで、仮の解決方法として、否定辞「ない」は述語動詞の意味の否定だけでなく、必要に応じて存在化閉包の外側の最も広いスコープも任意に取れるものとしておく。この仮定に基づいて、(53)の望ましい解釈が得られる。

(56)　¬∃x（教科書以外の本は一冊も読まない（x）∧学生（x）∧ある$_1$（x））

結論として、(48)のように、二項存在動詞によっても限量的存在文と同様の意味を表せるということが示された。この

ような存在表現を空間的存在文に分類すべきか、限量的存在文に分類すべきかという問題が残るが、本書では、動詞の分類を優先し、一応このような疑似限量的存在文は空間的存在文の一種として扱うことにする。

1・6　存在文の統語論

二項存在動詞と一項存在動詞の統語的な差異は、項としての場所名詞句を動詞の直前に持つか、任意の世界設定語を修飾語句として持つか（統語的位置は、主語より前）というものであった。

もし場所を表すニ格名詞句が述語動詞の直前にある場合には、ほぼ強制的に二項存在動詞としての解釈が強制されると見られる。

しかし一般に、日本語の項はいわゆる「かき混ぜ」によって自由に順番を変えることができる。また、項の省略も文脈によってかなり自由に行うことができる。従って、ニ格名詞句が主語から離れていたとしても、二項存在動詞のニ格名詞句がかき混ぜによってその位置に置かれたのか、もともと一項存在動詞の世界設定語なのかは、簡単に区別がつかない。とくに、主語名詞句が不定の普通名詞である場合はそうである。また、ニ格名詞句が省略されているのか、もともと存在しないのか曖昧な場合もあり得る。

先に検討した例文(42)で「ある」に?を付したような、文法性に関する揺れが生じたのは、ニ格名詞句が動詞から離れていても、二項存在動詞の場所名詞句がかき混ぜによって動いたという解釈が可能だからであると説明できる。

(57)　最近の日本に、教科書以外の本は一冊も読まない学生が{いる／?ある}。＝(42)

すなわちこの文は次のような二通りの派生を経て生じている可能性があるのである。

(58)　a　基底構造：[$_S$ [$_{PP}$ 最近の日本に] 教科書以外の本は一冊も読まない学生が {いる／ある}]　【限量的存在文】

　　　b　意味表示：$\forall w$$_{最近の日本}$ (∃x(教科書以外の本は一冊も読まない(x)∧学生(x)∧いる$_1$／ある$_1$(x)))=TRUE

　　　c　表層構造：(基底構造に同じ)

(59)　a　基底構造：[$_S$ 教科書以外の本は一冊も読まない学生が [最近の日本に {いる／*ある}]]　【疑似限量的存在文】

　　　b　意味表示：∃x(教科書以外の本は一冊も読まない(x)∧学生(x)∧いる$_2$(x, 最近の日本))

　　　c　表層構造：[$_S$ 最近の日本に [教科書以外の本は一冊も読まない学生が [△ [{いる／*ある}]]]]

つまり、(57)を(58)のようにとれば「ある」が許容されるが、(59)のように取れば「ある」は不可となる。その二通りの解釈の可能性が、?として現れていると考えるのである[1]。

なお、(57)の「最近の日本に」を次のように主題化すると、「ある」の解釈にほとんど問題がなくなる直感があるが、それは、世界設定語としての解釈（すなわち限量的存在文としての解釈）がいっそう容易になるためであると考えられる。

(60)　最近の日本には、教科書以外の本は一冊も読まない学生が {いる／(?)ある}。

1・7　肯定文と否定文の非対称性

本書では、「ない」は「ある」の否定であり、肯定と否定の違いを除いては「ある」と「ない」の意味論的・統語論的性質は同じであるという見方を取っている。しかし、子細に見ると、「ある」と「ない」とでは振る舞いに差が生じる場合もあるようである（注１も参照）。例えば次のような例文を見てみよう。

(61)　本当にへそで茶を沸かせる人間は｛ない／いない｝。

この文は、否定を伴う部分集合文、すなわち限量的存在文の一つであり、それ故に「ない」が許容されるのだと理解できる。これは、世界設定語を加えた次のような表現でも同様である。

(62)　日本に本当にへそで茶を沸かせる人間は｛ない／いない｝。

ここで「ある」との違いが出てくるのは、ニ格名詞句を述語の直前に持ってきても、「ない」があまり悪くならないという点である。

(63)　本当にへそで茶を沸かせる人間は日本に｛?ない／いない｝。

これを、肯定文にした次の文と比較すれば、その違いがよく分かる。

(64)　本当にへそで茶を沸かせる人間は日本に｛*ある／いる｝。

肯定文と否定文でこのような非対称的な解釈の差が生じる理由は、今のところ分かっていない。推測される理由は、以下の通りである。すなわち、肯定文の場合は、限量的存在文によって導入された対象は即座に空間的に存在することが帰結されるので、もともと空間的な存在として解釈が傾きやすいのに対し、限量的存在文の否定によって導入された対象は空間的にも存在しないので、空間的存在文の解釈が取り除かれやすいというものである。

１・８　所有文

所有文の典型としては、次のようなものが挙げられる。

(65)　私には婚約者が｛ある／いる｝。

また、同じ事を次のような構文でも言うことができる。

(66)　私には結婚を約束した人が｛ある／いる｝。

前者を語彙的所有文、後者を統語的所有文と呼んでおこう。ただし、常に同じ意味を持つ語彙的所有文と統語的所有文のペアがあるわけではなく、語彙的所有文で言うのが普通で、統語的所有文に翻訳すると不自然になる場合、また相当の語彙がないために統語的所有文でしか言えない場合の方が普通である。

所有文は、ガ格名詞句が有生であっても「ある」も「いる」も使えるところから、限量的存在文との近さが伺えるが、結論として、まさしく限量的存在文と同類と考える。

(65)を例に取ると、「婚約者」というのは男性または女性の独身者を値域として取り、異性の独身者を領域とする関数と捉えることができる。すなわち、「婚約者（x, y）」のように書けるのであるが、これは「xの婚約者はyである」という意味である。ここで、xに何らかの値を与えれば「xの婚約者」の集合が出来るが、この集合が空か空でないか、あるいはその集合の要素の数を述べるのがこの所有文なのである。仮に論理記号で書けば、次のようになるであろう。

(67)　∃(y)((x＝私)∧婚約者(x,y)∧ある$_1$(y))

統語的所有文も結局同じで、「xがyと結婚を約束する」という部分が関数になっているのである。

(68)　∃(y)((x＝私)∧結婚を約束する(x,y)∧人(y)∧ある$_1$(y))

ここで、述語動詞の相当物として、一項存在動詞「ある$_1$」を用いたことに注目されたい。西山(一九九四：一三一－一三二頁)にも同じ趣旨のことが述べられているが、意味論的に所有文は限量的存在文と等しい構造を持っているのである。ただし、同じ意味を表すはずの

(69)　私の婚約者が{ある／いる}。

という文は、限量的存在文には取りにくく、むしろ空間的存在文としての方が解釈が容易である(限量的存在文に取れない場合は、当然「ある」が不適格と感じられるであろう)。これは、日本語では「私の婚約者」というだけで既に存在を前提するような解釈が一般的だからである(他の言語でも同様であると想像できる)。これに対し、統語的所有文の対応物である

(70)　私が結婚を約束した人が｛ある／いる｝。

の方は、はるかに限量的存在文に取りやすいであろう。これは、「私の婚約者」のように語彙項目として固まった表現は、個体を表しやすいという一般的な傾向があるためではないかと思われるが、なお詳細は不明である。

存在表現との関連で問題となるのは、ニ格名詞句の性質であろう。起源的には、場所名詞句ないし世界設定語からの連想が働いていることが想像されるが（三上　一九五三参照）、既に見たように所有文のニ格名詞句は関数の値域を表すのであり、場所とも世界設定語とも言えない。また、次のように実際の世界設定語と共起する場合がある。

(71)　私には北海道に婚約者が｛?ある／いる｝。

またこの場所表現を動詞の直前に置けば、「ある」はほとんど許容できなくなる。この場合は、動詞が二項動詞としか解釈できないからである。

(72)　私には婚約者が北海道に｛*ある／いる｝。

この種の類型は、疑似限量的存在文にならって、疑似所有文と言ってもよいであろう。想定される論理式は、次のようなものである。

(73)　$\exists$(y)((x = 私) $\wedge$ 婚約者(x,y) $\wedge$ $いる_2$(y, 北海道))

また、関数の値域を表す名詞句はニ格ではなく、大主語として与えられる場合がある。

(74) a 私は婚約者が{ある／いる}。
b 私は北海道に婚約者が{?ある／いる}。
c 私は婚約者が北海道に{*ある／いる}。

同じ機能を持つ名詞句が、ニ格名詞句としても大主語としても表せるということは、所有文の動詞はニ格名詞句を必須の項として要求しているのではないと言える。その点で、一項存在動詞であると見てよいであろう（ただし(74)cは場所名詞句によって二項存在動詞としての解釈が強制されている）。

1・9 リスト存在文

「リスト存在文」は西山（一九九四）によって明らかになった類型である。典型的には、次のような例文である。

(75) 当時のパンの会のメンバーには、北原白秋、高村光太郎、木下杢太郎、吉井勇らが{あった／いた}。

直感として、「ある」も「いる」も用いられるところから、空間的存在文から遠く、限量的存在文に近いものとの予測が成り立つが、典型的な限量的存在文とはかなり異なった性質を持っている。まず、主語名詞句が一般の限量的存在文の場合には（多く連体修飾を伴った）普通名詞であるのに対し、リスト存在文は主として固有名詞やそれに準じる呼称など、個体を表す名詞句であるという点である。普通名詞が用いられる場合も想定できるが、その場合はCarlson(1980)

の言う'kind'を表す表現として、固有名詞に準じた用法であると考えられる。次のようなものである。

(76)　その商品の主な購買者に、主婦、学生が{いた／あった}。

また、ニ格名詞句を持つことはあるが、それは場所や世界設定語ではなく、西山の用語を借りれば、変項名詞句である。変項名詞句とは、意味的に変項を含む名詞句で、「当時のパンの会のメンバーは誰?」のような被覆疑問文を作れるという特徴を持っている。変項を含むということは、集合であるとも言えるし、「当時の」のような時間を領域とし、個体を値域として返す関数であるとも言える。結局、リスト存在文の主語名詞句は、特定の項を取った時の関数の、値を列挙したものということになる。

ここで、所有文と、リスト存在文の関連についてまとめておこう。例えば「ブレーン」という名詞句はある個人なり団体なりを第一項として取り、他の個人(複数可)へと写像する関数であると考えられる。すなわち、「ブレーン(x,y)」という二項関数として捉えられる。

ここでx=A社とし、領域となる集合の要素の有無多少を表現すれば、所有文となる。

(77)　a　A社にはブレーンが{ある／いる}。
　　　b　∃y((x=A社)∧ブレーン(x,y)∧ある$_1$(y))

同じく、そのメンバーを数え挙げれば、リスト存在文となる。

(78) a A社のブレーンにはニュートン、アインシュタイン、湯川秀樹が{ある／いる}。
b {y | ブレーン(A社, y)} = {ニュートン, アインシュタイン, 湯川秀樹}

ここで、「A社」を主題化した次のような文型も可能である。

(79) A社(に)はブレーンに(として)ニュートン、アインシュタイン、湯川秀樹が{ある／いる}。

ここで関数「ブレーン」を省略すると、

(80) A社にはニュートン、アインシュタイン、湯川秀樹が{ある／いる}。

という表現ができあがる。この表現は、例えば次のような表現と同じものである。

(81) あなたは私のためにうまれたのだ
私にはあなたがある
あなたがある、あなたがある
(高村光太郎「人類の泉」より、『道程』所収)

これは、例えば「(私を)守ってくれる人」「(私が)大切に思う人」等のような関数が省略されていると考えれば、リスト存在文として解釈できる。

このように、リスト存在文は空間的存在文とも限量的存在文とも（また所有文とも）異なる文型であるが、空間的存在文から遠く、また述語の選択においても限量的存在文と共通点がある。また実は所有文に近い意味を持っており、その違いは、要素の有無多少を述べるのか、要素の固体を数え挙げるのかという違いに還元できるのであった。本書では便宜上、限量的存在文と同じ分類の中に仮に含めていくことにする。

１・10　連体修飾節について

金水（一九八二）では、主語を主名詞とする連体修飾節に含まれる存在文は存在Ⅱ、すなわち空間的存在文であると述べた。これは次のような理由によると説明できる。すなわち、空間的存在文に用いられる二項存在動詞は実質的な意味を持った述語であるから、その動詞が取る項についての属性となりうる。すなわち、存在文の主語と、場所表現に対して、連体修飾節を作れる、ということである。例えば「隣の部屋にいる男の人」「男の人がいる部屋」のように。では、限量的存在文は連体修飾節を作れないであろうか。まず、一項存在動詞は、実質的な意味をまったく持たない形式的な動詞であるから、連体修飾節を作ることは事実上できない。また、主語の名詞句を作る普通名詞は、意味的には、主語というよりは、述語（すなわち集合）である。したがって、原理的に、限量的存在文では主語を主名詞とする連体修飾節は作れないのである。しかし、時、場所など、世界設定語を主名詞とする限量的存在文は作ることができる。すなわち、「ある命題を真とするような世界」という意味を持つ名詞句である。次のような例である。

(82)　交通ストの時にはトラックを借り切ってでも会社へ行くという人がかなりあった｛時代／地域／国｝

結論として、存在の主語を主名詞とする連体修飾節は、意味の上から、空間的存在文でしかあり得ない、ということになる。しかし場所、時間等が主名詞になる場合は、空間的存在文と限量的存在文と、両方の可能性が残されることになる。

1・11 その他の特徴

いままであまり述べられていなかったが、空間的存在文と限量的存在文とでは、述語の部分に現れうる文法的範疇に違いがある。時制および否定は両者に共通して見られるが、ある種のアスペクト、受身（間接受身）、可能等は空間的存在文にしか現れない。

(83) a 田中は東京にい続けた。【アスペクト】
b 田中に東京にいられては迷惑だ。【受身】
c 田中はもう東京にはいられない。【可能】

また、ある種の様態副詞は、空間的存在文にしか現れ得ない。

(84) 田中は｛いやいや／自分から進んで／ぐずぐずと｝東京にいる。

これらの特徴は、空間的存在文のほうが出来事を表すという点で、より動詞文的性質を強く持っているということを示していると考えられる。

1・12　まとめ

本章では、次のようなことを述べた。

1　主要な存在表現は、大きく空間的存在文と限量的存在文に分類できる。前者は、存在の対象物が物理的な空間を占める表現であり、後者はある集合の要素の有無多少について述べる表現である。

2　空間的存在文と限量的存在文の区別の本質は、存在動詞の違いとして記述できる。空間的存在文には主に二項存在動詞、限量的存在文には主に一項存在動詞が用いられる。

3　二項存在動詞は存在の対象と対象が存在する場所の二項を取る動詞であり、場所表現は動詞の直前に置かれる。一項存在動詞は、実質的な意味をほとんど持たない動詞で、存在の対象一項のみを取る。限量的存在文に現れるニ格名詞句は、命題が成立する世界を規定する世界設定語であり、随意的な修飾語と考えられる。

4　ただし、二項存在動詞を用いて限量的存在文に類似の意味を表すことができる。これを疑似限量的存在文と呼んでおく。一般に限量的存在文的な意味は、動詞によって導入されるのではなく、存在化閉包によって導入されると考えられる。

5　筆者の直感では、「いる$_2$」は有生の対象のみ、「ある$_2$」は無生の対象のみ項として選択する。また「いる$_1$」は有生の対象のみ選択するが、「ある$_1$」は有生・無生両方の対象を選択する。ただし近年は、「ある$_1$」が無生の対象しか選択しないという直感を持つ話者が増えていると思われる。

6　所在文は、二者の関係を表す語彙的・統語的な関数を軸にして、特定の所有者を関数に適応した場合の値域として導出される関数の要素の有無多少を述べる文と規定できる。用いられる動詞は、一項存在動詞である。

7　リスト存在文は特定の関数の値域＝集合の要素を数え挙げていく表現で、集合の要素の有無多少を述べる所有文と近い関係にある。

その他、上記の主張から帰結として導かれるいくつかの事柄について述べた。

注

1　二〇〇二年五月、カリフォルニア大学ロサンゼルス校において、学生および教員を対象に小さなアンケート調査を行った。このうち、日本語を母語として日本で育った一三人（一九三七年～一九七八年生）についての結果の一部を紹介しておく。次のような例文について、それぞれ「いる（いない）」、「ある（ない）」の自然さを1（完璧に自然）～5（不可能）までの1点きざみで採点してもらった。例文の下に付した数字は、「ある」および「ない」について採点結果の平均点である。

（i）a　今、寝ている学生が五人ほど｛いる／ある｝。[4.00]
b　今、この教室に寝ている学生が五人ほど｛いる／ある｝。[4.08]
c　今、寝ている学生が五人ほどこの教室に｛いる／ある｝。[4.62]

（ii）a　今、起きている学生は一人も｛いない／ない｝。[2.38]
b　今、この教室に起きている学生は一人も｛いない／ない｝。[2.15]
c　今、起きている学生は一人もこの教室に｛いない／ない｝。[3.38]

（iii）a　私には妻と二人の子供が｛いる／ある｝。[1.54]
b　私には大阪のうちに妻と二人の子供が｛いる／ある｝。[3.54]
c　私には妻と二人の子供が大阪のうちに｛いる／ある｝。[4.77]

（iv）a　私にはおばさんが｛いる／ある｝。[3.77]
b　私には東京におばさんが｛いる／ある｝。[4.08]
c　私にはおばさんが東京に｛いる／ある｝。[4.15]

（v）　a　私にはおばが{いる／ある}。[2.54]
　　　b　私には東京におばが{いる／ある}。[3.77]
　　　c　私にはおばが東京に{いる／ある}。[3.85]

（vi）　a　私には食事を作ったり洗濯をしてくれる人が{いる／ある}。[2.85]
　　　b　私には家に食事を作ったり洗濯をしてくれる人が{いる／ある}。[3.69]
　　　c　私には食事を作ったり洗濯をしてくれる人が家に{いる／ある}。[4.62]

（vii）　a　食事を作ったり洗濯をしてくれる人が{いる／ある}といいな！[3.00]
　　　b　家に食事を作ったり洗濯をしてくれる人が{いる／ある}といいな！[4.15]
　　　c　食事を作ったり洗濯をしてくれる人が家に{いる／ある}といいな！[4.61]

場所表現のないものについて、「ある（ない）」の点数はかなりばらつきがあるが、場所表現があると、「ある」が一般的に悪くなり、同じような点数に接近することが分かる。また、場所が離れている例より、場所が「ある」の直前にあるものの方が悪くなるという傾向も共通している。ところが、否定の「ない」についてだけは場所がある方がない方よりよくなっているという結果が出ている。

第2章　古代語の「ゐる」と「あり」

2・1　上代〜中世の有生物主語の存在表現

現代共通語では、一般的に有生物主語の存在表現には「いる」、無生物主語の存在表現には「ある」が用いられると言われる。しかし、文献を遡ると、ある時点以前の「ゐる」(「いる」の、ワ行イ列音がア行イ列音と区別されていた時点の表記)は、「あり」(「ある」の、ラ行変格活用時代の終止形)と対比されるような存在動詞ではなかったと考えられる。本章ではまずこの仮説を文献に基づいて検証していく。「ゐる＝いる」が存在動詞化したのは、京都では一五世紀以降と考えられるので、本章では、上代から鎌倉時代くらいまでの文献を取り扱う。この期間、「あり」についてはほとんど意味の変化はなく、もっとも一般的な存在を表す動詞として多用されていた。これに対し「ゐる」は、存在動詞ではなく変化動詞であり、「立つ」と対義語をなすような意味を持っていたが、「り」「たり」などの状態化辞を伴って「ゐたり」「ゐたまへり」等の形を取ることも多く、この場合は「(特定の場所に) スワッテイル・トドマッテイル」等の意味を持ち、存在の意味を表し得たと見られる。これらの点について、具体的に検証していく。

2・1・1　上代〜中世の「あり」

本章以降でも、1章で定義した、存在動詞の意味的分類を採用する。文献に現れる個々の存在文に対する文分類基準は、1章で述べた通り、以下の通りとする。

（1）

a　主語名詞句が指示的であれば、あるいは存在前提があれば、空間的存在文またはリスト存在文である（逆は必ずしも成り立たない）。

b　場所名詞句が明示されている（特に動詞直前）か、文脈から復元可能であれば空間的存在文である可能性が高い。

c　名詞修飾節内に現れ、かつ存在物が主名詞になっていれば、空間的存在文である。

d　眼前の対象の存在を描写する文は空間的存在文である。ただし、眼前の状況であっても限量的に述べられている場合は限量的存在文であることがある。

e　所有者である人物が明示されているか、文脈から復元でき、かつ主格名詞句が非指示的であれば、所有文である。

f　さらに、（受身・可能など）文意から判断する。

この基準に基づいて、文献資料に現れた存在表現を分類していく。

まず上代から中世まで、「あり」は有生か否か、また空間的存在文か限量的存在文かに関わらず、広く存在表現に用いられた。次に挙げるのは、有生かつ空間的存在文の例である。

（2）あをによし奈良にある妹が（奈良尓安流伊毛我）高々に待つらむ心しかにはあらじか　（万葉・一八・四一〇七）

（3）きのかみのいもうともこなたにあるか、我にかいまみさせよとのたまへど　（源氏・空蝉）

（4）　かくてもあられけるよと、あはれに見るほどに　（徒然草・一一）

（4）は、可能の意味で用いられた非能格自動詞としての「あり」の例である。現代語の「ある」には、このような非能格自動詞の用法は乏しい。

また、次のような、生死を表す存在文は空間的存在文の一種と考える（1・4・2節）。

（5）　かがみなす吾《あ》が思《も》ふ妻ありと言はばこそに（阿理登伊波婆許曽爾）　（古事記・下）

（6）　のこりなく散るぞめでたき桜花ありて世の中はてのうければ　（古今集・二・七一）

次に挙げるのは、有生、限量的存在文の例である。

（7）　しきしまの大和の国に人ふたりありとし思はば（人二有年念者）何か嘆かむ　（万葉・一三・三二四九）

（8）　いまはむかし竹とりのおきなといふもの有けり　（竹取）

（9）　きりつぼには人々おほくさぶらひておどろきたるもあれば　（源氏・花宴）

次に挙げるのは所有文の例である。

（10）　又をとこある人となんいひける　（伊勢・一九）

（11）　（少貳ハ）をのこゞ三人あるに　（源氏・玉鬘）

2・1・2　敬語の存在動詞

上代から鎌倉時代頃の文献には、存在を表す尊敬語専用の動詞として、「います」「いますがり（いまそがり・いましがり）」「おはす」「おはします」「ます」「まします」およびこれらに「〜あふ」が付加した「いまさふ」「おはしまさふ」等の形式が現れる。また、謙譲・丁寧を表す「はべり」（鎌倉時代には「候（さぶらふ／さうらふ）」）がある。これらは「あり」と同様に空間的存在文、限量的存在文の用法を持っている。これらの動詞と、「あり」の用法との関係を明らかにし、現代語との違いを確認しておく。

まず、尊敬を表す存在動詞の用例を示す。

(12)　さぶしけめやも君いまさずして（吉美伊麻佐受斯弖）　（万葉・五・八七二）…空間的存在文

(13)　かぐや姫は罪を作り給へれば、かくいやしきおのがもとにしばしおはしつるなり　（竹取）…空間的存在文

(14)　昔、西院のみかどと申すみかどおはしましけり。そのみかどのみこ、たかいこと申すいまそかりけり　（伊勢・三九）…限量的存在文

(15)　昔、おほきおほいまうちぎみときこゆるおはしけり　（伊勢・九八）…限量的存在文

以上に見るように、これらの動詞は、空間的存在文も限量的存在文も同じ形式で表すことができる。

次に示すのは、「侍り」の例である。空間的存在文を表す例、限量的存在文を表す例をそれぞれ挙げる。

(16)　桜の花の散りける折りにまかりて木のもとに侍りければ　（後撰集・一〇五詞書）…空間的存在文

(17)　下《しも》に侍りつるを、「人ずくななり」とてめししかば　（源氏・空蝉）…空間的存在文

(18)　北山になむ、なにがし寺といふ所に、かしこき行ひ人侍る　（源氏・若紫）…限量的存在文

次に、尊敬の存在動詞による、所有文の例を挙げる。

(19)　如来（は）慈悲いマす　（岩淵本願経四分律平安初期点6／22、大坪 一九九二：二八五頁）
(20)　又神通の力伊坐して妙へに衆生の心を従へ給ふ　（観智院本三宝絵詞上）
(21)　わかうおはしますうちにも御心なよびたるかたにすぎてつよき所おはしまさぬなるべし　（源氏・賢木）
(22)　このすみよしの明神は、れいのかみぞかし。ほしきものぞおはすらん　（土左）

現代語と異なるのは、主格尊敬と非主格尊敬（所有者尊敬）の間で、動詞の語彙的対立がないことである。これに対し、現代日本語では、敬語の存在動詞「いらっしゃる」と「おありだ」で統語的な対立がある。すなわち、「いらっしゃる」は存在の主体であるガ格名詞句が尊敬表現のトリガーとなるが、「おありだ」はガ格名詞句は尊敬表現のトリガーにはなれない。逆に言えば、現代語では「いらっしゃる」と「おありだ」とで動詞を使い分けるところを、古代語では同じ動詞で済ませている、ということである。

なお、この点について韓国語と比べてみると、興味深い対比が浮かび上がってくる。韓国語の非敬語形では、存在動詞は有生・無生を区別しないという点で、古代日本語の「あり」に近い。ところが尊敬語形にすると、主格尊敬と非主格尊敬（所有者尊敬）で用いられる動詞が異なる。即ち前者では kyeisida、後者では issusida を用いる。すなわち、この点では現代日本語に近い。

(23) a Sensaingnim kyeisibnigga?
先生 いらっしゃいますか
b Candon issuseiyo?
こまかいお金 おありですか

2・2 上代~鎌倉時代の「ゐる」

結論を先取りして言えば、古代語の「ゐる」は、次のような特徴を持つ動詞であると考えられる。

(24) a 「ゐる」は「立つ」の対義語であり、「座ル」「低マル」「静止スル」「(鳥ガ)止マル」等の意味を表す変化動詞である。
b 「ゐる」の主語は有生物だけではなく、「雲」「霞」「船」「ちり」等の無生物もなりうる。
c 「ゐる」は「立つ」と同様に変化動詞であり、単独では持続的な状態を表さない。しかし「たり」「り」等によって状態化されると、持続的な意味になり、存在表現に近づく。

人間を主語とする場合、「ゐる」の典型的な意味は「座る」である。それは、次のような「立つ」との対句表現によく現れている。

(25) み崎《さき》廻《み》の荒磯《ありそ》に寄する五百重《いほへ》波立ちても居ても(立毛居毛)我が思へる君 (万葉・四・五六八)

この歌の上の句は「立つ」を導く序詞である。従って「立つ」「居る」の真の意味上の主語は「我」であるが、序詞が成立する背景には、「波」もまた「立つ」「居る」の主語となりうるという事実がある。

(26)　立ちて思ひ居てもぞ思ふ（立念居毛曽念）紅の赤裳裾引き去にし姿を　（万葉・一一・二五五〇）

次の例も「座る」の例である。

(27)　ふみかくとてゐ侍し人のかほこそいとよく侍しか　（源氏・夕顔）
(28)　心うくこそなどきこえみすのまへにゐ給へば　（源氏・紅梅）
(29)　タ、ミヲ一段一段ヒキヲロシテ我（ガ）ノホツヘキホトヲノコシテノホリタ、ミニヰル　（三教指帰注・八オ五）
(30)　ホドセバシトイヘドモヨルフスユカアリ。ヒルヰル座アリ　（方丈記）

古代語の「ゐる」の特徴として、鳥類を主語とするものが多い点が挙げられる。鳥が枝や地面や池などに「トマル」「着地・着水スル」という意味である（神社の「とりゐ（鳥居）」とはすなわち神の鳥である鶏の止まり木の意である）。

(31)　坂越えて安倍の田の面に居る鶴の（為流多豆乃）ともしき君は明日さへもがも　（万葉・一四・三五二三）
(32)　川洲にも雪は降れれし宮の内に千鳥鳴くらし居む所なみ（為牟等己呂奈美）　（万葉・一九・四二八八）
(33)　かものゐる入江《いりえ》のあしは霜がれておのれのみこそあを葉なりけれ　（千載集・六・四三五）

これもまた、「立つ」との対比で考えることができる。すなわち、「飛び立つ」の「立つ」である。

(34) 辺つ櫂いたくな撥ねそ若草の夫の思ふ鳥立つ(念鳥立)　(万葉・二・一五三)

また、人間・動物以外のものが「ゐる」の主語となる例は数多く見いだせる。

(35) 春日山朝立つ雲の居ぬ日なく(朝立雲之不居日無)見まくの欲しき君にもあるかも　(万葉・四・五八四)
(36) 霞居る(可須美為流)富士の山びに我が来なばいづち向きてか妹が嘆かむ　(万葉・一四・三三五七)
(37) 立てば立つ居ればまた居る吹く風と波とは思ふどちにやあるらん　(土左)
(38) 故聖人の仰せには「卯毛《うもう》・羊毛《やうもう》のさきにゐる塵ばかりもつくる罪の、宿業にあらずといふことなしと知るべし」とさふらひき　(歎異抄)

これらの主語「雲」「霞」「風」「波」「塵」には、「〜立つ」という表現が存在する。やはり、「ゐる」は「立つ」の対立概念を表していると見ることができるのである。すなわち、「立つ」は運動が始動し、対象が移動を始めることを表すのに対し、「ゐる」は運動が平静化し、対象がその場に固着することを表す。従って、その主語は非情物であっても、もともと運動する能力を持った自然現象や、あたかも自然に動くように見なされている対象である。

次の二例の「つらら(=氷)」「水草」は、「〜立つ」という表現は見あたらないようである。しかし、ある場所に対象がびっしりと固着して動かない様を表しているという点で、他の「ゐる」と連続した概念を表していると考えられる。

(39) をしどりのうきねの床《とこ》やあれぬらんつららゐにけり昆陽《こや》の池水　（千載集・六・四三四）

(40) 恋をのみすがたの池に水草《みくさ》ゐてすまでやみなむ名こそをしけれ　（千載集・一四・八五八）

「ゐる」と「立つ」の意味の関係は次のような図式で考えられる。ａからｂへの変化が「立つ」、ｂからａへの変化が「ゐる」である。

(41)

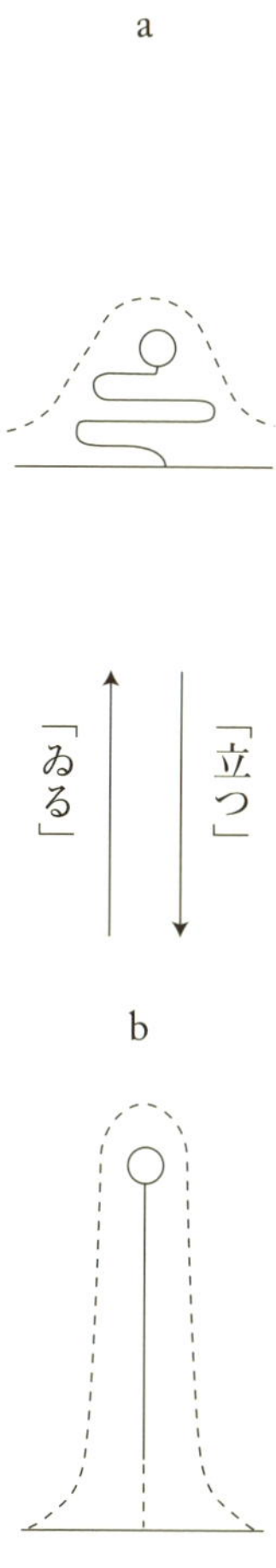

「ゐる」は、単独では持続的な意味を表せない。持続的な意味を表すためには、「〜たり」「〜たまへり」等を付加しなければならない。「ゐたり」「ゐたまへり」等を「ゐる」の状態化形式 (stative form) と呼ぼう。

なお、上代の文献には「ゐる」に「たり」や「たまへり」を付加した例は見られず、その代わりに「をり」が多く用いられている。「をり」が、上代における「ゐる」の唯一の状態化形式であったと考えられる（8章に詳述する）。

「ゐる」の状態形は、「ゐる」の結果状態を表す。人間が主語の場合、一つには「座っている」に相当する、着座の運動の結果状態を表す。

(42) あやしきかべのつらにびやうぶをたてたるうしろのむつかしげなるにゐ給へり　（源氏・総角）

(43) 我モ人モ皆ハチスノ花ノウヘニヰタリ　（法華百座聞書抄・オ一八八）

(44) 我がゐるべき座に、あたらしき不動尊こそ居給ひたれ　（宇治拾遺・一一七）

(45) この時緑珠ははるかたかき楼のうへにゐたりけり　（唐物語）

また一つには、意味がやや抽象化し、一つの宿舎に「留まる」「滞在する」という意味を表す。この意味でも、「立つ」は「ゐる」の対義語である。つまり、「移動のために出発する」の意味の「立つ」である。現代語にも「旅立つ」という表現があることに注意されたい。

(46) ここには御物いみとていひければ人もかよはず二三日ばかりはは君もゐたり。　（源氏・東屋）

(47) 道心ヲオコシテ、ヰテ侍ケル家ヲ寺ニナシテ　（法華百座聞書抄・オ一六八）

(48) 粟津《あはづ》に来て、日ついで悪《あ》しとて、二三日ゐたるに　（古本説話集・上・二八）

このように、「ゐる」を状態化したものは、もとの「ゐる」の語彙的意味を残しているので、「あり」によって表されるような存在の意味と完全に同一視することはできない。しかし一方で特定の空間における静止・滞在の維持という意味は、存在表現、特に空間的存在文に極めて接近しているということも間違いない。室町時代には、この「ゐたり」という表現から、単独で存在を表す「いる」が派生したものと考えられる。

2・3　まとめ

上代から鎌倉時代まで、主語の有情・非情、また空間的存在文、限量的存在文等の区別なく、存在動詞としては「あり」が広く用いられていた。

敬語の面でも、「あり」の尊敬語、謙譲・丁寧語があっただけで、主格尊敬と所有者尊敬の語彙的な区別もなかった。

(49)　上代–鎌倉時代の「あり」とその敬語形

尊敬	おはす、います、おはします等
中立	あり
謙譲・丁寧	はべり(侍)、さぶらふ・さうらふ(候)

なお、「ゐる」は「立つ」に対立する変化動詞であり、動詞単独では継続的な意味を表さない。「ゐたり」等の状態化形式になると、空間的存在文に近い意味を表すようになる。

第3章　存在動詞「いる」の成立

3・1　「ゐたり」から「いる」へ

本章では、古代語の変化動詞「ゐる」が存在動詞へと変化していく過程を、室町期の資料（抄物、狂言、キリシタン資料）を用いて跡づけていく。また、現代方言における語形「いた」との関連についても考察を加える。

3・1・1　**二つの「いた」**

一五―一六世紀の抄物には、「いる」が単独で継続的な存在を表すと見られる用例が存在する。

(1) 只舜ノイラル、処ハ成聚成邑成都デ人ガアツマルホドニ　（史記抄〈古活字本〉・二）

(2) 精錬ナル行者ノ居ル処ナレバ精舎ト名ヅクルトモ云ヒ、又、麁暴ノ者ハイヌ、精者ガイルホドニ名ヅクルトモ云ヒ、又ハ、息心ノ者ノイル処ナレバ日ニ「精舎」ト云イヘル義アルゾ。　（中華若木詩抄：一七一頁）

一方、鎌倉時代までの「ゐる」と同様に、運動を表す「いる」の用法も残っている。

(3) 起ツ居ツシテ雨ヲ待ゾ。　（中華若木詩抄：一三一頁）

一六四二年写の虎明本狂言古本からも、運動を表す「いる」の例を挙げておく。

（4）しめをひくまねをして、大こうちの所にいる　（虎明本狂言・ゑびす大黒、ト書）

（5）たま〳〵ござつてさへ、たつついつさせらるゝ　（虎明本狂言・墨塗）

（3）–（5）のような運動性の「いる」は、次第に「座る」「腰掛ける」等の語彙に置き換えられ、共通語の中では一部の慣用句を除いて用いられなくなった（cf.いてもたってもいられない）。

既に見てきたように、かつて「ゐる」は変化動詞であり、状態化形式「ゐたり」の形をとって初めて継続的な存在を表すことができた。とすれば、室町時代に発生した存在動詞「いる」はかつての「ゐる」から直接派生したのではなく、「ゐたり」から派生したと見るべきであろう。

一五–一六世紀の文献には、興味深いことに、「いた」という形式によって現在（または、非過去）の存在を表すと見られる例が存在する。

（6）処士ハツカハレイテイタソ夫トモタイテイタ女ヲ処女ト云フト同者ソ　（蒙求抄〈寛永一五年整版本〉・六・三九オ、湯沢 一九二九より）

（7）尺蠖ノ虫（＝しゃくとりむし）ノカヽウテ居タハノヒウ用ソ臥龍ハトハウ用ソ　（蒙求抄〈古活字本〉・一・五ウ）

（8）梅梢ニ隻立スルト云ハ、居坐《スハ》リハセイデ、梅ノ梢ニ片《カタ》足ニテ居タ也。　（中華若木詩抄：七五頁）

（9）只今九淵ハ若耶ニ居ラレタガ、若耶ノ辺ハ田舎ナレバ文章ヲナサル、コトハアルマイ。　（中華若木詩抄：一二一頁）

(10)　斉国ヨリ、サヤウノ者コソコ、ニアレ。羊ノ裘ヲ衣《キ》テ、沢中ニ釣ヲ垂テイタゾ。（中華若木詩抄：一五六頁）

また、明らかに過去を表すと見られる「いた」も一方で見られる。

(11)　射安東山ニ隠《カク》レテ居タ時《トキ》、天下ノ民ガ云コトハ、「コノ人ノ出テ政リゴトヲセラレイデハ、蒼生ハナニトナルベキゾ」ト云テ、渇望シタゾ。（中華若木詩抄：一二〇頁）

この時代、次のような二つの「いた」が共存していたことになる。

(12)

	A	B
非過去	いた	いる
過去	？	いた

歴史的には、(12)Aの「いた」が古く、Bの「いた」が新しいと考えられる。それには、この時代の「た」の歴史的変化を見ておく必要がある。

3・1・2　「たり」から「た」へ

鎌倉時代までの「たり」にはおよそ次のような三つの意味が認められる。

(13)
a 動作・変化の結果の状態および動作・運動の過程（＝シテイル、シテアル）
例：三の口あきたり。（源氏・花宴）
b 過去の動作の経験（動作パーフェクト）（＝シタコトガアル等）
例：吹く風をなきてうらみよ鶯は我やは花に手だにふれたる（古今集・一〇六）
c 動作の完成（＝シタ）
例：二人（手紙ヲ）見る程に、父ぬしふと寄り来たり。（源氏・乙女）

「たり」は V-te + ari ＞ V-tari のように派生されたもので、存在動詞「あり」が文法化した形式である。上代には a が多く（鈴木 一九九二）、また名詞修飾用法が主であった（釘貫 一九九九）。平安時代に b、c の用法が派生した。(13) c では完成相過去を表しているが、平安時代までには「き」「けり」「つ」「ぬ」等も同様に完成相過去を表すことが出来た。中でも「き」は完成相・不完成相を問わず用いられた。

一方「たり」は不完成相述語（存在動詞「あり」、形容詞、コピュラ動詞「なり」等）の過去を表すことはできなかった。そもそも、不完成相述語には「たり」は付加できなかった（例「*ありたり」）。これは、この時代には「たり」が未だ状態化形式であったことを表している。つまり「たり」は運動動詞を不完成相述語に変換する機能を持っていたので、もともと不完成相である述語には付加できないのである。この現象は、現代語の状態動詞（金田一 一九七六）に「ている」が付加できないのと似ている。

「たり」とよく似た機能を有する助動詞に「り」がある（例「咲けり」）。「り」は動詞連用形に「あり」が付加された形から派生された。「たり」とほとんど意味的な対立がない上に、「たり」と異なって付加される動詞に形態上の制限があったので、平安時代には「たり」に押されて衰弱し、鎌倉時代までには京都の話しことばの世界からは消滅した（迫野一九八八）。

（14）

上代	平安	鎌倉	室町
～て＋あり＞～たり	↓	↓	～た
～あり＞～り	↓	（衰退）	

「たり＞たる」は室町時代までに語尾「る」を落とし、「た」となった。また、不完成相述語にも付加されて過去を表すようになった。

（15）　度々合戦ノアリタ処ハ、其亡霊ガ、夜ニナレバ、時ヲ作《ツク》リ太刀刀ヲウチ違《ガ》ユル声ガスルモノゾ。
（中華若木詩抄：七四頁）

「た」が一般的な過去の形式として広く用いられる一方で、「き」「けり」「つ」「ぬ」等は京都の話しことばから次第に消えていった。しかし一方で「た」は「たり」の時代に持っていた継続的な意味やパーフェクト用法も保っていた。

（16）　桅竿マツ直《スグ》ニ立《タ》ツ処ガ人ノ立ツニ似タ（＝似ている）ホドニ、其声ヲ嘯クト云タコト也。
（中華若木詩抄：一七六頁）

（17）　首をかかうと甲をとっておしのけて見れば、まだ十六七と見えた人のまことに清《きよ》げなが薄化粧してかねつけられた（＝つけている）。
（天草版平家：二六七頁）

(18)　ある時、シャントエソポを連れて墓所へ赴かるるに、その所に棺のあったに、七つの文字を刻《きざ》うだ（＝刻んである）。
（エソポのファブラス：四一九頁）

(19)　さても〳〵おびたゝしひ町かな、やれなかをよささうに、ひつしとたてならべた（＝タテナラベテアル）。
（虎明本狂言・磁石）

「た」のこの様な用法は、江戸時代以降、「ている」や「てある」に置き換えられ、失われていく。しかし「曲がった釘」「ゆでた卵」のような名詞修飾節の中では保存され、現代語にも残っている（金水 一九九四ａ）。

3・1・3　「いた」から「いる」へ

一五–一六世紀抄物に見られる「いた」は、このような、不完成的な「た」が「いる」に付加された形式として理解できる。「た」が不完成的用法を失う一方で、「いる」は動詞自身が不完成的な意味を獲得し、存在動詞となった。一五–一六世紀は「いた」から「いる」への交替時期で、文献にはこのような古い「いた」と新しい「いる」が混在している。

室町時代末期の言語を反映していると見られる「虎明本狂言」には、「呼び出し」と呼ばれる固定的な場面に限って、不完成的な「いた」が現れる。

(20)　（主人）「太郎くわじやいたかやひ」
（太郎冠者）「お前に」
（虎明本狂言・鬮罪人）

現代方言では、山形県、岩手県など東北地方の一部に不完成的な「いた」が見られる（国立国語研究所 一九六七、

渋谷 一九九四）。また、「いたる」という形式も長野県で用いられている（迫野 一九九六）。現代大阪方言の「いてる」という形は、「いた」の「た」が新しい「てる」に置き換えられた形式と見ることが出来よう（13章参照）。

結局、歴史的文献から知られる、中央の「ゐる」から「いる」への変化は次のように図式化できる（「をり」については第２部で詳述する）。

表１

	上代	平安・鎌倉	室町
非状態性	ゐる→	ゐる→	（「すわる」「こしかける」等と徐々に交替）
状態性	をり→	ゐたり→	いた→いる

３・２　「天草版平家物語」の分析

本節では、一六世紀末に成立したキリシタン資料「天草版平家物語」における「いる」および「ある」の使用状況を調査する。特に、「天草版平家物語」の原拠本に比せられる諸本と対照することにより、鎌倉時代の存在動詞の体系と室町時代末の存在動詞の体系の相違点を明らかにしていく。

「天草版平家物語」（以後、本章では「天草版」）は、一五九三年、イエズス会によって出版された。当時流布していた、古典語によって書かれた平家物語（一三世紀中頃成立）を、当時の口頭語を用いて翻訳したものである。ポルトガル語式ローマ字で表記されている。現存する古典語の平家物語の中には、天草版とぴったり一致する本がないので、便宜的に表２のように現存する諸本を取り合わせて対照させることにする（清瀬 一九八二参照）。

表2

天草版平家物語	原拠本
巻第一－巻第二・一	覚一本 巻第一－巻第三
巻第二・二－巻第三・八	百二十句本 巻第四－巻第七
巻第三・九－巻第四・一	竹柏園本 巻第八
巻第四・二－巻第四・二八	百二十句本 巻第九

原拠本の平家物語における存在動詞の語彙は以下のようになっている。尊敬、中立、丁寧・謙譲のような待遇的な観点による語彙の分化はあるが、有生性（animacy）や空間的存在文・限量的存在文の対立はない。

(21) 古典語・平家物語の存在動詞

尊敬1	御渡りある、渡らせ給ふ等（以後、「渡る」系）
尊敬2	おはす、ます、まします等（以後、「おはす」系）
(中立)	あり
丁寧・謙譲	候

天草版で「いる」が用いられるのは、空間的存在文に限られる。これに対応する原拠本の本文では、中立形式としては「あり」が対応する（ただし敬語的意味が加わって「候」、「おはす」等に対応する場合も少なくない）。以下に、用例を示す。aに天草版本文を、bに対応する原拠本の本文を掲示する。なお、天草版本文は読みやすさのために、漢字

仮名交じりへの翻字本文と原文（ローマ字）との両方を挙げておく。

（22）　a　げにもさやうの人は三人これにいられたに、
guenimo sayŏno fitoua sannin coreni iraretani,　（天草版平家・一：八五頁）

b　いさとよ、さ様の人は三人是に有しが　（覚一本・三）

なお、天草版では有情物主語の空間的存在文で「ある」も用いられている。

（23）　a　競はあるか？　いまらする、いまらすると言うて、
Qiuŏua aruca? ymarasuru, ymarasurto yŭte,　（天草版平家・二：一一八頁）

b　（原拠本対応箇所無し）

一方、限量的存在文では、有生物主語でも「いる」が用いられることはない。

（24）　a　平家の侍に季康という者があったが、
Feiqeno saburaini Suyeyasuto yŭ monoga attaga,　（天草版平家・三：一七九頁）

b　平家ノ侍ニ、橘内左衛門季康ト云男《ヲノ》アリ　（百二十句本・七七）

存在文の意味分類の観点から、原拠本の中立的（＝敬語的意味を含まない）存在文の述語動詞の分布をまとめると、

次のようになる。

表3

	空間的存在文	限量的存在文
有生物主語	あり	あり
無生物主語	あり	あり

すなわち、主語の如何、存在文の意味の如何に関わらず、基本的にあらゆる存在表現において「あり」が用いられていたと言える。この状況は、上代から鎌倉時代まで変わっていないと言ってよい。

一方、天草版では次のような分布を示している。

表4

	空間的存在文	限量的存在文
有生物主語	いる、ある	ある
無生物主語	ある	ある

すなわち、空間的存在文の一部に「いる」が入り込み、この領域を「ある」（終止形・連体形合流後の形態）と分け合っていたと言える。有生物主語を持つ存在文のみについて、統計を示せば、次の通りである。

表5

	空間的存在文	限量的存在文	所有文	計
いる	53	0	0	53
ある	15	79	3	97
ない	17	47	1	65
計	85	126	4	215

一点注意を促すならば、この数値を見るかぎり、空間的存在文において「いる」が「ある」「ない」をかなり上回っているように見えるが、「いる」には「いらるる」等が含まれるのに対し、「ある」の尊敬語形はいわば「ござる」であり、これはこの表から除外されている。厳密に中立的な表現で数値を比べるために、「いらるる」を除外するなら、「いる」の頻度は33となる。この数字は、「ある」と「ない」の合計にほぼ匹敵するので、有生物主語の空間的存在文では「いる」と「ある（ない）」は対等に拮抗していると見ることができる。一方、限量的存在文と所有文では「いる」の用例は皆無であり、「ある（ない）」に限定されていることが分かる。

次に、敬語形も含めて表にまとめる。

表6

		空間的存在文	限量的存在文
有生	尊敬	いらるる、ござる、おぢゃる等	ござる
	中立	いる、ある	ある
	丁寧／丁重	いまらする、ござる、おぢゃる等	ござる、おりない等
無生	尊敬	—	
	中立	ある	
	丁寧／丁重	ござる、おぢゃる等	

「いる」は、「らるる」という接辞を伴って「いらるる」という尊敬語形を作り、「まらする」という接辞を伴って「いまらする」という丁寧語形を作っている。即ち、敬語の全体系を通じて「いる」は用いられており、そのことによって、空間的存在文という存在文の新たなカテゴリーが確立されているのである（「ござる」については7章参照）。

3・3　まとめ

本章では次のようなことを述べた。

1　抄物資料によると、京都では一五世紀までに存在を表す「いる」が現れていたが、「ゐたり」から「いる」へと移行する過程に、「いた」という形式があったと推定される。この「た」は「たり」の結果状態の意味を残した、状態性の意味を表す「た」である。

2　以下、「天草版平家物語」とその原拠本との対比をもとに、室町時代末の京都方言の状況を推測する。この資料では、有生物主語で空間的存在文を表す場合に限り、「いる」が用いられる。ただしこの領域では「ある」も使われ、両動詞がゆれている。原拠本と比較した場合、原拠本の「あり」が天草版で「いる」に置き換えられている例が目立つ。

3　一方、限量的存在文や所有文では、有生物主語であっても「ある」しか用いられない。

4　原拠本では、有生物主語の空間的存在文は、尊敬に「おはす」、中立に「あり」、丁重・丁寧に「候」と語を変えて表現されていたが、天草版ではそれぞれ「いらるる」「いる」「いまらする」と、「いる」＋助動詞の組み合わせによって表現されている。すなわち、「いる」という動詞によって「有生物主語の空間的存在文」という意味領域がしるしづけられていると言える。

第４章　近世上方語・現代京阪方言の「いる」と「ある」

４・１　はじめに

前章では、一五世紀までに存在を表す「いる」が発生したこと、また一六世紀末の資料をもとに、その「いる」によって表される存在文が有生物主語の空間的存在文に限定されていたこと、ただしこの領域において「ある」と共存していたことを確認した。

一方、すでに１章で検討したように、現代共通語においては、存在動詞の分布がかなり異なっていた。簡単にまとめると、空間的存在文では、有生物主語なら「いる」、無生物主語なら「ある」と固定的に分布しているが、限量的存在文、所有文、リスト存在文では、有生物主語であっても「いる」「ある」両方が使える話し手がいるということである。ただし、有生物主語に「ある」を用いる話し手は若年層において減少しつつあるらしいことも分かった。本書の関心は、歴史的に現在の状況がどのように形成されたかという点にある。

存在表現の歴史的動態を扱った先行研究として、鈴木（一九九八）を挙げることができる。同論文については後に詳しく取り上げるが、作家の丸谷才一が、「昔々、おじいさんとおばあさんが〔ありました／いました〕」という例文について「ある」を誤りと述べていることを導入とし、近代小説作品を調査対象として、有情物主語をもつ「ある」と「いる」の割合の歴史的推移を調査した。その結果、明治・大正・昭和前期までは「ある」と「いる」が拮抗していたのに対し、第二次世界大戦をまたいで昭和後期に著しく「ある」が減少、「いる」が増加しているとした。

これらの研究から予測されることは、「いる」が有情物主語を持つ存在動詞の中で勢力を伸張していき、現在に至ったこと，そしてその出発点は空間的存在文であったということである。ここで問題点として，次の諸点が挙げられる。

(1)　a　本書3章で用いたのは中世末期の（上流階級の）京都方言を反映すると見られる資料であり、一方鈴木（一九九八）では現代共通語ないし東京方言を反映するであろう小説作品である。この二者間の間の変化を、単に歴史的変化と捉えてよいか。方言の差異はどのように扱うべきか。

b　aの点に一定の解決が与えられるとして、どのような過程を経て変化は進行したか。

c　そもそも、変化を進行させる原動力は何か。

これらの問題に取り組むために、以下の章・節では次のような検討を行う。4・2節―4・4節では、近松の世話浄瑠璃作品、上方洒落本、「古今集遠鏡」等を用いて、近世・上方における存在動詞の使用状況を探る。4・5節―4・6節では、落語録音資料、談話資料を用いて、近代京阪方言の状況を調べ、4・7節で京阪方言における動態をまとめる。続いて、5・2節では、江戸語資料として「浮世風呂」を用いて近世江戸語の実態を探り、5・3節以降では近代小説やシナリオ等の作品の調査を通じて標準語ないし東京方言における推移を調査する。6章では、第1部の記述をまとめ、併せて理論的な観点から、変化を推し進める力と機構について考察する。

4・2　近松・世話浄瑠璃

まず、近松門左衛門の世話浄瑠璃を資料として、存在表現の動詞語彙と意味・用法の関連について調査を行った結果を示す。資料については「主要資料一覧」を見られたい。

なお、浄瑠璃の本文にはかなり写実的な談話の部分もあれば、文語的修辞をちりばめた語りの部分もあり、文体的に複雑である。今回の調査では、これらの文体的差異は考慮せず、とりあえずひとしなみに扱っている。

用例を挙げておこう。まず次の例は、空間的存在文で「いる」が用いられる例である。

(2) 小身人の悲《かな》しさは、隔年のお江戸詰《づめ》。お国にゐては、毎日の御城詰《づめ》。月に十日の泊り番。（近松・堀川：三九頁）

(3) 大経師助右衛門駕篭《かご》を先《さき》に押立て。梅龍《ばいりゆう》宿におゐやるかと、開けんとすれば門の戸ははや閉めたり。（近松・昔暦：二三一頁）

なおこの資料には、「座る」の意味の「ゐる」が見られる。

(4) 一々語つて聞かせんサアろくにゆるりとゐやと。果しも知れぬ長話（近松・重井筒：八一頁）

次は、有生の主語で、空間的存在文で「ある」が用いられる例である。

(5) 此の火燵《こたつ》には狼《おおかみ》があるさうなと。蹴《け》捩《もぢる》を引倒《たふ》し蒲団《ふとん》押退《の》けつゝと出で。熟柿臭《じゆくしくさ》い彦介が。鼻《はな》の先《さき》に渋柿《しぶがき》の渋《しぶ》い顔して立ちはたかる。（近松・門松：三〇一頁）

次の例は、「ある」と「いる」が並べて用いられている例である。中立表現に「ある」、尊敬表現に「いらるる」が用いられている。

（6）　甚平がこゝに有るからは。市之進も此の辺にゐらるゝは必定《ひつぢやう》。

（近松・権三：二八六頁）

次は、限量的存在文で「ある」が用いられている例である。この領域で「いる」が用いられている例は存在しない。

（7）　母が生肝《いきぎも》を煎《せん》じて飲《の》ませといふ医者《いしや》あらば。身を八裂《やつざき》も厭《いと》はねども。

（近松・女殺：四一七頁）

所有表現も挙げておく。やはりこの領域では「いる」が用いられない。

（8）　あさましや悲しやな女房子のない人ならば。殺すまい、死ぬまいものと、さぞや最期の悔言《くやみごと》。

（近松・重井筒：八九頁）

ちなみに、この資料では「おる」が四例ある。「おる」については、11章参照。

（9）　勘十郎めどこにをる。いはせねば堪忍《かんにん》せぬと蚊帳《かや》より出づるを取《と》つて押《おさ》へ。

（近松・歌念仏：一四一頁）

統計結果は、表1の通りである。

表１

	空間的存在文	限量的存在文	所有文	計
いる	41	0	0	41
ある	10	28	16	54
ない	2	11	4	17
計	53	39	20	112

数値的には、「天草版平家物語」と大きな違いはなく、空間的存在文に「ある」がかなり使われている。しかしこの資料で興味深いのは、アスペクト表現の「している」と「してある」が、主語の有生性によって使い分けられていることである。存在表現とアスペクト表現の関連については14章で簡単に触れるが、補助動詞用法において有生性がより強く作用している可能性がある。

今回の調査では、地の文と会話、あるいは歌の部分と語りの部分等の区別をしておらず、文体的な配慮がなかったので、今後はそうした面でより細やかな調査を進めるとともに、浄瑠璃そのものの口語資料としての評価も含めて、総合的に検討したい。

4・3　近世後期上方洒落本

次に、近世後期の上方洒落本（一七五六―一八二七？）を調査した結果を示す。底本については、「主要資料一覧」を参照されたい。

用例は、会話の部分のみから採集した。まず、「いる」の例を挙げる。すべて、空間的存在文である。

(10)［ゆき］（中略）たかゞ京にいるあいたの事じやゆへすいぶんくるやうにせねばならぬ　（裸人形・六オ）

(11)［旦那］そんなら御苦労ながらおきさん居《ゐ》て貰《もらを》ふかい　（嘘の川・五・七オ）

次に、有生物主語の「ある」の例を挙げる。次の例は限量的存在文の例である。

(12)［太夫］（中略）わたしか様なゑゝかゝぬものも有るに　（郭中・八ウ）

(13)［道粋］（中略）粋が川端へはまり亭主となるもあり　（虚辞先生・一八ウ）

次の例は所有文である。

(14)［珍］貴さまこそ大かた兄さんがあるといふ久しいやつじやあろ　（うかれ・二〇オ）

次の例はリスト存在文と見られる。

(15)［ほく］まだおかうもある。　（北華・二五ウ）

次に、有生物主語の「ない」の例である。限量的存在文を表している。

(16)［不］（中略）おれがこうといふたら。うんといはぬ姫はないわい　（蜆殻・上一一ウ）

統計表を表2として掲げる。リスト存在文（「ある」一例）は除いてある。

表2

	空間的存在文	限量的存在文	所有文	計
いる	15	0	0	15
ある	0	13	3	16
ない	0	2	3	5
計	15	15	6	36

用例数が小さいので断言することはできないが、先の近松の世話浄瑠璃と比較すると、大きな変化が見える。すなわち、空間的存在文から「ある」が姿を消し、「いる」専用となっている点である。一方、限量的存在文・所有文には「いる」の用例は見えず、「ある」「ない」専用となっている。すなわち有情物主語に限って言えば、「いる」は空間的存在文、「ある」「ない」は限量的存在文（および所有文）という相補分布となっているのである。

近松世話浄瑠璃で取り上げた最終作品は一七二二年（心中宵庚申）、洒落本の最初の作品は一七五六年（穿当珍話）で、この三〇年余りの間に変化が進んだかとも見えるが、ジャンルが違い、文体も違うので、単純な比較はできないし、これらの作品が口頭語の状況を性格に反映しているという保証もない。ここは緩やかに、「上方では一八世紀の間に「いる」が有情物主語の空間的存在文の領域に広がり、ほぼこの領域で専用となった」と述べておくのが穏当であろう。

4・4 「古今集遠鏡」・「古今和歌集鄙言」

洒落本の調査で得られた結果を補強するために、口語資料としてはやや特殊な部類に属するが、本居宣長が一七九七年に著した、「古今集遠鏡」を資料として用いる。この資料は、「古今和歌集」の全歌（長歌は除く）を、当時の京都の口語に翻訳したものである。また、「古今集遠鏡」と併せて参照するために、同時期に同趣旨で作られた尾崎雅嘉の「古今和歌集鄙言《ひなことば》」（一七九六刊）も調査することにする。

「古今集遠鏡」および「古今和歌集鄙言」から、有生物主語をとる用例を挙げておく。訳文をaとして、また古今集の原文をbとして示す。まず、空間的存在文に「いる」が用いられている例である。

(17) a わたしもう京に居てもおもしろうないによつて （遠鏡・五）
　　b みわの山いかにまちみむ年ふとも尋ぬる人もあらじとおもへば （古今集・七八〇）

(18) a はながちらずに有たらこゝに居よふと思はれる （鄙言・二）
　　b いつまでか野邊に心のあくがれむ花しちらずは千世もへぬべし （古今集・九六）

次は、限量的存在文に「ある」「ない」が用いられる例である。

(19) a さて〳〵あつたら花を　此やうにちらす風めが逗留して居る所は　たれぞは知て居る者があらう　誰《れ》が知て居るぞ　おれに教へてくれい　行《い》てぞんぶんに恨みをいはう （遠鏡・一）
　　b はなちらすかせのやとりはたれかしるわれにをしへよゆきてうらみむ （古今集・七六）

（20）a　ひぐらしのなく此山里はゆふぐれには風より外には一向に尋ねてくれる人もない　（遠鏡・二）
b　日ひぐらしのなく山里の夕暮は風よりほかにとふ人もなし　（古今集・二〇五）

（21）a　おまへにはたんといひよりてが有によつて　（鄙言・一一）
b　花がたみめならぶ人のあまたあればわすられぬらんかずならむ身は　（古今集・七五四）

「古今集遠鏡」で有生物主語（ガ格名詞句）を持つ存在文の調査結果を表にまとめると、表3のようになる。

表3

	空間的存在文	限量的存在文	所有文	計
いる	6	0	0	6
ある	0	22	1	23
ない	0	17	2	19
計	6	39	3	48

これを見ると、上方洒落本と同様に、空間的存在文と限量的存在文・所有文とで、それぞれ「いる」と「ある（ない）」とが相補的に分布していることが分かる。

併せて、「古今和歌集鄙言」の統計も挙げておこう。

表4

	空間的存在文	限量的存在文	所有文	計
いる	15	0	0	15
ある	2	23	1	26
ない	1	14	0	15
計	18	37	1	56

ここでは、有生かつ空間的存在文の「ある」が二例、「ない」が一例認められるが、ほぼ「遠鏡」と似た分布になっていると認められる。

以上二資料の調査により、一八世紀末までに、上方語で、有生物主語の空間的存在文には「いる」が、限量的存在文・所有文には「ある」（ない）が用いられ、それぞれ相補的な分布をなしていたことが確認された。

4・5　明治・大正SP落語資料

明治・大正時代の大阪語の様相を、SPレコードに録音された大阪落語によって調査する。資料については「主要資料一覧」を見られたい。

それでは、この資料から、「いる」の例を挙げておこう。すべて有生物主語の空間的存在文である。

(22)　あんた、内去《うちい》なんと、わたいの傍《ねき》にばっかりいてとくれやすやろな　（初代桂枝雀「煙管返し」）

(23)　おい兄弟、うちにいててか。　（四代目笑福亭松鶴「平の蔭」）

(24)　この路地《ろーじ》のな、奥の方にいやはる年の若いええ男のやもめはん有《あ》っりゃろ　（桂文雀「長屋議会」）

なお、(22)と(23)の例は、「いてる」の例として解釈すべきである（13・4・2節参照）。次に、有生物主語の「ある」と「ない」の例を挙げる。

(25)　今日《こんにち》交際の世の中で、散財が嫌いっちゅよな極道がどこにあったもんかい。　（二代目林家染丸「電話の散財」）

この例は、文意からして限量的存在文と考えられるが、場所名詞句「どこに」が動詞の直前に現れている点で、問題例と言える。今は一応、限量的存在文の「ある」と考えておく。

(26)　へー、不思議なご婦人もあったもんで。　（同）

(27)　唐土《もろこし》にな、晋《しん》の予譲《よじょう》とゆう人がある。　（四代目笑福亭松鶴「一枚起請」）

(28)　そやなあ、あんまり羽織着て手水《ちょうず》行くもんもないもんや。　（二代目林家染丸「電話の散財」）

有生物主語の存在文の統計は表5の通りである。

表5

	空間的存在文	限量的存在文	所有文	計
いる	9	0	0	9
ある	0	14	1	15
ない	0	2	0	2
計	9	16	1	26

このように、江戸時代、一八世紀以降と同様に、空間的存在文に「いる」、限量的存在文・所有文に「ある」「ない」という相補分布をなしていることが分かる。

4・6　現代京阪談話資料

次に、録音談話の書き起こし資料を用いて調査を行う。

まず、『方言会話資料(1)京都(1)』を用いて、現代京都の老年層の会話の実態を探る。資料については「主要資料一覧」を参照されたい。

この資料でも、前掲資料と同様の相補分布が見られた。有生物主語の空間的存在文と限量的存在文の例をそれぞれ示そう。

(29)　新：anoo donai-demo muko-ni zutto i-yo omo-tara i-tara ee-si　（自由会話五：七〇頁）
あのー、どないでもむこ（向こう）にずっといよ思たらいたらええし

(30) 五：maa sono zibun-ni oosyoo ukete sensi sita sito-mo ari-masu-si
まあその時分に応召受けて、戦死した人もありますし　（自由会話四：五六頁）

分布の集計結果は、表6の通りである。

表6

	空間的存在文	限量的存在文	所有文	計
いる	33	1	2	36
ある	0	13	4	17
ない	0	*1	0	1
計	33	15	6	54

＊は「なくなる」

次に、『関西・若年層における談話データ集』を用いる。資料については「主要資料一覧」を参照されたい。

この資料は、先の京都・老年層のデータと比較して、質的な違いがある。「いる」よりも、「おる」が多く用いられている点がその一つである。本書11章および13章で検討するが、「いる」と「おる」には機能的・文体的な差があっても意味論的には同等と考えてよいので、参考として統計に含めておく。

用例の一部を挙げておく。まず、空間的存在文で「いる」が用いられている例である。

(31) んで　あ　あれや、最初はさ、あの、俺がK［彼女の名前］といる時にー、電話して、K［相手の名前］が電話

してきて、（談話八：一〇五頁）

次の例は、限量的存在文で「いる」が用いられる例である。

(32)　ほんならお母さんが「あんた周りでセーラー服（を）着　着てる人（は）いないでしょう」とか言ってあーそういえばいいひん［いない］わーと思って。セーターやんなー。変やん。（談話一：二頁）

有生物主語の存在文の統計を表7として掲げる。

表7

	空間的存在文	限量的存在文	所有文	計
いる	2	2	0	4
おる	6	10	7	23
ある	0	0	0	0
ない	0	0	0	0
計	8	12	7	27

この表から明らかなようにこの資料では「ある」「ない」が空間的存在文だけでなく、限量的存在文でもまったく用いられていない。すなわち、主語が有生か無生かによって「いる（おる）」と「ある」「ない」が使い分けられているの

である。

　先の京都・老年層のデータとこのデータは、話者の出生地もかなり異なるので、歴史的に連続したデータと見てよいかどうか、また「おる」をどう扱うかといった問題があるのだが、歴史的推移として「いる（おる）」の伸長と「ある」の縮小は間違いない方向性であると見られる。一八世紀から二〇世紀の中頃まで、約二〇〇年間「いる」と「ある」の分布はほとんど変化が見られず、その後、生年にして約八〇年の間に急速に変化が進んだように見える。変化が具体的にどの時点でどのように進んだか、間を埋める資料がないので何とも言えないが、第二次世界大戦が変化の大きな契機になっている可能性はある。

4・7　近世・近代の上方・京阪方言における「いる」「ある」の推移

　一五世紀までに、「いる」が空間的存在文の一部を担う存在動詞として用いられるようになっていたことが、抄物や「天草版平家物語」等の資料によって確かめられた。近松の世話浄瑠璃の調査では、統計的には「天草版平家物語」とあまり変わらない状況と見られたが、近世後期上方の洒落本資料によれば、有生物主語の空間的存在文は「いる」専用となり、限量的存在文の「あり」と相補的な分布を示すに至っていた。このような分布は、一八世紀末の「古今集遠鏡」「古今和歌集鄙言」によっても確かめられた。

　近代に入って、二〇世紀初頭の落語SPレコード資料、一九六〇年代中頃の老年層の京都における談話資料でも、前段の状況は引き継がれているようであるが、一九九〇年代の若年層の談話資料では、有生物主語の「ある」が姿を消し、「いる」および「おる」で表されるようになった。

　口語的な資料を選んで調査をしているが、文献のジャンル、文体（話体）、また出身地等が大きく異なるという点で、歴史的変化として見てよいかどうかには問題が残る。特に、近代の資料については検討が必要であるが、均質的な歴史的資料が求めにくいというのも事実である。

このように、資料において問題が残るが、全体的な流れとして「いる」が空間的存在文を占め、さらに限量的存在文・所有文へと広がっていく流れは確認できるように思われる。次章では、江戸語、東京語および言文一致体資料での状況を検証する。

第５章　近世江戸語・現代東京語・共通語の「いる」と「ある」

５・１　はじめに

この章では、江戸語から東京語・全国共通語（標準語、言文一致体）までの資料における「いる」と「ある」を見ていく。

小松（一九八五）に示されているように、江戸語は東国語を基盤としながら、諸方言、特に上方語の影響を強く受ける中で形成された言語であり、一八世紀前半以前には文献上で直接の起源を遡ることはできない。江戸語は当初、下層階級の町人の口頭言語であり、戯作や大衆演劇に現れる程度であったが、幕末までには江戸在住の武士階級も日常生活で用いていたと考えられる。この武士階級の日常言語が、明治時代の山の手の知識階級の言語に受け継がれ、言文一致体の基盤になり、そして全国共通語（標準語）へと発展していったとまとめられる。

この図式にそって、本章ではまず江戸の町人の口頭言語をよく反映していると言われる、式亭三馬の滑稽本「浮世風呂」を資料として取り上げる。続いて、時代はかなり飛ぶが、言文一致体小説の代表として夏目漱石の「三四郎」を調査する。また、現代日本の口頭語を反映する資料として、向田邦子の脚本「阿修羅のごとく」を取り上げる。最後に、現代共通語の書き言葉の調査として、『ＣＤ-ＲＯＭ版　新潮文庫の一〇〇冊』に所収の現代作家の小説その他の作品を取り上げ、時系列による変化の動向を調べる。

5・2 「浮世風呂」

まず扱うのは、式亭三馬の著作で一八〇九年－一八一三年に出版された滑稽本『諢話浮世風呂』（おどけばなし・うきよぶろ）である。会話を主体とする小説である。今回、会話部分のみを調査対象とする。登場人物の大部分は、江戸に住む男女で、大部分は江戸語を母語とする町人と推定される。一部に、上方人、武士その他による、異なる位相に属する発話を含むが、統計の上では区別していない。

有生物主語の空間的存在文の用例を挙げておく。すべて「いる」である。

（1）　はね「ほんにか。其癖《そのくせ》にきのふはうちに居《ゐ》たけれどの、朝《あさ》ツぱらからふさいだ事《こと》があつて寐《ね》て居《ゐ》たはな。　（浮世風呂・三・下）

（2）　鬼「アイサ。越後《えちご》の方《ほう》へ行《いつ》て、去年《きよねん》の暮《くれ》から丁《ちやう》ど一年《いちねん》居《ゐ》ました　（浮世風呂・四・上）

次の例では、連体修飾節内の「いる」が空間的存在文である。主節の「ある」は限量的存在文と判断できる。

（3）●（女）……裏店《うらだな》に居《ゐ》る貧乏《びんぼう》医者《いしや》に巧者《かうしや》なお人《ひと》があるものさ。　（浮世風呂・二・下）

次の例も、連体修飾節の中の「いる」である。

（4）　松「……ありがたいこの御江戸《おえど》に居《ゐ》て、金《かね》のたまらぬ事《こと》があるものか。　（浮世風呂・前・上）

次の例は、将棋の駒に「いる」が用いられた例であり、空間的存在文と判断できる。ただし、特殊な用例と見て、統計には含めていない。

（5）先「ア、、アなむさん。そこに桂馬《けいま》が居《ゐ》るとはしらねへ。（浮世風呂・前・下）

次に、有生物主語の限量的存在文の例である。基本的に「ある」が用いられる。

（6）▲「湯気《ゆけ》に上《あが》つたそうだ。ヲイ番頭目《ばんとうめ》を廻《まは》した人があるぜヱ。湯気《ゆけ》に上《あが》つた〳〵（浮世風呂・前・上）

次の例は、意味的には限量的存在文に近いが、「ある」の直前に「どこに」という場所名詞句があるので、空間的存在文に分類した。境界的な例であると考えられる。

（7）（女）「コレ〳〵何《なに》を唄《うた》ふのだナ。女湯《をんなゆ》の中《なか》で唄《うた》をふたふものが何国《どこ》にあるものか。貴《き》さまの国《くに》ではふたふか（浮世風呂・三・下）

また次の例は、限量的存在文に含めたが、眼前の状況の描写であると考えると空間的存在文とも見られる、やはり境界的な用例である。

（8）酔「……コレ番頭。先刻《さつき》から喧嘩《けんか》の対手《ゑへて》が欲《ほし》かつたが、漸々《やう〳〵》の事《こつ》て二人《ふたり》一時《いちどき》に出来《でき》た。とてもの事《こと》に笊《ざる》を貸《か》せ。

湯《ゆ》の中《なか》を探《さが》して見《み》たら、最《も》う二三人はあらう。　（浮世風呂・前・下）

限量的存在文で「ない」が用いられている例である。

（9）　酔「……ナア番頭《ばんとう》、下《した》の男《をとこ》のやうにわからぬ男もない物だ　（浮世風呂・前・上）

所有文で「ある」が用いられている例である。

（10）　源「……娘《むすめ》はそれ〴〵にかたづくシ、モウ孫《まご》も五六人ある。　（浮世風呂・前・下）

統計結果は表1の通りである。「いる」「ある」が空間的存在文と限量的存在文とにおいて、ほぼ相補分布をなしている様子が確認できる。

表1

	空間的存在文	限量的存在文	所有文	計
いる	29	0	0	29
ある	1	28	1	30
ない	0	5	0	5
計	30	33	1	64

5・3　「三四郎」

次に取り上げるのは夏目漱石の「三四郎」（一九〇八）である。完成された言文一致体による小説であり、今回は地の文と会話の両方を区別せず調査対象とする。この資料では、振仮名なしの「居」字が用いられている場合、「いる」か「おる」かの認定にはやや不確定な部分がある。「おる」と確定できる場合以外は、「いる」と認定して統計に含めた。

有生物主語の空間的存在文の例である。この類型では、すべて「いる」が用いられる。

(11)　よし子は此萩の影にゐた。　（三四郎：三九三頁）

(12)　二人《ふたり》は丁度森川町の神社の鳥居の前にゐる。　（三四郎：四三五頁）

次に、有生物主語の限量的存在文で、「いる」が用いられている例である。

(13)　「（中略）まあ話だが、さういふ母を持つた子がゐるとする。すると、其子が結婚に信仰を置かなくなるのは無論

だらう」　（三四郎：五八一頁）

次の例は、限量的存在文で、「ない」と「いる」が並んで用いられている例である。

(14)「そんな人は滅多にないでせう」

「滅多には無いだらうが、居る事はゐる」　（三四郎：五八一頁）

所有文で「いる」が用いられている例を挙げる。

(15)「君は慥か御母《おつか》さんが居《ゐ》たね」　（三四郎：五八一頁）

次の二例は、有生物主語の限量的存在文で、「ある」「ない」が用いられているものである。

(16) 所が其桃を食《く》つて死んだ人がある。　（三四郎：二八八頁）

(17) それと同じく腹を抱へて笑ふだの、転《ころ》げかへつて笑ふだのと云ふ奴《やつ》に、一人《ひとり》だつて実際笑つてる奴《やつ》はない。（三四郎：四六六頁）

次の二例は、所有文で「ある」「ない」が用いられている例である。

(18)「あの女は自分の行きたい所でなくつちや行《い》きつこない。勧《すゝ》めたつて駄目だ。好《すき》な人がある迄独身で置くがいゝ」（三四郎：四七二頁）

(19)「御父《おとつ》さんや御母《おつか》さんは」よし子は少し笑ひながら、「ないわ」と云つた。（三四郎：三九七頁）

有生物主語の存在文に関する統計を表2として挙げておく。

表2

	空間的存在文	限量的存在文	所有文	計
いる	80	18	1	99
ある	0	39	3	42
ない	0	8	1	9
計	80	65	5	150

限量的存在文にかなり「いる」が入り込んできていることが分かる。

5・4　「阿修羅のごとく」

次に取り上げるのは、向田邦子によるテレビドラマ脚本「阿修羅のごとく」（一九七九－一九八〇放送）である。シナリオであるので、対話の部分のみを調査対象とする。登場人物はすべて東京在住であり、東京方言の話者であると推定できる。

まず、有生物主語の空間的存在文で「いる」が用いられている例を挙げる。

(20)　鷹男「咲ちゃん、寝たのか」
　　　巻子「居ないのよ」
　　　鷹男「居ない?」　　　　　　　　　　　　　　　　　　(阿修羅：九〇頁)

次に示すのは、限量的存在文で「いる」が用いられている例である。

(21)　勝又「キレイな人は、こっち(頭)はダメでしょ、あ、そうでないひとも、いるけど」
　　　滝子「大体、そうよね」
　　　勝又「ちがう人も、いるけど」　　　　　　　　　　　　(阿修羅：八四頁)

また、所有文で「いる」が用いられている例を挙げる。

(22)　綱子「亭主のお位牌の前で恥しくないの。そろそろ嫁をもらおうって息子がいるのに」　(阿修羅：二九頁)

次に示す二例は、限量的存在文で「ある」「ない」が用いられている例である。いずれも、非難の気持ちを込めた、定型的な表現である点に特徴がある。

(23) 巻子「(受話器を取りながら) しゃべれないほど詰めこむ人がありますか―。 (阿修羅：四五頁)

(24) ふじ「ああ、『フジ』―親のうち、くるのに、こんな高いもの買うバカ、ないよ」 (阿修羅：一三頁)

次は、有生の所有文で「ある」「ない」が用いられる例である。

(25) 綱子「あの人、だれ。いつからつきあってるの。妻子のある人じゃないの」 (阿修羅：二九頁)

(26) 綱子「鷹男さん、女のきょうだいないから、女のきょうだい四人集まるなんていうと、―あら、なにすンの?」 (阿修羅：一七頁)

統計結果は表３の通りである。限量的存在文における「ある」「ない」が激減し、「いる」に取って代わられているさまが確認できる。

表３

	空間的存在文	限量的存在文	所有文	計
いる	43	25	40	108
ある	0	1	4	5
ない	0	3	3	6
計	43	29	47	119

5・5　近代小説における時系列的推移

5・5・1　鈴木（一九九八）

近代日本語における、存在表現の歴史的な研究として、鈴木（一九九八）は特に重要である。この論文は、近代の文学作品を資料として、「（人が）ある／ない」が減少し、「（人が）いる／いない」が増加していく様子を実証的に示した。

鈴木（一九九八）は、人を主語とした場合に「ある」を用いるか、「いる」を用いるかという問題を、話し手・書き手の規範意識と、使用の実態のずれという観点から調査したものである。そのずれが生じる原因として、近・現代における「（人が）ある」から「（人が）いる」への推移があったことを挙げている。

鈴木氏は、松村（一九五七：八七）に従って近・現代を明治前期（明治の初年から明治一〇年代の終わりまで）、明治後期（明治二〇年代の初めから明治の末年まで）、大正期（大正の初年から大正一二年九月の大震災まで）、昭和初期（大正一二年の関東大震災から昭和二〇年八月の終戦まで）、昭和後期（終戦後から今日まで）の五期に分け、それぞれの時代について次のような小説を取り上げてデータを採集している。なお、「当世書生気質」と「金色夜叉」は会話部分のみを対象としている。「金色夜叉」は「続金色夜叉」以降は対象とせず、「しろばんば」は前編のみを対象としている。また「子をつれて」「乳母車」は所収の短編をすべて資料とし、その時期的な位置づけは、発表時期の最も早いものとしたとのことである。

明治前期：「当世書生気質」「浮雲」
明治後期：「金色夜叉」「其面影」
大正期：「子をつれて」「あらくれ」「友情」「暗夜行路」
昭和初期：「若い人」「雪国」「オリンポスの果実」「縮図」

昭和後期：「青い山脈」「山の音」「乳母車」「あいつと私」「父の詫び状」「なんて素敵にジャパネスク」「しろばんば」「山陰路殺人事件」

これらの作品について、「人がある」「人がいる」それぞれの文型の使用頻度を時代区分毎にまとめ、「ある」「いる」の使用率を示したのが表4である。

表4

	人がある	人がいる	人がない	人がいない
明治初期	55 50.9%	53 49.1%	13 46.4%	15 53.6%
明治後期	40 38.1%	65 61.9%	10 30.3%	23 69.7%
大正期	92 31.5%	200 68.5%	29 44.6%	36 55.4%
昭和初期	136 44.3%	171 55.7%	20 35.7%	36 64.3%
昭和後期	114 21.8%	410 78.2%	22 18%	100 82%

（同：九四頁）

鈴木氏は、「人がある」から「人がいる」への推移が目に見えて進んだのは、第二次世界大戦を挟んだ昭和後期であると見ている。本文から引用しておく。

明治期以降の基本的な使い分けについては、
1　「(人が)ある」は修飾語句を上接するのが一番多い用法で、この用法が最後まで残るものと思われる。
2　「(人が)いる」は「〈場所〉に人がいる」が圧倒的に多い。
という点が挙げられる。そして、「ある」の場合は「〈人〉(関係・状態)」であり、「いる」の場合は「〈人〉(特定)」が原則である。
こうした基本的な傾向に変化が生ずるのは、昭和後期に入ってからである。
3　「(人が)ある」の用例数が減る。
4　「(人が)ない」の用例数も減る。
5　「客がいる」という言い方が出てくる。
6　「病人がいる」という言い方もするようになる。
7　「〈人〉(関係)がいる」という言い方も使われるようになる。

(同:九五頁)

鈴木(一九九八)の問題点として、まず「(人が)ある/ない」「(人が)いる/いない」の意味的・統語的な分析にあまり踏み込まず、その総数を機械的に数えている点が挙げられる。これまで見てきたように、「いる」には、「ある」にない固有の意味領域があるので、統計的な比較をする場合はその領域を除く必要がある。

また、「おる」の問題も挙げることができる。本書12章で述べる事柄を踏まえると、「おる」は出来事的な意味において「いる」と共通しており、また一部、「いる」と「おる」が相補分布をなしている用法もあるので、「ある／ない」との対立を捉える場合には、「いる」と「おる」はまとめて捉える必要がある。

加えて、本章では資料として『CD－ROM版 新潮文庫の一〇〇冊』（以下、『一〇〇冊』）を用いて対象とする作品を鈴木（一九九八）より増やし、統計的により信頼性の高い結果を得られるよう努めた。以下、具体的に見ていく。

5・5・2 方法

近代小説は、特定の言語共同体における言語の史的変化を検証する資料として決して優れている訳ではないが、簡単にまとまった量のデータが時系列的に連続的に入手できるという点でこの資料を選んだ。また、同じく小説を資料としている鈴木（一九九八）との比較という点でも好都合である。資料の取り扱いについて、注意すべき点を列挙しておく。

- 『一〇〇冊』に収められた作品のうち、日本人作家の小説および一部エッセイ、ドキュメント、日記作品を選んだ。
- 文語体で書かれた樋口一葉作品や柳田国男「遠野物語」は除いた。
- 司馬遼太郎「国盗り物語」および田辺聖子「新源氏物語」は、歴史物語のため、用語に特殊な選択が働いている可能性があり、また言語量も大部であるので、念のため分析対象からははずした。
- 地の文と対話・心内語等とは区別しなかった。
- 今回は、作家の出身地や方言については配慮しなかった。特に、野坂昭如作品などでは、会話の中に関西方言が多く混じっているが、排除しなかった。

整理の都合上、作者の生年に着目し、便宜的に、一〇年単位で用例数をまとめる方針を立てた。取り上げた作品の作者を、生年一〇年ごとに区切って示しておく。名前の後ろの数値は各人の生年である。

一八六〇年代　森鷗外（一八六二）、伊藤左千夫（一八六四）、夏目漱石（一八六七）
一八七〇年代　島崎藤村（一八七二）、泉鏡花（一八七三）、有島武郎（一八七八）
一八八〇年代　志賀直哉（一八八三）、武者小路実篤（一八八五）、谷崎潤一郎（一八八六）、山本有三（一八八七）
一八九〇年代　芥川龍之介（一八九二）、宮沢賢治（一八九六）、三木清（一八九七）、井伏鱒二（一八九八）、川端康成（一八九九）、石川淳（一八九九）、壺井栄（一八九九）
一九〇〇年代　梶井基次郎（一九〇一）、小林秀雄（一九〇二）、竹山道雄（一九〇三）、林芙美子（一九〇三）、山本周五郎（一九〇三）、堀辰雄（一九〇四）、石川達三（一九〇五）、井上靖（一九〇七）、中島敦（一九〇九）、太宰治（一九〇九）、大岡昇平（一九〇九）、松本清張（一九〇九）
一九一〇年代　新田次郎（一九一二）、福永武彦（一九一八）、水上勉（一九一九）
一九二〇年代　阿川弘之（一九二〇）、三浦綾子（一九二二）、遠藤周作（一九二三）、池波正太郎（一九二三）、安部公房（一九二四）、吉行淳之介（一九二四）、三島由紀夫（一九二五）、星新一（一九二六）、立原正秋（一九二六）、北杜夫（一九二七）、吉村昭（一九二七）
一九三〇年代　開高健（一九三〇）、野坂昭如（一九三〇）、三浦哲郎（一九三一）、有吉佐和子（一九三一）、曽野綾子（一九三一）、五木寛之（一九三二）、渡辺淳一（一九三三）、井上ひさし（一九三四）、筒井康隆（一九三四）、大江健三郎（一九三五）、倉橋由美子（一九三五）、塩野七生（一九三七）
一九四〇年代　藤原正彦（一九四三）、椎名誠（一九四四）、沢木耕太郎（一九四七）、宮本輝（一九四七）、赤川次郎

（一九四八）、高野悦子（一九四九）、村上春樹（一九四九）

なお、具体的な作品名は、「主要資料一覧」に掲げておく。

これらの作品について、有生物主語を持つ「ある」「ない」「いる」「おる」の用例を採取していった。用例の採取・整理には、佐野（二〇〇三）に添付されたCLTOOLを活用した。「おる」は鈴木（一九九八）では取り上げられていなかったが、本書12章で述べるように、「いる」と基本的な意味は同じで、一部形態的に相補分布をなす部分もあるので、最終的に「いる」の用例と合算して統計に含めた。なお「おる」の用例の中には、方言的なものや、役割語的なもの（cf.金水二〇〇三a）もあるが、今回は区別しなかった。

採集の結果として集まった用例は、「ある」六二〇例、「ない」四二六例、「いる」六〇一例、「おる」二五二例であった。データ量を鈴木（一九九八）と比較した場合、「ある」については約一・四倍であるが、「いる」については六・七倍にもなっている。これは、鈴木（一九九八）では採集する文型を狭く限定しているのに対し、本章では文型の制限をゆるめなかったことによるものであろう。

5・5・3　分析

上記のデータに意味的・統語論的分析を導入していく。存在文の分類としては、空間的存在文、限量的存在文、所有文、リスト存在文を区別した。人の生き死にを表す「生死文」、神や幽霊の実在を表す「実在文」は、1章では空間的存在文の一種として扱ったが、本章では周辺的用法として別扱いした。空間的存在文か、限量的存在文か判断が難しい用例が「いる」「おる」にあったが、これは「境界的用例」として処理した。

空間的存在文、限量的存在文、所有文の例をそれぞれ挙げておく。

(27) 今夜のような晩、もし春さんが大阪にいたら、自分はきっと彼を訪ねて行ったろうと思った。(あすなろ物語)

(28) でも病院が焼けてしまって、死んだ人もあれば、郷里に帰ったり、行方知れずになった人もずいぶんいるわ。(楡家の人々)

(29) 志賀直哉には五人の女の子と一人の男の子があって、男の子の名を、佐野と同じく直吉という。(山本五十六)

理論的には、語彙的特徴、統語構造の面から、本書で採用した存在文の分類は可能であるとしたが、実例に際してその区別が難しい場合がある。例えば場所名詞句が動詞の直前にある場合は空間的存在文と認められるが、直前ではない場合、あるいは場所名詞句が表層にない場合は、限量的存在文なのか、空間的存在文なのかは必ずしも明らかではない場合がある。例えば次のような例である。

(30) その茶の間の長火鉢を挾んで、差むかいに年寄が二人居た。(国貞ゑがく)

このように境界的な例があるからこそ、歴史的な変化が生じるものと考えられる。

さて、調査法と統計処理の方法について述べる。まず、空間的存在文の取り扱いについて述べる。今回のデータの中で、「ある」「ない」が空間的存在文として用いられた例は皆無である。一方で、「いる」では三九二九例、「おる」では一四三例にのぼる。すなわち、今回の資料では空間的存在文は「ある」「ない」と「いる」「おる」が完全に相補分布しているので、この部分については、はずして考える必要がある。また、「リスト存在文」「生死文」「実在文」「境界的用例」等は、用例も少なく、また本章の目的からずれるので、対象からはずした。

この結果、残った用例は総数で次の通りである。

ある　限量的存在文：五四八例、所有文：七一例
ない　限量的存在文：三五二例、所有文：七一例
いる　限量的存在文：一六五五例、所有文：二四六例
おる　限量的存在文：八四例、所有文：二〇例

これを、作者の生年一〇年ごとにまとめた表が表5である。

表5

生年西暦	ある		ない		計（ア）	%（ウ）	いる		おる		計（イ）	%（エ）
	限量的	所有	限量的	所有			限量的	所有	限量的	所有		
１８６０年代	33	8	19	10	70	89%	9	0	0	0	9	11%
１８７０年代	72	4	22	3	101	89%	12	1	0	0	13	11%
１８８０年代	65	9	52	8	134	73%	44	6	0	0	50	27%
１８９０年代	79	8	52	5	144	48%	144	4	8	1	157	52%
１９００年代	207	32	153	22	414	50%	349	42	5	5	410	50%
１９１０年代	25	5	25	2	57	28%	124	21	4	1	150	72%
１９２０年代	122	7	55	11	195	26%	417	78	36	12	543	74%
１９３０年代	30	9	38	16	93	15%	447	51	17	4	519	85%
１９４０年代	8	2	8	4	22	6%	281	50	14	2	347	94%

この表では、各年代の、「ある」「ない」の限量的存在文、所有文の合計（ア）、「いる」「おる」の限量的存在文、所有文の合計（イ）を示している。さらに、（ウ）＝（ア）÷（（ア）＋（イ））の百分率、（エ）＝（イ）÷（（ア）＋（イ））の百分率をそれぞれ提示した。これを見ると、（ウ）は年代を追うごとに漸減、逆に（エ）は漸増していることが分かる。このうち、（エ）についてグラフ化したのが図１である。

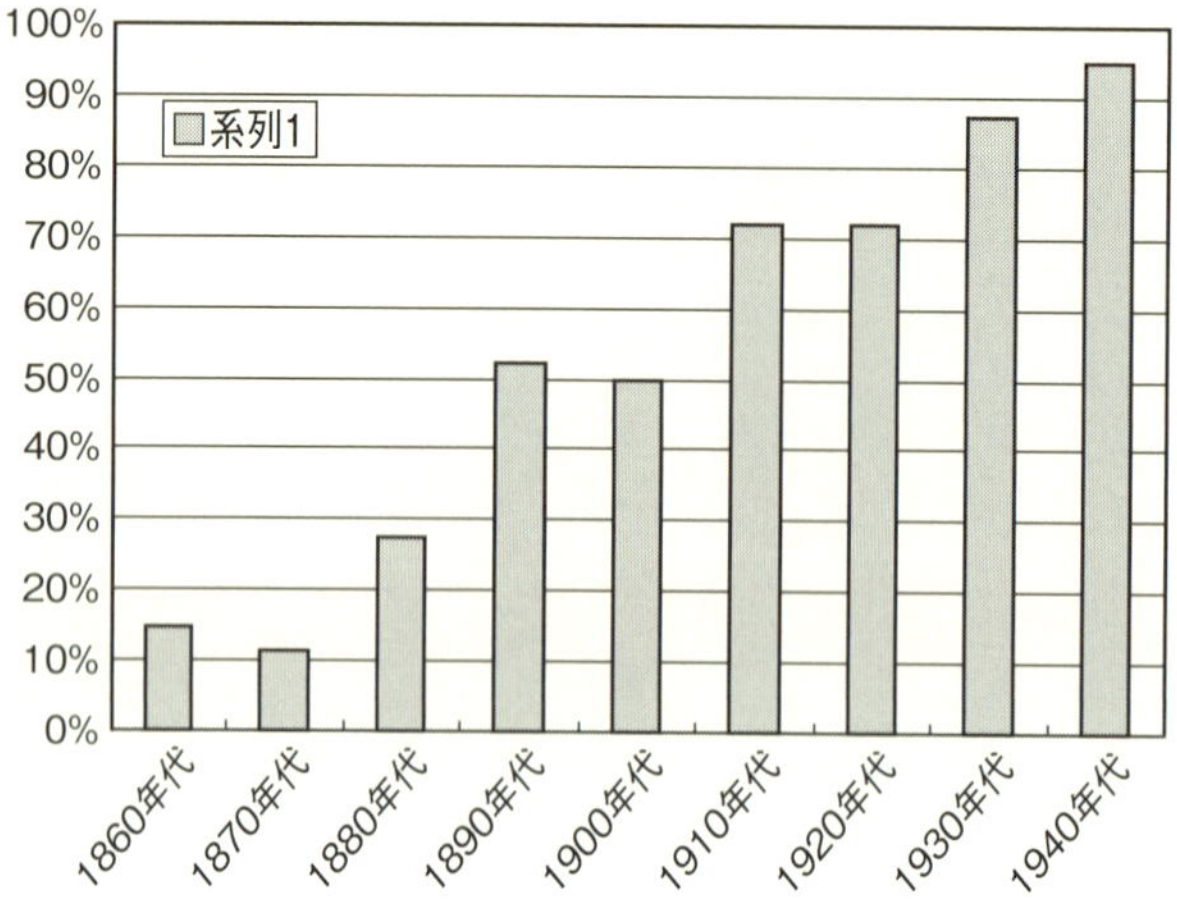

図１

このグラフを見ると、おおよそ三つの世代に分けられることが分かる。一つ目は、一八七〇年代まで、二つ目は一八八〇年代から一九〇〇年代まで、三つ目は一九一〇年代以降である。第一世代は、「いる」「おる」の使用率は一〇%程度に止まる。第二世代では「いる」「おる」の使用率が上昇傾向に転じ、五〇%前後まで増加する。第三世代では、七〇%に跳ね上がったあと増加し、九〇%以上にまで至る。一九四〇年代生の作者にあっては、空間的存在文・限量的存在文の区別はすでになく、主語の有生性によってのみ「いる」と「ある」が使い分けられる状態になっていると見てよいであろう。

ここまでの分析では、作者の生年に基づいて推移を見てきたが、別に行ったごくラフな、作品の発行年に基づく調査によると、一九〇〇年代、一九一〇年代—一九四〇年代、一九五〇年代以降の三つの時期に分けられることが知られる。「いる」「おる」の使用率は、第一期は一〇%足らず、第二期では三〇%前後、第三期では五〇%程から増加して一九八〇年代には九〇%を超えている。この結果を見ると、第二次世界大戦以降の伸びが急であることが分かる。鈴木（一九九八）では、変化の時期を昭和後期と見ているが、その分析とも符合する。

5・6　まとめ

前章で見た上方・京阪方言の資料では、一九四〇年代老年層の談話資料まで、「いる」が空間的存在文の領域を出なかったが、この章で見た小説資料では、すでに一九〇八年の「三四郎」で、「いる」の領域が限量的存在文や所有文へと広がっていることが確認された。その後、小説資料を作者の生年の時系列で見ていくと、いくつかの世代に分かれつつ、限量的存在文における「いる」「おる」の割合が増加し、一九四〇年代生の作家では空間的存在文・限量的存在文（所有文）の区別がほぼ無くなっていることが見て取れた。作品の発表年に基づく調査では、第二次世界大戦以後の延びが著しいようであり、先行研究とも一致するのであるが、これは書き言葉と話し言葉の関係の上から考えることもできる。

すなわち、戦後の世相の中、文体の保守性がゆるむことで、話し言葉で進行していた変化が文章に反映する度合いが増加したとも考えられるのである。逆に言えば、ある年代以降の作家は、口頭言語の語彙・文法としては有生物主語の存在文は「いる」「おる」で占められているにも関わらず、書き言葉を書こうとすると、文体的意識が働き、読んだものの影響で「ある」「ない」を用いてしまう、ということもあり得るのである。

このような点を検証するためには、小説だけでなくさまざまな資料、特に自然談話資料、あるいはそれに近い談話資料の発掘と調査が必要である。また、アンケートなどの意識調査も有効であろう。京阪と東京圏での資料の年代や質をそろえることも、一層精密な調査・考察のためには必要と考えられる。

第6章　「いる」「ある」の歴史的変化の方向性と推進力

6・1　歴史的変化の方向性

以上、1–5章では有生物主語を持つ「いる」と「ある」の関係を見てきたが、資料の質の点で、問題は多い。即ち、京阪方言は一応古代から連続して資料を求められる点で、歴史的研究に適した言語と言えるが、しかし特に近代において京阪方言を代表するような資料が求めにくく、また近世以前の文芸作品と一連に見ていいかどうか、問題が残る。一方、江戸語から東京語ないし標準語について言えば、江戸初期以前の資料が存在せず、歴史的に断絶している一方で、江戸中期以降の資料も上方語の影響が濃いので、その歴史的扱いが難しい。また文芸作品という点では現代まで連続的に資料を得ることができるが、談話資料という点ではまだまだ開拓の余地がある。本書が選んだ資料も、目的にとって最適の選択であるとは言えないであろう。

このような歴史的資料の問題は、存在表現に限らず、あらゆる歴史的研究にとって大きな障壁となる問題である。しかし本書で扱った有生物主語の存在表現に限って言えば、資料の選択の不適切さを勘案するとしても、京阪方言資料も江戸語・東京語・標準語資料も、同様の推移の傾向が明らかに見出せる。少なくとも近世以降は、東西の中央の言語は同じ変化を被ったと仮定するのはさほど難しいことではない。

以上のように、一応、京阪方言と江戸語～標準語に起こった変化を同様のものと見なした上で、変化がどのように進んだかという点について考察してみたい。変化の過程は、五つの段階に分けられるであろう。一つは、存在表現の意味や主語の有生性に関わらず、単独の存在動詞（あり）が用いられる段階である。

第一段階：

	空間的存在文	限量的存在文
有生物主語	あり	あり
無生物主語	あり	あり

次に、空間的存在文に「いる」が侵入し、この領域で「ある」と競合する段階である。

第二段階：

	空間的存在文	限量的存在文
有生物主語	いる、ある	ある
無生物主語	ある	ある

次に訪れるのは、有生物主語かつ空間的存在文において「いる」が専用され、限量的存在文の「ある」と相補分布を示す段階である。

第三段階：

	空間的存在文	限量的存在文
有生物主語	いる	ある
無生物主語	ある	ある

第四段階：

	空間的存在文	限量的存在文
有生物主語	いる	いる、ある
無生物主語	ある	ある

最後に、有生物主語の領域で「いる」が専用され、空間的存在文と限量的存在文の対立が失われる段階である。

第五段階：

	空間的存在文	限量的存在文
有生物主語	いる	いる
無生物主語	ある	ある

本書で扱った資料に基づけば、「天草版平家物語」および近松の世話浄瑠璃は第二段階に位置づけられる。上方洒落本から、現代京都老年層の談話資料までは第三段階に対応し、かなり安定した状態であったことが分かる。その後、現

代若年層の談話資料では一気に第四、第五段階まで進んでいる。

一方江戸語資料としての「浮世風呂」は第三段階、言文一致体小説の「三四郎」は第四段階、「阿修羅のごとく」はほぼ第五段階に至っている。近代小説の作家について、一〇年区切りで一九一〇年代生までは第四段階で、しかし限量的存在文における「いる」の使用が漸増していた。一九二〇年代以降の生まれの作家は、第五段階に入っていると言える。鈴木（一九九八）の指摘を参考にすると、第二次世界大戦を挟んで大きく状態が推移したと言えるかもしれない。

現在は、東京も京阪も、第四段階の話者と第五段階の話者が入り交じって、後者が圧倒しつつある状況と見てよいであろう。筆者自身は第四段階、すなわち、限量的存在文で「ある」が使用可能であるという直感があるが、学生の間ではこの直感はほとんど共有されていない。文章語に親しんでいるかいないかによっても、この感覚は異なるようである。

6・2　歴史的変化の推進力

さて、このような変化が進行していった要因について、本章では次の二点を指摘したい。

（1）　a　有生物、特に人間の言語的卓立性
　　　b　体系の単純化

まず、aは次のようなことを表す。人間を含む有生物は、人間にとって最も関心が高いものの一つである。従って、言語の機構の中にも、人間に関する表現を他から際だたせる仕組みがいくつもある。このことは凡言語的な特徴であると言ってよい。例えば、Silverstein (1976) その他に基づいて角田（一九九一：第四章）が論じている「名詞句階層」でも有生物の卓立生について論じられている。名詞句階層とは次のようなものである。

（2）シルバースティーンの名詞句階層

代名詞			名詞			
1人称	2人称	3人称	親族名詞、人間名詞 固有名詞	動物名詞	無生物名詞	
					自然の力の名詞	抽象名詞、地名

Silverstein はいわゆる split ergative の構造を説明するためにこの階層を提案しているが、角田（一九九一）は他にもいくつかの文法現象を挙げ、この階層に基づいて説明できるとしている。また、影山（一九八七）が整理した類別詞の一般的な体系でも人間を中心に世界を区分していく様子が見て取れる。類別詞については、西光・水口（二〇〇四）も参照されたい。

このように、人間を特別扱いする言語現象は、格体制、代名詞、指示詞、類別詞等に広く見られる。韓国語における与格助詞が人間・有生物とそれ以外とで異なっていることも併せて思い出される（渡辺 一九八三：一四二）。また、動詞や形容詞の語彙項目が人間（有生物）とそれ以外で使い分けられることも広く見られる。日本語について言えば、例えば目的語が人間かそれ以外かで「つれていく」と「持っていく」が使い分けられるという例が挙げられる（英語では bring は物・人兼用、fetch は物専用というように少しずれる）。副詞では、「大勢」は人専用、「たくさん」は物・人兼用、といった使い分けも見られる。存在表現については、日本語以外ではシンハラ語が人間および有生物と、その他を語彙的に区別する言語であると言われている（Chandralal 1999）が、このような観点から言えばあってもよい区別であると言える。

「いる」の出発点について言えば、「ゐる」という動詞がたまたま存在し、これが「ある」と似た存在動詞として語彙に取り入れられた時点で、そのような人間の言語的卓立性が働いたものと考えられる。ただし、その領域が空間的存在文に限定されたのは、既に述べたように「ゐる」がもともと持っていた語の意味の特性による。

次に空間的存在文に「いる」が入り込み、「ある」と共存状態が現れた段階で、bの体系の単純化が働いたであろう。すなわち、同じ意味領域で複数の語が用いられる場合、一方の語が他方を駆逐し、一意味・一語という体系を作り出そうとするのである。このような、体系の単純化・純粋化が言語変化を駆動する現象も、かなり広く見られる。「見れる」「食べれる」等のいわゆる「ら抜き言葉」の伸長も、いわゆる可能動詞（例「書ける」）に見られる接辞 eru と、一段動詞やカ変動詞に用いられる、受身と同形の可能形式 rareru が競合し、可能専用形 (r)eru が rareru を駆逐していった現象と見ることができる（井上一九九八参照）。存在動詞に引きつけて例を示せば、本書9章で見る平安時代京都方言における「をり」と「ゐたり」の競合、そしてその後の「ゐたり」による「をり」の駆逐も同様に説明できる。このプロセスの原理的説明としては、Langacker (2000) の言う（動的）使用依拠モデル (Dynamic Usage-Based Model) を適用することもできるであろう。すなわち、世代が下るごとに、言語習得の過程で、有生物主語の選択が「いる」という形態により強固に結びつけられていくのである。ただし「いる」と「ある」が競合して、「いる」ではなく「ある」が駆逐されるためには、「いる」が生き延びるだけの理由がほしいところである。すなわちそれが人間の言語的卓立性である。特に空間的存在文は、動きうるものとしてもっとも人の注目を集め、それだけに話題に上ることも多い人間が、動くことをせず、ある場所を占めているという、きわめて人の関心を集めやすい事態を表現する動詞であるだけに、語彙項目として言語共同体に採択されやすく、語彙体系になじみやすかったという説明である。

さて、このようにして第三段階は成立し、有生物主語に限り、「ある」＝限量的存在「いる」＝空間的存在文、という相補分布が生じた。京阪方言ではこの体系がかなり安定して続いた訳であるが、さらに進んで「いる」が限量的存在文に進んでいく過程で、さらなる体系の単純化が進んだのではないか。すなわち、無生物主語に関しては「ある」だけが用いられるのであり、すなわち一項動詞も二項動詞も区別がない。つまり、歴史的に一貫して、空間的存在文と限量的存在文の区別が、語彙的に区別されないのである。空間的存在文と限量的存在文の区別は、有生物主語の「いる」と

「ある」でかろうじて出現した、もともとあやうい対立であったのである。使用の場面でも、項を省略することが多い日本語では、この二つの類型はたやすく紛れてしまう。であるとすれば、やがて「いる」が限量的存在文の領域を侵し（つまり「いる」が一項動詞の用法も得て）広がっていくことも時間の問題であった、とも言える。結局、空間的存在文と限量的存在文の区別が解消し、主語の有生性だけで「いる」と「ある」が対立する体系まで進んで、この変化は収束するのである。

ここで、一項動詞か二項動詞か、すなわち場所名詞句を項として取るかどうかという点についても、動的な観点から注記しておきたい。一般に、同じ名詞が時間・空間的に限定的な意味を表す用法と、特定の時間・空間を超越して一般的な属性を表す場合には、前者が先に現れ、後者が後から発達したと考えられる場合が多い。例えば「出来る」という動詞は、特定の時間・空間にある対象が出現する意味を表す一方で、一般的な属性としての「可能」の意味をも表す。歴史的資料から見ても、前者の方が早く出現し、後者はあとから派生した。空間的存在文と限量的存在文についても、同様に考えられる。存在動詞の場合は、空間的存在文から限量的存在文への拡張の中で、不要となった場所名詞句の項が消えるという現象が生じたのである。しかし両者の意味は併用されているのであり、その点で場所名詞句は存在動詞にとっていつでも利用可能な項であると意識されているとも見られる。実際、項の分布から見て二項動詞と見えながら、意味的には限量的存在文を表していると見られる次のような「疑似限量的存在文」という類型が認められた。

(3)　昔、太郎という男の子がある山奥の村に{いた／*あった}。

そして、パタンは異なるが、次のような限量的存在文も存在し得たのである。

（4）今日《こんにち》交際の世の中で、散財が嫌いっちゅよな極道がどこにあったもんかい。

（大阪落語ＳＰレコード・二代目林家染丸「電話の散財」）

（5）（女）「コレ〳〵何《なに》を唄《うた》ふのだナ。女湯《をんなゆ》の中《なか》で唄《うた》をふたふものが何国《どこ》にあるものか。貴《き》さまの国《くに》ではふたふか

（浮世風呂・三・下）

これらの例では、限量的存在文として「ある」が用いられているが、強調の意味で「どこに」が現れている。現れた位置としては「ある」の項であると認められるが、これは限量的存在文の「ある」であっても文脈によって場所名詞句を項として取れるという、項構造の柔軟性を示す例と考えるのである。こういった項構造の柔軟性と、日本語の特質としての項の省略可能性があいまって、緩やかで滑らかな歴史的変化を可能にしていると見られる。

第7章　敬語の意味変化と「ござる」

7・1　はじめに

金水（二〇〇四ａ）（以下、「前稿」）では、日本語の敬語の意味変化、特に素材敬語（尊敬語、謙譲語）から対者敬語（丁重・丁寧語）への意味変化が、Traugott & Dasher（2002）に示された誘導推論に基づく主観化の過程を経たものであることを確認するとともに、謙譲語から丁重・丁寧語への変化と、尊敬語から丁重・丁寧語への変化に過程の違いのあることを示した。

特に、前稿では、室町時代末期における「ござる」の意味用法に着目している。「ござる」は、室町時代に「御座＋ある」という尊敬語として生まれ、やがて室町時代末に尊敬語に加えて丁重・丁寧語へと意味が広がった。その後、「ござる」は京阪方言や東京方言では「ございます」として丁重・丁寧語専用になっていき、現在これらの方言では尊敬語の用法はほぼ失われている。

また前稿では、室町時代末期資料「天草版平家物語」においては、「ござる」の意味・用法と、尊敬語、丁重・丁寧語の分布に興味深い対応があることを述べた。本章では、前稿をふまえ、「天草版平家物語」とその原拠本との対応関係をさらに詳細に分析しながら、尊敬語「ござる」が丁重・丁寧語を獲得し、さらに丁重・丁寧語の用法を拡大していく要因について考察を進める。

7・2　丁寧表現とその起源

歴史上の文献に現れた丁重・丁寧語を、その起源によって分類すると、謙譲語起源のものと尊敬語起源のものに分けられる。以下の通りである。

（1）　謙譲語起源のもの
侍り　這ひあり（?）＞はべり〈謙譲語〉＞丁寧語
候ふ　さぶらふ〈謙譲語〉＞さぶらふ〈丁重・丁寧語〉＞さうらふ〈丁重・丁寧語〉
ます　参らする〈謙譲語〉＞まらする〈丁寧語〉＞まるする＞まっする＞まする＞ます
参ります　まゐる〈謙譲語〉＞まいり（ます）〈丁重・丁寧語〉
申します　まうす〈謙譲語〉＞もうし（ます）〈丁寧語〉
おります　をり〈謙譲語〉＞おり（ます）〈丁重・丁寧語〉

（2）　尊敬語起源のもの
ございます　御座ある〈尊敬語〉＞ござる〈尊敬語、丁重・丁寧語〉＞ござい（ます）〈丁重・丁寧語〉
おりゃる　お入りある〈尊敬語〉＞おりゃる〈尊敬語、丁重・丁寧語〉
おぢゃる　お出ある〈尊敬語〉＞おぢゃる〈尊敬語、丁重・丁寧語〉

Traugott & Dasher（2002）では、「さぶらふ」「さうらふ」を例にとり、実質的な意味を「伺候」の意味を表す動詞（客観的）から、謙譲語（主観的）へ、そして丁寧語（間主観的）へと進む変化が「主観化」の経路をたどる変化であることを主張した。この方向性は、例えば「ござる」のように、尊敬語を経由する変化でも同様と見なすことができる。すなわち、「御座＋ある」は起源としては、「（ある人物の）御座」という名詞的表現に対して「ある」という中立的な述語が与えられているという点では、客観性の高い表現であると言える。これが尊敬語「ござ（あ）る」として一体化した時点で、主体尊敬の機能を持ち、主観的な表現となった。さらに丁寧語化する過程で、発話場面指向的な意味を取り込み、間主観的機能を帯びることとなった。

ただし、謙譲表現から丁寧表現へという経路と、尊敬表現から丁寧表現へという経路では、変化の契機が異なっているであろうことが予測される。この点については前稿でも示唆したが、謙譲表現と丁寧表現の場合、敬意の向かう方向が重なりやすい性質を持っている。すなわち謙譲表現は主語を動作の受け手に対して相対的に、または動作主を中立以下に低く待遇する表現であり、一方丁寧表現は、聞き手に対して話し手を低める表現であるから、主語＝話し手という状況を軸として、両者は自然に推移していくものと思われる。このことは、意味の移行が起こりやすいということであり、また移行の過程では、一つの表現が謙譲表現なのか、丁寧表現なのか、あるいはその両方の意図を兼ねた表現であるのか見分けのつきにくい表現が生じやすい、ということでもある。前稿では、このことを「おります」を例にとって示した。

一方で尊敬表現は、主語を中立以上に高く待遇する表現であるから、意味の移行も謙譲表現からとはかなり異なる経路を通ってのことと推測される。本章では、「ござる」の分析から、尊敬表現＞丁寧表現への移行の契機について検討することになる。

以後、次のように考察を進めていく。次節、7・3節では、「天草版平家物語」を主たる資料とし、その翻訳の原拠本と対照しながら、「ござる」の分析を行う。7・4節では、その分析をふまえ、「ござる」が尊敬語から丁重・丁寧語の用法を得た契機、丁重・丁寧語の用法が伸長し、尊敬語としての用法が衰退していく要因等について考察していく。

7・5節で全体のまとめを行う。

なお本章では、「ござる」が聞き手や状況への顧慮のみならず、存在や時間的継続等の論理的意味を担う用例を「丁重語」とし、「悲しうござる」のように「ござる」が聞き手や状況への顧慮の表示のみを担う場合を「丁寧語」の用法とする。丁重語、丁寧語の用法を併せて「丁寧表現」と称することとする。

7・3 「天草版平家物語」における「ござる」の分布

「天草版平家物語」（原題 Feiqe Monogatari、一五九三年刊、不干ファビアン翻訳。以下、「天草版」とする）には七八五例ほどの「ござる」が見られる。文法的な観点からその用法を見ると、次のように分類できる。

（3）

a 存在表現

b 動詞連用形＋て＋ござる

c 名詞または形容動詞語幹＋｛で・に・にて｝＋ござる

d 形容詞連用形＋（て）＋ござる

e 指示副詞等＋ござる

f その他

aはいわゆる本動詞用法、b－eは補助動詞用法である。個々の用例について、「ござる」が尊敬を表しているか、丁重・丁寧を表しているかということについては、文脈からある程度判断できるが、どちらともとれる例もあり、必ずしも客観的に決定できるとは言えない。そこで、便宜として、天草版の原拠本に近いとされる古典の平家物語（以下、「原拠本」とする）から対応する表現を抜き出し、その例が尊敬表現か、丁寧語表現かということを以て判断の基準としたい。ただし原拠本といっても、天草版と完全に一致する訳ではなく、現存する諸本のなかでファビアンが見たであろう本に比較的近い、ということにとどまる。また、例えば原拠本が尊敬表現であっても、それを翻訳した天草版の「ござる」は必ず尊敬であるとも言えない。以上の点から、この方法が絶対的な基準となるわけではないが、ある程度の判断の目安にはなると考えるのである。

原拠本の対応関係については、本書3章で述べたとおり、同様、清瀬（一九八二）に随うこととする。

天草版の「ござる」と、原拠本の表現との対応関係をまとめたのが、次頁表1である。

なおここで、原拠本の「尊敬」としているのは、「おはす」「ます」「まします」および「渡らせ給ふ」「御渡りある」等の表現である。また「丁重・丁寧」としているのは、「候ふ」「さぶらふ」である。「中立」とあるのは、原拠本の表現に特に尊敬や丁重・丁寧を表すものがない（例「あり」「なり」「たり」）場合である。中立は、多く地の文に現れる。これは、天草版が「喜一検校」と「右馬允」の「雑談（zǒtan）」という状況を設定し、語り手の喜一検校が右馬允に対して丁寧なスタイルで語っていることに由来する。すなわち、「中立」はおおむね「丁寧」に準じるのであり、「尊敬」と対立する、と見てよいであろう。「不対応」とは、天草版と原拠本との本文の不一致により、対応する表現が原拠本に見いだせないケースである。喜一検校と右馬允の対話部分や、原拠本の本文を圧縮して表現した箇所など、天草版の独自本文である場合が多い。なお、括弧内の百分率表示は、天草版の「ござる」の用例数から「不対応」を除いた数を分母とする割合を示している。なお、わずかではあるが、天草版の「ござる」に対して原拠本の表現が尊敬表現と丁寧表現の複合になっている場合は、「尊敬」と「丁重・丁寧」の両方に数えた。

以下、個々の表現類型に即して、その対応の特徴を述べていく。

表1

文法機能		天草版用例数	原拠本 尊敬	原拠本 丁重・丁寧	原拠本 中立	原拠本 不対応
有生物存在表現	空間的存在	53	47 (92%)	3 (6%)	1 (2%)	5
	限量的存在	48	9 (23%)	16 (40%)	15 (38%)	7
無生物存在		84	0 (0%)	61 (76%)	19 (24%)	4
動詞＋てござる		238	8 (4%)	102 (47%)	107 (49%)	21
{で・に・にて} ござる		271	24 (10%)	122 (50%)	97 (40%)	32
形容詞連用形＋ござる		60	8 (15%)	43 (73%)	7 (12%)	1
指示副詞等＋ござる		26	2 (8%)	22 (92%)	0 (0%)	1
その他		5	0	4	0	1
計		785	98 (14%)	373 (52%)	246 (14%)	72

7・3・1　**存在表現**

存在表現の場合、尊敬表現とは主格名詞句すなわち存在の主体を尊敬する表現であるから、主格名詞句が有生物か否か、という点で分類することが意味を持つ。すなわち無生物の存在表現の場合には尊敬表現はあり得ないので、「ござる」が用いられているとすれば、それは丁寧表現（丁重語）でなければならないのである。そして調査結果もそのようになっている。次のような例である。なお用例は、見やすさのために亀井高孝・阪田雪子（翻字）『ハビヤン抄キリシタン版平家物語』（吉川弘文館、一九六六）による翻字本文で示し（a）、そのあとに、対応する原拠本の本文を示すとする（b）。天草版の頁番号は原典のもの、原拠本の頁番号は使用した翻刻本、複製本のものである。

（4）　a　全く左様の儀はござない（gozanai）。（天草版平家：二八頁）
　　　b　ま（ッ）たくさる事《こと》候はず。（覚一本：一五七頁）

一方、有生物主語の存在文の分類には、空間的存在文、限量的存在文、所有文、リスト存在文という分類が有効である。まず、空間的存在文では、存在だけでなく移動表現と見られるものが七例ほど含まれている。加えて、これらの「ござる」はすべて尊敬である。尊敬の存在動詞がなぜ移動をも表せるかという点については、金水（二〇〇四b）をも参照されたい。さて、そもそも空間的存在文では、全用例の九割以上が尊敬表現に対応している。次のような例である。

（5）　a　この御所に高倉の宮の若宮、姫君たちのござる（gozaru）ときいた。（天草版平家：一三七頁）
　　　b　此ノ御所ニ・高倉宮ノ若君・姫君・ワタラセ玉フナル・（百二十句本：二九〇頁）

少数ではあるが、空間的存在文の丁寧表現の例を挙げておく。

（6）　a　当時は源氏の郎等どもこそござれ（gozare）：（天草版平家：三一四頁）
　　　b　当時ハ・源氏ノ郎等トモコソ候ナレ・（百二十句本：六〇五頁）

存在表現の最後の類型として、限量的存在文について述べる。なお、この限量的存在文の中には、「所有文」六例も含んでいる。限量的存在文と所有文の類縁性については、第1章を参照されたい。限量的存在文では、空間的存在文とは逆に、丁寧表現（丁重語）が多数を占める。丁寧表現は次のような例である。

（7）　a　念仏を申すもござり（gozari）、そばに向いて涙ぐむ者もござる（gozaru）と申せば：（天草版平家：三八九頁）
　　　b　念仏申モ候・傍ニ向テ・涙クム者モ候ト申セハ・（百二十句本：七五五頁）

また、尊敬表現は次のようなものである。

（8）　a　「この中《うち》に一條の二郎殿の手の人がござるか。」と（gozarucato）呼ばはつたれば、（天草版平家：二五〇頁）
　　　b　此中ニ・十条次郎殿ノ手ノ人ヤヲワスルト・叫《ヨバハリ》ケリ・（百二十句本：五〇一頁）

7・3・2　動詞＋てござる

「動詞＋てござる」は、アスペクト・テンスを表す形式である。意味としては、動作の継続、結果、パーフェクト、過去などを表す。原拠本の対応する表現では、動詞連用形またはテ形に「候ふ」が付いたものを丁寧、「まします」「おはす」「渡らせ給ふ」等が付いたものを尊敬と認める。中立形としては、「てござる」に当たる部分が「き」「けり」「つ」

「ぬ」「たりけり」等、いわゆる時の助動詞に対応する場合が多い。

この類型では、尊敬の占める割合が四％と乏しい点が注目される。まず、丁寧表現の例を挙げよう。まず有生物主語の例。

（9）　a　宮また三位入道殿も三井寺にと承ってござる。（vqetamauatte gozaru.）　（天草版平家：一一八頁）

　　　b　宮・并ニ三位入道殿・既ニ・三井寺ニト承候・　（百二十句本：二六一頁）

次に、無生物主語の例。

（10）　a　をりふし五月雨のころで水嵩がはるかにまさつてござる（masatte gozaru）ほどに、　（天草版平家：一二九頁）

　　　b　折節シサミタレノ比ニテ・水カサ遙ニマサリテ候・　（百二十句本：二七九頁）

中立表現に対応する例も挙げておこう。

（11）　a　忠盛備前の国から都へ上られてござつたに、（noborarete gozatta ni,）　（天草版平家：一〇頁）

　　　b　忠盛《たゞもり》、備前國《びぜんのくに》より都《みやこ》へのぼりたりけるに、　（覚一本：八八頁）

次に、尊敬の例を示す。

(12) a それから都へ帰り上り、高雄に三位禅師と申しておこなひすまいてござった。(vokonai sumaite gozatta.)

(天草版平家：四〇四頁)

b 其ヨリ都へ帰リ上リ・高雄ニ・三位禅師トテ・行澄シテヲワシケリ・

(百二十句本：七七一頁)

このように見てくると、尊敬の用法を持つものは、野村(一九九四)の言う「存在様態」を表すものであり、すなわち存在動詞「ござる」の文法化が余り進んでいない例であることが分かる。一方、丁寧あるいは中立の用法と対応するものは、存在の意味から離れてパーフェクトや過去など十分文法化した例が多いと言える。丁寧の例では無生物主語が現れうるのに、当然ながら尊敬の場合には有生物主語しか許されないという点でも、文法化の進展との関連が知られるであろう。ここで、「ござる」の文法化の進み具合と、敬語的意味の分布が相関していることが分かってくる。このことは後ほど述べる。

7・3・3 {で・に・にて} ござる

「{で・に・にて} ござる」は、名詞、形容動詞語幹、副詞に付加されて断定を表すコピュラ相当の成分である。この用法でも尊敬は一〇%ほどで、あまり多くない。原拠本では、「に」「にて」あるいは「で」に「候ふ」が付けば丁寧、「おはす」「渡らせ給ふ」等が付けば尊敬と認められる。中立表現としては「なり」が典型であるが、「たり」「(に)あら(ず)」ほか、形容詞に対応している場合もある。

まず丁寧表現の例を挙げる。

(13) a その儀ではござない、(sono gui deua goza nai,)

(天草版平家：二一一頁)

　b　其儀《そのぎ》では候はず。（覚一本：一五一頁）

次に尊敬表現の例である。

（14）a　恐ろしながらのぞいてみれば、わが主の宮でござった。（Miya de gozatta.）（天草版平家：一三五頁）

　b　怖シナカラ望テミレハ・我主ノ宮ニテソマシマシケル（百二十句本：二八七頁）

この類型では、尊敬表現が使われるからといって、存在表現に近いとは言えない。なぜなら、特に場所表現が現れる訳ではないからである。つまり、尊敬の意味を保ちながら文法化していることになる。しかし尊敬表現である以上、主語は人間でなければならず、強い選択制限が課せられている。これに対し丁寧表現は一切、主語に対する選択制限がないので、より広い表現に適用できるのである。

7・3・4　形容詞連用形＋ござる

文字通り、形容詞の連用形に「ござる」が付加された形式である。形容詞のみの中立的な叙述に対して、丁寧または尊敬の意味を添えるために「ござる」が用いられるのである。原拠本との対応においては、圧倒的に丁寧表現が多数を占め、尊敬表現は一五％程度にとどまる。

まず、丁寧表現から例を挙げる。

（15）a　なにかは苦しうござらうぞ（kuruxŭ gozarôzo）？（天草版平家：三八頁）

b　何《なに》かはくるしう候べき。（覚一本：一六六頁）

次に尊敬表現の例を示す。

(16)　a　右衛門の督若うござれども、(vacǒ gozaredomo,) 心得させられて何がうれしうござろう (vrexǔ gozarǒ) ？
（天草版平家：三六二頁）

b　右衛門督・若フヲワシケレトモ・心得玉フテ・何カ歓フ候ヘキ・
（百二十句本：七一三頁）

この例では「ござる」が二つ用いられている。原拠本によれば、最初のは尊敬、二番目のは丁寧と理解できるが、原拠本を離れて天草版を読んだ場合、必ず「尊敬」「丁寧」のように解釈できる保証はないと思われる。すなわち、ともに「丁寧」と解釈される可能性がある。例えばこのような状況が契機となって、尊敬・丁寧という多義から丁寧のみへと次第に「ござる」の意味が整理されていくということが考えられる。

7・3・5　**指示副詞等＋ござる、その他**

「指示副詞等＋ござる」とは、「さ」「さて」という指示副詞、また「いかが」「なんと」という疑問副詞に「ござる」が付いたものである。原拠本でも「さ」「さて」「いかが」に「候ふ」「おはす」「渡らせ給ふ」が付いたものが対応している。

この領域でも丁寧が多数を占める。

（17）　a　たとひさもござれ、(samo gozare,)　（天草版平家：一二二頁）
　　　b　縦・サモ候へ・　（百二十句本：二六九頁）

二例だけ尊敬の用例があるが、二例とも「さて」に尊敬表現が付加された形になっている。

（18）　a　宰相殿のさてござれば、(sate gozareba,)　（天草版平家：三七頁）
　　　b　宰相《さいしやう》さておはすれば、　（覚一本：一六五頁）

最後の「その他」は、引用表現＋「ござる」、「こそござれ」という慣用句、数量表現（数量疑問詞）＋「ござる」等の表現で、対応のあるものはすべて丁寧表現に対応している。次に示すのは、数量表現に「ござる」の付加されたものである。

（19）　a　八島へはいかほどあるぞ？　二日路ござる：(futçucagi gozaru:)　（天草版平家：三三〇頁）
　　　b　屋嶋へハ・イカホト有ソ・二日路候・　（百二十句本：六四〇頁）

7・4　「ござる」の意味変化と文法化

7・4・1　丁寧表現の「ござる」の発生

前節で検討してきた、「ござる」の文法的機能と意味の分布の関係を、簡略化して示してみよう。表2において、十分用例が見られる領域には○、用例が皆無か、あるいは極めて小さい場合は×、用例が相対的に乏しい場合は△を記している[1]。

表2

文法機能		尊敬	丁重・丁寧
有生物存在表現	空間的存在	○	×
	限量的存在	△	○
無生物存在表現		×	○
動詞＋てござる		△	○
形容詞連用形＋ござる		△	○
{で・に・にて} ござる		△	○
指示副詞等＋ござる		△	○

この分布から、「ござる」がたどった意味変化の道筋を、ある程度跡づけることができるだろう。まず、「ござる」の語源は言うまでもなく「御座＋あり」であり、貴人の着座を述べる表現である。この語源的意味に一番近いのは空間的存在である。空間的存在の領域で尊敬が圧倒的多数を占めるのは、最も語源的意味に近いためであると考えられる。

次に、歴史上どのような契機で尊敬表現から丁寧表現が派生していったかは明らかではないが、天草版での分布を見る限り、有生物主語の限量的存在の領域がその舞台であった蓋然性が高いと考えられる。それは、尊敬表現と丁寧表現（丁重語）の用例数が最も拮抗しているという数量的な面にも現れているであろう。

派生の経路を示す用例として、次のような例を挙げておきたい。

(20)　a　我こそお行方を存じたれと申す女房は一人もござなかつた。(gozanacatta.)　（天草版平家：一八〇頁）

　　b　我コソ・御行末・知リマイラセタリト云女房・一人モヲワセス・　（百二十句本：四五二頁）

(21)　a　清盛家督を受取られてより、右に申したごとく、威勢、位も肩を並ぶる人もござなかつた。(gozanacatta.)　（天草版平家：一一頁）

　　b　花族《くわぞく》も榮耀《ゑいゆう》も面《おもて》をむかへ肩《かた》をならぶる人なし。　（覚一本：九〇頁）

(20)と(21)では、構文がほとんど同じである。前者の「ござる」は原拠本が尊敬表現であるところから、尊敬の「ござる」と解釈できる。一方後者は、主語が公家クラスの貴族であるはずであるが、原拠本の述語は中立の「あり」である。すなわちこの種の構文では、主語が上位の人物であっても、必ずしも尊敬表現でなくてよいということを示している。これに対応する天草版の「ござる」は、原拠本から離れて見た場合、尊敬と解釈できる一方で、丁寧とも見られる余地があるのである。ちなみにこの二例はともに地の文である。なお、参考までに、会話文中であるが、同様の構文で「ござる」と「候ふ」が対応している例を挙げておこう。

(22)　a　後世を弔ひまゐらせうずる人もござなければ、(gozanaqereba,)　（天草版平家：九一頁）

　　b　後世《ごせ》訪《とぶら》ひまいらすべき人も候はず。　（覚一本：二三九頁）

以上の例を参考にして、次のようなシナリオが想定できる。すなわち、主語が上位の人物であっても必ずしも尊敬表現を要しない限量的存在文に、尊敬を表すべき「ござる」が用いられたとしよう。読み手はこの「ござる」の意味をいわば読み誤り、上位待遇の意味ではなく、重々しく、畏まった態度を表す標識、すなわち丁重語として「ござる」の使用を理解するという事態が起こったとするのである。このシナリオが正しいかどうか、実証は難しいが、一つの可能性として想定してよいであろう。

7・4・2　「ござる」の文法化と敬語的意味

一旦、「ござる」の丁寧表現（丁重語）の用法が確立すると、「ござる」のさまざまな用法にこの新しい用法が適用されていく道が開ける。すなわち、アスペクトやコピュラなどの補助動詞としての用法である。ここでは、「ござる」自身が文法化していく訳であるが、既に述べたように、この文法化の度合いと、敬語的意味の分布との間に関連性が見られる。例えば「てござる」では、尊敬と認められるものは「存在様態」と言うべき、原型的意味に近い用法に限られ、また当然主語は有生物に限定される。一方、パーフェクトや過去と解釈できる「てござる」は存在から離れていくなかで、尊敬表現の意味は持たず、丁寧専用になっていく。パーフェクトや過去といった用法は、主語との統語的・意味的な関係は持たないので、その点でも丁寧表現によくなじむのである。

断定（コピュラ）用法や、形容詞の補助動詞等の用法でも、丁寧表現の「ござる」の方がよく発達しているが、これはやはり、主語に対する選択制限を持たないために、使用場面を広げられた、ということができる。

7・4・3　尊敬「ござる」の衰退

天草版では、既に見たように、丁寧表現の「ござる」の方が多数を占めている。「ござる」という単一の形式に「尊敬」と「丁重・丁寧」という異なる意味が発生した場合、これをどちらかに整理しようとする力が働きうる。これは、Langacker（2000）の言う（動的）使用依拠モデル（Dynamic Usage-Based Model）を適用して説明することもできるであろう。すなわち、世代が下るごとに、言語習得の過程で、「ござる」の多数を占める丁重・丁寧の意味が「ござる」

という形態により強固に結びつけられていくのである。

「ござる」が丁寧表現化していく一つの契機として、存在動詞の変化も挙げられる。本書でこれまで述べてきたように、室町時代末に有生物主語を取る存在動詞「いる」が成立し、空間的存在文を出発点として、以後領域を広げていく。天草版の段階ではまだ空間的存在文の一部を「いる」が占めるだけであるが、近世の中央語では、有生物主語の空間的存在文はほぼ「いる」に占有されるようになる。その過程で、尊敬表現の「ござる」ももっぱら「いられる」「いらっしゃる」等に置き換えられていくことになるのである。一二〇頁の表１の段階では、「ござる」全体の尊敬表現の率は一四％程度であるが、この表から有生物主語の空間的存在文の用例を除くと、尊敬表現の率は八％ほどになってしまうのである。

また、「ござる」の丁寧専用化は、「ます（る）」と結びついて「ござります（る）」「ございます」として一体化することにより、一層促進されたことと思われる。天草版の段階では、「ます」の前身である「まらする」は現れているが、「ござる」と組み合わされて使われた例は見られない。しかし、一七〇〇年頃までには「ござります（る）」「ございます」がよく用いられるようになる。

一方「ござる」の尊敬表現としての用法は急速に弱まっていく。本書「主要資料一覧」に示した近松世話浄瑠璃作品には、次のような尊敬「ござる」の用例が見られる。

(23)　姉様《さま》ははや忘《わす》れてか。この世の妹に歎《なげき》をかけ、来世にござる母様の。屍《かばね》に苦患がかゝるはと。口説《くど》きつ恨《うら》みつ、声を上げ、伏沈《ふししづ》。みてぞ泣《な》きゐたる。（堀川：五三頁）

(24)　腰元《こしもと》下女ども。おなつ様《さま》がござらぬ裏《うら》よ井戸《ゐど》よとひそめきしが。（歌念仏：一四四頁）

(25)　なうおなつ様《さま》がござらぬわ。ヤアこれぞ曲者捜《くせものさが》して見よと。二階《かい》内蔵縁《ぐらえん》の下湯殿《したゆどの》まで捜《さが》せども。蚊帳の内は気《き》も

つかず　（歌念仏：一四七頁）

(26)　七つ過ぎ暮《くれ》までにきつと持つて来ませう。女夫《めをと》の衆の請取取る必ず内にござれや。オ、動《いご》きもしませぬと、約束かたき。銀が敵《かたき》と知らざりし身のなる果《はて》ぞあさましき。　（昔暦：二四五頁）

(27)　岩木忠太兵衛殿は是にござらぬか。ア、毎日お見廻なさるれど、今日《けふ》はまだ見えませぬ。　（権三：二六四頁）

(28)　おゆき様の父御《てい ご》様母御様《さま》はござらず。目代《めしろ》になるこの乳母はぐるなり。　（権三：二五七頁）

この資料では、有生物主語の空間的存在文の尊敬表現として、他に「(お）いやる」(四例)「いやんす」(一例)「いらるる」(六例) 等の形が見られる。

近世以降の「ござる」の具体的な変遷については今後の課題とするが、尊敬表現の「ござる」は関西では、近代まで細々と残っていたようである。次の例は、大正時代のＳＰレコードに残された大阪落語 (「主要資料一覧」参照) からの用例である。

(29)　あ、先生ござった。　（二代目桂文枝「近日息子」）

(30)　何おっしゃってござる。　（二代目林家家丸「電話の散財」）

(31)　今唱えてござったん、御真言じゃないかいな。　（初代桂枝雀「さとり坊主」）

特徴としては、空間的存在文、特に移動を表す文や、動作継続など、空間的存在文に近い意味に限定されること、また尊敬の場合は「ます」と結びつかず、「ござる」だけで用いられることが指摘できる。すなわち形態上、「ござる」＝尊敬、「ございます（る）／ございます」＝丁寧という棲み分けが見られるのである。

7.5 まとめ

本章では次のような事柄を述べた。

1 「天草版平家物語」の「ござる」が尊敬表現であるか、丁寧表現であるかについて、原拠本の表現と対照させることにより、ある程度の判断を得ることができる。

2 「天草版平家物語」の「ござる」を、文法的観点と敬語的意味によって分類することにより、「ござる」の意味変化の経路を推測する手がかりが得られる。

3 「ござる」の語源的意味は貴人の着座であると考えられるが、この語源的意味に近い用法で尊敬表現が保存されやすいという特徴が見られる。有生物主語の空間的存在では用例の大部分が尊敬表現であるが、これは語源的意味に最も近い用法だからであろう。

4 補助動詞用法でも、空間的存在に近い存在様態を表す「〜てござる」は尊敬と解釈しやすい。

5 「ござる」が尊敬表現から丁寧表現を派生させた契機は不詳であるが、有生物主語の限量的存在文において派生が生じた蓋然性がある。限量的存在文では待遇的価値の高い主語に対しても必ずしも尊敬表現を用いる必要がないため、尊敬の「ござる」が丁重の「ござる」に読み替えられる文脈が生じ得るのである。

6 丁寧表現は尊敬表現と異なり、主語に対する選択制限がないので、「ござる」の文法化が進むほど、丁寧表現が増えると言える。

7 「ござる」の丁寧表現がある程度増加することによって、より丁寧表現化の度合いが強まった可能性がある。このことは、使用依拠モデルの観点からも支持される。

8 近世に入り、中央語において空間的存在文が「いる」系の述語に置き換えられていくことも、「ござる」の尊敬表現を衰えさせ、丁寧表現化を強めていく要因として挙げられる。

このように、本章では「ござる」を例として、文法化と敬語的意味の変化の関連について述べた。近世以降の変遷については今後の課題とする。

注

1 金水(二〇〇四a)では、『天草版平家物語』における尊敬の「ござる」の分布について、次のような一般化を行った。
主語が人間であり、かつ「ござる」が空間的な存在・移動を表すか、またはそれに準じるアスペクト的意味を表す場合、かつその場合に限り、尊敬の意味を持つ。(金水二〇〇四a・三八頁(8))
今回、改めて同文献の「ござる」の用法を詳細に検討した結果、この一般化は強すぎるという結論を得たので、本書によって修正したい。すなわち、空間的な意味でない、限量的な判断を表す文や、断定、状態を表す表現でも尊敬の「ござる」が使用されていたと認めてよいと考える。しかしながら、精神としてこの一般化が捉えようとした点はなお本書でも支持されることとなる。

第2部　「いる」と「おる」

第8章　上代・平安時代の「ゐる」と「をり」―状態化形式の推移

8・1　はじめに

「ゐる」と「をり」が類義語の関係にあることは従来暗黙のうちに認められてきたが、両者がどのような関係にあるかということに関しては、複数の考え方が提示されている。本章では、上代の用例を中心に見た場合、「ゐる」と「をり」が非状態性対状態性という、アスペクト的な対立にあるものであり、それ以外ではないという見方を示す。さらに、平安時代に入ると「ゐたり」という新しい状態性の形式が登場し、それに伴って「をり」が特別な意味を持つようになったことについても述べていく。

8・2　状態性・状態化について

まず、日本語の述語のアスペクト的性質をとらえる概念として、「状態性」「非状態性」を導入する。時間の進展とともに異なる局面が連続して生じる「変化」「動作」等を表す述語は非状態性であり、そうではなく、物事の属性、一時的あるいは恒常的な状態、一定の結果状態や運動の持続状態を表す述語が状態性である。一般に、形容詞、形容動詞は状態性の述語であり、動詞は、状態動詞と呼ばれる語群を除けば、非状態性の述語であると考える。

さらに、本来非状態的な動詞に、ある種の述語末成分を付加するなどして、これを状態性に転換する場合がある。転換後の述語を、もとの述語の状態化形式と呼ぼう。そして、そのような機能を持つ成分を、状態化辞と呼ぼう。現代東京方言では、「ている（てる）」や「てある」がこの状態化辞として働く。そして、大雑把な言い方をすれば、古代語では「り／たり」が状態化辞として機能し得たと考えてよかろう[1]。ただし「り／たり」が表す状態性は、既然態とか完了存続（動詞の表す動作・作用が完結した後、なおその結果が存続していることを表す）などと呼ばれるもので、現代東京方言の「財布が落ちている」「字が書いてある」など、また西日本方言における—トル系の表現（例「着物着とる」）などの表す意味がこれに近いと考えられる（金水一九九五、工藤一九九五）。

状態化辞は、一般に非状態性の述語のみに付加される。従って「ある（あり）」のような存在動詞（これは典型的な状態動詞である）には付かない。「り／たり」や「ている」、「てある」はこの条件に合致する。

「状態性」「非状態性」と似た概念に、鈴木朖の『言語四種論』に言うところの「形状言」「作用言」がある。これは終止形がi韻で終わるかu韻で終わるかという形態的に顕著な差異を持っている。状態性述語と形状言、非状態性述語と作用言は語彙的によく合うが、若干の出入りはある。また、「き」「けり」「べし」「まじ」「じ」「めり」「らし」「まし」などの助動詞は、形態上、形状言ということになるが、これらの機能はアスペクトには関わらない。よって状態性でも非状態性でもない、ということになる。

8・3 「ゐる」「をり」のアスペクト的意味

上代・中古語の「ゐる」は、非状態性の動詞であると考えられる。その根拠は、

1 作用言である、

2 「ゐたり」、「ゐ給へり」など、「り／たり」を下接する用例が多数ある（ただしこれは後述するように、平安時代以後の文献に限られる）、

3 用例の解釈上、「ゐる」単独では継続・存続など状態的な意味を持つとは考えにくい、

などの諸点である。その意味の本質は、「たつ（立）」の「運動性の起動・始発・勃興」に対して、「沈静・止動・平静化」といったようなものであろう。現代語訳すると、「止マル・ジットスル・トドマル・住ム・スワル・オサマル・シズマル」などといった語があてられる。この「ゐる」が状態動詞化して存在動詞の領域を侵していく過程の一部を、本書第1部で示した。

一方「をり」は、状態性を有していると見られる。その根拠は、

1　形状言である、

2　（鎌倉時代以前の資料で）「り／たり」を下接した確例を見ない(2)、

3　用例から状態性の意味が容易に汲みとれる、

などである。

加えて、次に示すように、「立つ」は「ゐる」と対句を構成し、「立てり」は「をり」と対句を構成する、という点も重要である。「立てり」が「立つ＋り」であるならば、「をり」は「ゐる＋り」相当であるということになろう。

(1)　み崎廻《さきみ》の荒磯《ありそ》に寄する五百重《いほへ》波立ちても居ても（立毛居毛）我が思へる君　（万葉・四・五六八）

(2)　立てれども居《を》れども（立礼杼毛居礼杼毛）共に戯《たはぶ》れ　（万葉・五・九〇四）

言うまでもなく、「をり」は「ゐる」と意味的に深い関係を持っている。「万葉集」や訓点資料で「居」字の異訓として「ゐる」と「をり」がしばしば並び立つことからも、それは知られる。頭子音を等しくするところから、「をり」を「ゐあり」の約とする説もある（この説の当否は後ほど検討する）。「をり」と「ゐる」の近さは、一般に言う意味での（例えば「にぎる」と「つかむ」の関係を言うような）類義語、といったものではなかろう。「をり」は、「ゐる」の状態化

形式、あるいは少なくともその一つ、だったのではないか。とすれば、「ゐる」の明らかな状態化形式、「ゐたり」、「ゐ給へり」などとは歴史的・共時的にいかなる関係を構成するか。本章では、右の観点に立ちつつ、資料を上代・中古の文献に限定して、「ゐる」「をり」「ゐたり」「ゐ給へり」等の整理を試みる。

8・4　阪倉（一九七七a）

上代の「ゐる」と「をり」の状況を知る上で、まず見ておかねばならない論文がある。それは阪倉（一九七七a）である。以下に簡単に要点を示しておく。

本論文では、「万葉集」の「ゐる」と「をり」の用法の差異に着目し、まず以下のような点を指摘している。

(a)　「をり」の主語は一人称者に偏るが「ゐる」ではそのようなことはない。

(b)　「ゐる」の主語には鳥類が目立って多い。

(c)　「雲」「霞」「波」などの天然現象は「ゐる」の主語にはなるが「をり」の主語にはならない。

(d)(e)　「ゐる」「をり」が後項となる複合動詞の前項動詞を比較した場合、前者は瞬間的、進行的な動作中心、後者は精神活動や継続的・結果的状態中心、という差異が認められる。

(f)　長期に亙る存在を表すのには「をり」が用いられる。

(g)　「…てをり」という表現は多数あるが、「…てゐる」という表現は存在しない。「行将居《ゆきてゐむ》」（一一二二）「由吉底居《ゆきてゐ》者《ば》」（三九一三）という例もあるにはあるが、「ゆきて」と「ゐる」が継起的なのでこの項には該当しない。

(h)(i)　「…つつをり」は多数あるが「…つつゐる」は存在しない。逆に「…ゐつつ」はあるが「…をりつつ」はない。阪倉氏は「ヲリそのものに既に継続の意が含まれるためであろう」と推察している。

以上の(a)–(i)をふまえて、本論文では「ゐる」と「をり」の意義差をまず次のようにまとめている。

ヰルは、あるものの存在のしかたを、進行的な動作として把えて、これを具体的に記述する動詞である、それに対して、ヲリの方は、存在を、継起的な状態として把え、これを話し手の立場から、様態として描写するものである……（傍点原文のまま）　（同：六頁）

次に、「ゐる」「をり」がそれぞれとる活用形に偏りがあることに注目し、それを整理して表1のようにまとめて示している。

表1

	ゐる	をり
連体形	○	△
中止形	○	
接続形	○	
過去形		△
想像形		△
仮定条件形	△	
確定条件形		○
第二終止形		○
希望形		○
志向形		○

この表の活用形は「陳述度の低いものから高いものへ」という順序で並べられているということである。そこで表のように「相補的な分布状態」を示すところから、「をり」は「主体的な陳述を強く示す用法において用いられることを主とする」動詞であり、「ゐる」は「これと対照的な用法において用いられ」るものであると判断される。そしてこの「をり」と「ゐる」の陳述度の高低ということは、「をり」が「事物のあり方を主体の立場から描写的に表現する動詞であった」ということ、「ゐる」が「存在の記述的表現であった」ことと「表裏をなして」いて、さらに「そもそもヰルが、事物の存在を動作的なものとして具体的に表現し、これに対して、ヲリが、これを状態として、より抽象的に表現するものであったという事実と、むろん、深く関聯しあっている」（一二頁）と結んでいる。

本論文に示された事実は一つ一つ的確にして重要であり、その分析も示唆に富んでいる（阪倉説への評価・批判は次章でも改めて取り扱う）。しかし問題の解釈の方向として、本論文とは違った所に力点を置くこともまた許されるのではないかと思う。

まず、なぜ「ゐる」と「をり」を比べるのか、という比較の根拠から問うてみたい。阪倉氏は両動詞の共通意義を存在と捉え、そこから比較を展開しているようであるが、それは果たして妥当であろうか。「ゐる」は先に述べたように、「立ちてゐて（多知弖為弖）」（四〇〇三）「立ちてもゐても（多知弖毛為弖母）」（三九九三）のように「立つ」の対義語として用いられることが多いが、「ゐる」は「立つ」同様に動作・作用を表す動詞なのである。そのような動詞を存在と捉えるのは、「存在」の概念を不当に拡張しすぎることになろう。動作・作用を表す多くの動詞は、すべて「存在」の下位区分、ということになりかねない。

筆者は、「ゐる」と「をり」は意味の上で同じ動詞で〻あ〻り〻な〻が〻ら〻、前者は非状態性、後者は状態性である、即ち「をり」は「ゐる」の状態化形式であると見た方が、阪倉氏の示された事実の多くがすっきり説明できるのではないかと思う。実は阪倉氏も「それは恐らく、『言語四種論』にいう、ウ韻を以て終る語と、イ韻を以て終る語の差としても説き得るものであろう」と同じ論文の中で述べているものである。氏の挙げられた事実のうち、(d)(e)(f)(g)(h)(i)は、直ちに両者のアスペクトの違いとして説明できる。(b)(c)は、鳥類や雲・霞・波などの停留・沈滞が比較的短時間であるために、状態的に述べられることが少ないからではないかと思われる。

今少し具体的に検討してみよう。まず資料を「万葉集」に限らず、広く上代資料に拡張する。「ゐる」「をり」の用例を得られたのは「古事記」「日本書紀」歌謡、同訓注、「琴歌譜」、「延喜式」祝詞であり、「上宮聖徳法王帝説」、「続日本紀」宣命、「歌経標式」、「仏足石歌」にはなかった。ただし「延喜式祝詞」の一例は「居」の訓が「ゐる」か「をり」か確定できないので以後採らない。右資料から採集した「ゐる」「をり」の用例の下接成分を一覧したものが次頁表2である。

阪倉論文に触れられていないことで、この表から読みとれる重要な事実が一つある。それは、ここで取り上げた上代資料に、「ゐたり」「ゐ給へり」など、「ゐる」に「り／たり」が下接する例が一例もない、ということである(3)。この事実の解釈として、次の三点が考えられる。

1　「ゐる」自身が状態性であるので「り／たり」が付かない。

2　たまたま「ゐる」に「り／たり」を付けて状態的に表すような表現が資料に現れなかった。

3　「ゐる」の状態化形式は「ゐる」+「り／たり」でなく別の形で表されていた。

まず1は用例の解釈上受け入れられない。2は可能性なしとしないが、資料の分量から考えて、これを第一とする訳にはいかない。残る3は、「別の形」を「をり」とすれば、最有力の解釈ではないかと思う。後述するように、平安時代の様相ともよくつながるのである。このように、上代資料に「ゐる」+「り／たり」がないことは、「をり」を上代における「ゐる」の状態化形式と考える説の重要な根拠の一つとなる。

さて阪倉論文に挙げられた事象のうちでは(d)(e)の複合動詞の比較がユニークで興味深いので詳しく取り上げてみたい。上述の上代文献に現れた複合動詞「-ゐる」と「-をり」の一覧表を表3および表4として示す。

表2

			連体	ク語法	連用中止	ズ	テバ	テ	ツツ	キ	ラム	未然バ	トモ	已然バ	ド・ドモ	ニ	終止	ソ・カ曲調終止	―カ・カモ・ヨ	コソ曲調終止	已然カ	マシ	ベシ	ム	リ
ヰル		A	2		1			2 紀2																	
		B				2		18	1			1												2	
		C	17					4		1			a 1	1											
	複合動詞	A	紀1		4			8 記1									紀b1								
		B			5			36	1			1													
		C						1	3																
ヲリ		A	2											7	3		記1	3 琴1		琴2				4	
		B			1			2		3												1		14	
		C	5	1			1					2		24	1	1		5		2		1	2		1*
	複合動詞	A	2								1		記1 紀2	2	1	2								6	
		B		1				3																13	
		C	2													3	2		3		1				

a ウトモ　b ツキウ　　＊ 注2参照

表2の説明　無印の数字は「万葉集」の用例数であり、他の資料の用例数は略号を付してこれを示した。略号は、記＝「古事記」歌謡、紀＝「日本書紀」歌謡および訓注、琴＝「琴歌譜」の如くである。「複合動詞」という項目は、ヰル、ヲリが後項となって他の動詞の連用形に接続した形のものの用例数である。ヰル、ヲリが前項となったものは採っていない。またA、B、Cと分けているのは、本文の読みの確かさの段階を示したものである。即ちAは一字一音表記で訓の動かし難いもの、Bは字訓表記ながら、音数律の上から比較的確からしいもの、Cは音数の上ではヰル、ヲリどちらにも読める字訓表記の用例である。基準となる訓は塙書房版『萬葉集本文篇』によった。

表3　―ヰル

	A	B	C	
イデ		4		a群
イハミ	紀1			
ウヅスマリ	記1			
ウナガケリ	1			
オキ		2		
オクレ	3			
オリ		1		
カクミ	1	1		
カヘリ		1		
キ	2紀1	5		
サカリ		2		
ソホリ			1	
タヅサハリ		1		
チマリ	1			
ツキ*	紀1			
トホザカリ		1		
トマリ		1		
ナミ		1		
ハナレ		1		
フシ		2		
ムキ		1		
ムレ		1		
イリ		4		c群
ウキ		2		
コモリ	1	1		
ナラビ	1	2		
ムカヒ	1	1		
(イソガクリ)		1		
(カクリ)	1			

* ツキウ

表4　―ヲリ

	A	B	C	
イキヅキ	2		1	b群
イソバヒ			1	
イソヒ	記1			
イツガリ			1	
ウラコヒ			1	
ウラナケ		1	1	
ウラブレ	1		2	
ウラマチ	1			
オモヒ	1		1	
カタラヒ	1			
カムサビ			1	
コヒ	5	11	4	
タガヒ		1		
トモシ	1			
ノドヨヒ			1	
マチ		2	2	
モダ		1		
ワビ			1	
イリ	記1紀1			c群
ウキ	1			
コモリ	1		1	
ナラビ			2	
ムカヒ	記1			
(イムカヒ)		1		
(ウラガクリ)		1		
(キイリ)	記1紀1			
(コモラヒ)		1		

二つの表に現れた前項動詞を、a「-ゐる」だけに現れるもの、b「-をり」だけに現れるもの、c両者に跨るもの、の三群に分けると、aは継起的・可視的な動作・作用を表し、bは精神活動・言語活動を中心とする継起的な事態を表すという対立が極めて明瞭に現れている。bは事態の性格上、状態の存続を表せる「をり」と特に親和性が強いのであろう。cは動詞のアスペクト的性格はaと変わりがないように見受けられる。とすれば、a＋c群とくくって、これらは状態的にも非状態的にも表現される可能性を持つ、と記述できよう。cの例として「籠もりゐる」と「籠もりをり」の例を掲げておく。

(3) 出で立たむ力をなみと隠り居て（許母里為弖）君に恋ふるに心どもなし　（万葉・三九七二）
(4) 松が枝の土に着くまで降る雪を見ずてや妹が隠り居るらむ（許母里乎流良牟）　（万葉・四四三九）

阪倉論文に挙げられた事象の中で、アスペクトの面から直接説明しにくいのは、(a)の主語の人称の偏りと、活用（というよりは下接成分）の偏りである。博士のご結論はまさにこの二点に強く導かれたものであると言ってよかろう。この点について筆者は、(1)右の二点は素材の選び、表現の類型化など、和歌表現あるいは修辞に関わっている可能性が強く、ただちに意味論ないし文法論に結びつけるのは危険ではないか、また(2)表2を見ると確かにある種の分布の偏りが見られるが、それを表1のように抽象化し、さらに「陳述度の高低」という、十分定義されていない概念で整理することには問題がある、と考えている（9章も参照）。

8・5　「をり」の語源

以上に見てきたように、「をり」は「ゐる＋り」に相当する形式である。完了存続の「り」は、動詞連用形に「あり」

が膠着することによって形成されたというのが通説であるから、当然「をり」についても、

(5)　wi + ari ——→ wori

という語源を立てたいところである（例えば『岩波古語辞典』にはこれに相当する語構成が示されている）。しかしながら、母音融合の実例に照らして、(5) は無理がある。wi に母音 a が連接して wo になる例は、少なくとも上代文献においては得られないからである。この問題を克服するために、金水（一九九八）では次のような語構成を考えた。

(6)　wo + ari ——→ wori

この場合、後部要素第一音節の a は脱落したものと考える。また、柳田（二〇〇一）では次のような語構成が考えられている。

(7)　wu + ari ——→ wori

wu は文献上では発見されていない音節であるが、理論的には存在可能であり、かつてそのような価値をもった音節があったと考えることに不都合はない。いずれにせよ、wo や wu は上一段動詞成立以前の、「ゐる」「をり」に共通の語根であると考えなければならない。文献以前にさかのぼる時点での形成であるので、ここではこれ以上確実なことは言えない。

8・6　平安時代

平安時代資料に目を転ずる。まず、「万葉集」からかなり時代の隔たった、「枕草子」、「源氏物語」を取り上げる。これらの資料では、上代資料に比してヲリの使用率が極めて低く、かつ「ゐたり」「ゐ給へり」が頻繁に用いられるようになっている（表7参照）。そして用法の面でも、かつて「をり」で表されていたものが「ゐたり」「ゐ給へり」で置き換えられているように見えるのである。

例えば「ゐたり」「ゐ給へり」は、「スワッテイル」「トマッテイル」といった、眼前描写的な動作の結果存続はもちろんのこととして、次のような比較的長期に亙る滞在も表す。

(8)　なにともなくうたてありしかば、久《ひさ》しう里《さと》にゐたり　（枕草子・殿などのおはしまさで後《のち》）

(9)　こゝには御物いみとていひければ人もかよはず二三日ばかりはゝ君もゐたり　（源氏・東屋）

また、「-てゐたり」「-てゐ給へり」の形が多く見られる。

(10)　日のさし入りたるに、ねぶりてゐたるを　（枕草子・うへにさぶらふ御猫は）

(11)　くちおほひてゐたるまみいといたし　（源氏・真木柱）

これらの例では、「-て」の動作・行為と「ゐたり」が同時進行的であり、万葉集の「-てをり」と似ている。これに対し、「り・たり」の付かない「-てゐる」では「-て」と「ゐる」とが明らかに継起的である。

(12)　相撲の負けてゐるうしろで　（枕草子・無徳なるもの）

(13)　木丁をひきやりてゐ給へば　（源氏・柏木）

これは即ち阪倉氏が(g)で除外した「由吉底居者《ゆきてゐば》」等の「-てゐる」と同じである。「源氏物語」には「-つつ」に「ゐる」が続く形もあるが、この場合例外なく「-つつゐたり」「-つつゐ給へり」など「り・たり」が下接する。「万葉集」に「-つつをり」があって「-つつゐる」がなかったことに並行的である。

(14)　はらわたたゆるは秋の天といふ事をいとしのびやかにずんじつゝゐ給へり　（源氏・蜻蛉）

次に複合動詞を見ていく。「源氏物語」の「-ゐる」を、「り・たり」が下接するかしないかによって二つのグループに分けて示したのが表５と表６である。表５のⅠグループは、「り・たり」が下接しない形の用例が無視できない量で見出せるもの、表６のⅡグループは、ほとんどすべて「-ゐたり」「-ゐ給へり」として現れるものである。

表5　Ⅰグループ－ヰル

	タリ・給ヘリ	その他
コモリ	7	19
ヨリ	21	5
オキ（起）	7	8
ツイ	4	11
オチ	1	8
オリ(降位)		9
イリ	3	5
イデ	3	4
ソヒ	3	3
ムカヒ	4	1
ムレ	1	3
キ（来）	1	3
カクレ		2
ナミ	1	1
ハナレ		2
オハシ		1
オリ		1
シヅミ		1
ノゾキ		1
マジリ		1

表6　Ⅱグループ－ヰル

	タリ・給ヘリ	その他
オモヒ	26	
キキ	12	
ミ（見）	11	
ナガメ	9	1
イヒ	9	
キコエ	3	
オボホレ	2	
カキスサビ	2	
スサビ	2	
ヒキ（弾）	2	
アフギ	1	
アヘシラヒ	1	
イトナミ	1	
イヒチラシ	1	
ウチトケ	1	
エンダチ	1	
オモヒホレ	1	
カサネ	1	
サシアフギ	1	
サヘズリ	1	
シメ（染）	1	
スキ（好）	1	
ソソキ	1	
ソムキ	1	
タキシメ	1	
タハブレ	1	
ツクリ	1	
ツドヒ	1	
トドコホリ	1	
ナキ	1	
ナゲキ	1	
ネンジ(念)	1	
ノコリ	1	
ノボリ	1	
ハラダチ	1	
ハリ	1	
ヒソミ	1	
ヒトリゴチ	1	
ホコリ	1	
マチ	1	
マドヒ	1	
マモリ	1	
ミキキ	1	
ヤツシ	1	
ヨミ	1	

各グループの前項動詞の意味的な性格を見ると、Ⅰグループはすべて運動・動作を表す動詞であるのに対し、Ⅱグループ（特にその上位）の動詞は精神活動、言語行動を表すものが大半を占める。これを上代資料の「-ゐる」「-をり」の前項動詞群と比較してみると、上代のa–c群と「源氏物語」とⅠグループ、上代のb群と「源氏物語」のⅡグループが性格的に、また一部語彙的にもよく合うのである（上代に多かった「恋ひをり」に当たる「恋ひゐたり」が「源氏物語」には一例もない、といった違いはある。作品や時代の違いによる語彙の好みの反映であろう）。ここでもまた、上代資料の「をり」は「ゐたり」「ゐ給へり」にとって代わられている、と言えそうである。

以上のように、種々の用法において上代資料の「をり」が「ゐたり」「ゐ給へり」など「ゐる」に「り・たり」がついた形に交替していることが確認できる。しかし「枕草子」や「源氏物語」にも少ないとはいえ、やはり「をり」が存在する。この「をり」は、「ゐたり」や「ゐ給へり」に対してどのような役割を果たしているのだろうか。「枕草子」や「源氏物語」の「をり」は、その中核的な意味はやはり「ゐる」の状態化であるが、さらに待遇的な意味が付け加わっていると見られる。この点については、次章で詳細に検討する。

8・7　上代から平安時代へ

資料を拡張し、上代資料から「枕草子」、「源氏物語」までの間を補い、かつその後までの歴史的な変遷のあとをやや細かくたどってみよう。次頁に表7を掲げる。

表7

		右以外のヰル	ヰタマヘリ	ヰタリ　他	ヲリ	
記・紀・琴		2	0	0	7	上代
	複	2	0	0	6	
万		Ⓐ5Ⓑ25Ⓒ23 〔1.0585〕	0	0	Ⓐ17Ⓑ22Ⓒ36 〔1.4979〕	
	複	Ⓐ13Ⓑ41Ⓒ1 〔1.1784〕	0	0	Ⓐ14Ⓑ19Ⓒ9 〔0.8388〕	
古		4 〔0.3994〕	0	0	6 〔0.5991〕	
	複	6 〔0.5991〕	0	0	4 〔0.3994〕	
竹		2 〔0.3903〕	3 〔0.5855〕	4 〔0.7806〕	9 〔1.7564〕	平安第一期
	複	7 〔1.3661〕	1 〔0.1952〕	2 〔0.3903〕	7 〔1.3661〕	
伊		3〈歌 2〉 〔0.4328〕	1 〔0.1443〕	2 〔0.2886〕	2〈歌 1〉 〔0.2886〕	
	複	6 〔0.8657〕	0	1 〔0.1443〕	11 〔1.5871〕	
大和		13〈歌 4〉	1	8	6〈歌 2〉	
	複	7〈歌 1〉	1	3	9〈歌 1〉	
蜻		1〈歌 2〉	1	8	2〈歌 3〉	平安第二期
	複	12	1	8	1	
宇		59〈歌 5〉	54	27	7	
	複	22〈歌 11〉	10	18	6	
落		9	14	26	5	
	複	12	6	27	4	
枕		37 〔1.1244〕	12 〔0.3643〕	46 〔1.3979〕	3 〔0.0912〕	
	複	16 〔0.4862〕	5 〔0.1519〕	23 〔0.6990〕	6 〔0.1823〕	
源氏物語絵巻		0	5	3	0	
	複	3	3	0	0	
源		23〈歌 6〉 〔0.1107〕	39 〔0.1877〕	58 〔0.2791〕	7 〔0.0337〕	
	複	80〈歌 1〉 〔0.3850〕	91 〔0.4379〕	78 〔0.3753〕	7 〔0.0337〕	
更		3 〔0.4142〕	0	5 〔0.6903〕	0	
	複	2 〔0.2761〕	0	8 〔1.1045〕	0	
堤		3	0	12	0	
	複	3	2	11	0	

表7の説明　縦の並びには、平安時代のものは古今集を除いて仮名散文資料を成立推定年代順に排列した。各資料について、下段の「複」とした所にはヰル・ヲリを後項とする複合動詞の用例数、上段にはそれ以外のヰル・ヲリ（-テ、-ツに続く形を含む）の用例数を示す。「万葉集」のⒶⒷⒸは表2に同じ。〈　〉内の数字は散文資料内の和歌に用いられた用例数、〔　〕内の数字はその資料の総のべ語数に対する使用率（単位は‰）を示す。使用率の算出には宮島達夫編『古典対照語い表』所収の統計集によった。この統計表にない資料については使用率を示さない。〈　〉内の数字は使用率算出の際含めていない。なお、平安時代資料に現れる、宮中での即位・降位等を表すヰル、オリヰル、カハリヰルなどは、表から除いた。

平安仮名散文は、「をり」の分布と意味とによって、二期に分けることができる。第一期は「竹取物語」、「伊勢物語」、「大和物語」を含み、年代的にはだいたい一〇世紀中頃までと推測される。第二期はそれ以後であり、早いものとしては「蜻蛉日記」（九七〇年代）、「宇津保物語」（九八〇年代）が挙げられる。

第一期では、「ゐたり」「ゐ給へり」も用いられているが、それにもまして「をり」の使用率が高い。そのヲリには主語下位待遇の意味が見出せず、「ゐたり」との意味・用法上の差異が不明確である。次の「伊勢物語」の例のように、同じ人物を主語として「をり」と「ゐたり」が近接して用いられる場合もある。

(15)　ゆく先おほく、夜もふけにければ、鬼ある所とも知らで、神さへいといみじう鳴り、雨もいたう降りければ、あばらなる倉に、女をば奥におし入れて、男、弓やなぐひを負ひて戸口にをり。はや夜も明けなむと思ひつつ居たりけるに、鬼はや一口に食ひてけり。（伊勢・六段）

この時期は、「をり」が「ゐたり」と交替していく過渡期であり、「をり」と「ゐたり」がゆれていたと考えることができる(4)。

これに対し、第二期では「をり」の使用率がはっきり減少しており、一例も見えない資料も出てくる。また、「をり」に卑語（主語下位待遇）的意味が確認できるようになる。

(16)　かたゐどもの坏《つき》・鍋《なべ》などするゑてをるもいとかなし。下衆近《げすぢか》なる心ちして、入《い》り劣《おと》りしてぞおぼゆる。（蜻蛉・上：九一頁）

次に「ゐる」「をり」を後項とする複合動詞の変遷を見よう。主要な語について、そのありさまを示したのが表8である。

表8

	b							c				a							
	イヒ	オモヒ	ナガメ	ナキ	ハラダチ	マチ	ミ(見)	イリ	カクレ	コモリ	ムカヒ	イデ	オキ	キ(来)	ソヒ	ツイ	ナミ(並)	ハナレ	ムレ
記・紀								●			●					7 (×)			
万		●				●		×	3 (●) (×) 4	● ×	6 (●) (×)	×	×	×			×	×	×
古		● 1	● 2						×		×			×					
竹	○	●		●	●				×	×		×	×	× ○					
伊	●	●	●	●		●	●		● ×	●	●				×				×
大和	○	● ○	●	●			●		5 (×)	×		×	×						
蜻		●							○		× ○	×					×		
宇		● ○	○			×	○			● ○	× ○				× ○		× ○		
落	○	○		○	○			× ○		○	○	○	×			×	○		
枕	● ○	● ○					○	× ○		×		× ○	×		×	×	● ○	○	×
源	○	● ○	○	○	○	○	○	× ○	×	× ○	× ○	× ○	× ○	× ○	× ○	× ○	× ○	×	× ○
更	○					○					○	× ○	○						
堤	○	○					○	×								×			

1. 歌・詞書とも　2. 詞書　3. ウラガクリ　4. カクリ　5. コガクレ　6. イムカヒ　7. ツキウ

表8の説明　●は‐ヲリ、○は‐ヰタリ、‐キタマヘリなどヰルにリ／タリが下接したもの、×はリ／タリの付かない‐ヰルがその資料に現れることを表す。a・b・cの各群は表3・4に同じ。

b群の精神活動、言語行動などを表す動詞では、非状態性が各時代を通じてほとんど現れない。そして状態化形式として、平安第一期までは「-をり」が、第二期は「-ゐたり」「-ゐ給へり」が多数を占めている。a―c群では各時代に非状態性の「-ゐる」が現れるのに混じって、状態化形式としては上代、平安第一期までは「-をり」中心、平安第二期は「-ゐたり」「-ゐ給へり」などが中心で、b群と同様の推移が見られる。なお、a群は上代では状態化形式が見られなかったのに、平安第二期に至ると、状態化形式は普通に用いられ、a群とc群の区別がまったくなくなってしまっている。これは、もともとa群動詞の状態化形式は上代にあっても実は存在していたのであり、平安時代になって資料の環境が変わったために目に触れるようになったのだと考えているが、なお検討を要するところであろう。

右のことは措いても、我々は上代資料の言語のありさまを、上代語そのもののありさまのすべてであると考えることは慎まねばなるまい。もちろんこのことはすべての時代について言えることではあるが、特に上代資料は、その量とともに質が著しく限定されている。「万葉集」、記紀歌謡など、詩的作品の比重が異常に高い、ということが問題なのである。例えば上代資料に「ゐたり」「ゐ給へり」の確例が一つも存在しないというのも、上代語のありさまとしてはむしろ不自然というべきであり、資料の質から考えて、幾分割り引いてもよいように思われる。

8・8　和歌および漢文訓読文における状況

この節では、平安（一部、鎌倉）時代の和歌と漢文訓読文を簡単に眺めてみたい。これらの資料では、仮名散文とはまた違った様相が現れている。

八代集の、歌と詞書の状況を一覧した表9を次頁に掲げる。

表9

	歌			詞　書		
	右以外のヰル	ヰタリなど	ヲリ	右以外のヰル	ヰタリなど	ヲリ
古　今	3		6	1		
複	3		4	3		2
後　撰	8		1	1		
複	6				2	
拾　遺	4		3	1		
複	8	1		2		
後拾遺	7		1	2	2	
複	4			5	4	
金　葉	13				4	
複	6		2	2	1	
詞　花	1			1		
複	6			2		
千　載	10					
複	2			4	3	
新古今	12		3	6		
複	3			2	5	

八代集では、「古今集」と「後撰集」以後との間に一線が画される。「古今集」の状況は上代資料によく似ていて、「ゐたり」「ゐ給へり」がなく、「をり」の使用率が高い。詞書にまで「をり」が用いられるのも古今集だけの特徴である。「後撰集」以後は、歌においてはやはり「ゐたり」「ゐ給へり」が現れにくい。八代集の中ではたった一首、「拾遺集」の次の歌に「ゐたり」が用いられている。

(17)　おもひしる人にみせはや夜もすから我とこなつにおきゐたる露　（拾遺集・恋三）

しかし「をり」もまた、歌において使用されることは少なくなっていく。表9の「後撰集」以後の「をり」の用例数も、実はほとんどが、「万葉集」との重複歌、元輔、貫之らの古詠、古歌とおぼしき詠み人知らずの歌などで占められている。ただ一首、撰集当時の作と認められる「後拾遺集」の上東門院の歌も、「をり」は「折る《を》」との掛詞として用いられている。

(18)　匂ふらん花のみやこの恋しくて折に物うき山桜かな　（後拾遺集・春上）

後に述べるように、資料を拡げていった場合、「をり」の方は決して用いられないというわけではなく、またその場合、卑語的意味はないと考えられる。この点は、後に述べる漢文訓読文と似た、古い語彙の残存ということが理由として考えられる。「をり」は現在にいたるまで、歌語として用い続けられている。一方、「ゐたり」の方は和歌ではほとんど用いられない。詞書は、「後撰集」以後は仮名散文の平安第二期の状況にほぼ並行的と見てよい。ただ、「ゐてはべり」という形が多いのがやや特徴的である。

漢文訓読文においては、平安時代を通して依然「をり」が普通に用いられ、反対に「ゐたり」は稀であった。即ち、古い形式を保存し続けていたと考えられるのである。平安後期の訓点資料に例をとってみよう。「興福寺蔵大慈恩寺三蔵法師伝」古点で、「をり」「ゐたり」「ゐる」の確実に読める例だけ採ると、以下のようになる。

A点（延久承暦〔一〇六九–一〇八一〕頃）

ヲリ……1例

C点（承徳〔一〇九七–一〇九九〕頃）

ヰル（リ／タリの下接しないもの。以下同様）……8例

ヲリ……9例

D点（C点と同時期）

ヰル……1例

ヲリ……1例

E点（永久四〔一一一六〕年）

ヰル……3例

ヰタリ……1例

ヲリ……12例

また、神田本白氏文集天永四〔一一一三〕年点では以下のようである。

ヰル……6例

ヰタリ……1例

ヲリ……5例

右のように、これらの資料における、「ゐたり」に対する「をり」の勢力の強さは歴然としている。またこの二資料に「ゐたり」が一例ずつ見えるが、後に掲げる点本や研究書に依る限りでは、「ゐたり」は次の一例を加えるにとどまる。

(19)　拘摩羅王《は》従（へて）数万（の）衆《を》居《ヰタリ》北《の》岸《に》　（石山寺蔵大唐西域記長寛元年〔一一六三〕年点五‐一三五行）

もとより充分な調査ではないので、これらの外に平安の点本に「ゐたり」が存在するであろうことは当然予想に難くないが、同時期の仮名散文の状況に比すれば、「ゐたり」の使用頻度が極めて低いことは明らかと言えるのである。訓点資料から「ゐる」「をり」の例を補っておく。

(20)　却倚《シリソキヨリヰテ》蒲團《ワラフタ》　（天理図書館蔵金剛波若経集験記平安初期点三ノ一〇、築島 一九六三より）

(21)　物（の）前（に）坐續《ヰテツキ》　（高野山大学図書館蔵蘇悉地羯羅経寛弘五〔一〇〇八〕年点中）

(22)　居《ヲリて》家（に）泥《に》積（み）しは諸《の》悪行《を》　（東大寺図書館蔵地蔵十輪経元慶七〔八八二〕年点十転品第二・二四五行、中田 一九五四より）

(23)　召（シ）て天下《の》名僧《を》居《ヲラシム》焉　（慈恩伝一‐九四Ａ点、築島 一九六五より）

(24)　逆旅《に》重《て》居《ヲリ》逆旅《の》中《に》　（神田本白氏文集四：二三六頁、太田・小林 一九八二より）

(23)の例に典型的に現れているように、漢文訓読文の「をり」には主語下位待遇（卑語）の意味が認められない。これも上代資料の「をり」に等しい特徴である。従って、平安仮名散文の第二期にあたる一〇世紀中頃以降という限定付きで、主語下位待遇のない「をり」は、一種の訓点資料特有語と見なしうるのである。

8・9　まとめ

この章では、上代文献に現れる「ゐり」と「をり」との関係を検討し、アスペクト的意味の観点から、後者は前者の（文献上では）唯一無二の状態化形式であるという見解を示した。さらに、平安時代に入って「をり」は徐々に「ゐたり」に置き換わっていき、九五〇年頃を境として、以後は「ゐる」の無標の状態化形式としての「をり」は、仮名文献においてほぼ消滅してしまうことを述べた。ただし、漢文訓読文や和歌においてはなお、上代と同様の「をり」が見られることも示した。

さて、九五〇年以降も仮名文学では「をり」が使い続けられるが、そこでは「をり」の意味に上代とは異なる変化が生じていると考える。それは主語の指示対象を低く待遇する、卑語的な意味合いである。この意味の実態と、それが生じる要因等について、次章で詳細に検討する。

注

1　山田（一九〇八）四〇七頁、橋本（一九六九）三七一頁、三七八頁、時枝（一九六四）一五五頁、一五八頁など参照。

2　南北朝頃から「をれり」の形がしばしば文献に登場するようになる。

・王・居《レリ》二其《の》一《に》一焉　（梅沢彦太郎氏蔵老子応安六〈一三七三〉年点、桑門某）

・善居《ヨクヲレリ》レ室《シツニ》　（大東急記念文庫蔵論語集解建武本巻七38子路、室町期別訓）

右二例は小林（一九六七）七頁、二一九頁に依った。

・モトヨリコノ所ニヲレルモノハ　（方丈記三条西公正旧蔵本、室町中期写）

「方丈記」最善本とされる大福光寺本には、「をれり」はない。

この現象は、「り」が古語化したために、状態性用言への接続禁止という文法意識が働かなくなった結果、起こったものと考えられる。

なお、塙書房版『万葉集』では「家居有」（四三〇七）を「いへをれる」と読んでいるが、不適切である。平安時代以前に仮名書きの「をれり」の確例がなく、「をり」が状態性であることが明らかなのであるから、「をれる」の訓は避けるべきであろう。代案としてふさわしいかは問題であるが、『校本万葉集』には「いへゐせる」が挙がっている。

3　さらに12章に示すように、明治時代の文献には「をれり」が多数用いられている。「日本書紀」寛文板本に「イハミイタリ」（神武即位前紀、一六丁ウ）とあるが、訓注だけでは連用中止やテ接続などの可能性もあるので、確例とはしにくい。

4　「篁物語」は、作品規模の割に「をり」の使用率が四例と多く、その「をり」には主語下位待遇の意味がとりたてて見出せない。この作品は成立推定年代が平安中期から中世まで諸説あるが、「をり」の現れ方は明らかに平安第一期の特徴を示している。成立時期の特定に有力な手掛りとなろう。安部（一九九六）も参照。

第９章　平安時代の「をり」再考——卑語性の検討を中心に

９・１　はじめに

筆者は、金水（一九八三、一九八四）で動詞「ゐる」と「をり」の関係を歴史的な観点から論じた。その中で、中古、特に西暦九五〇年頃以降の和文作品の「をり」には主語の指示対象を低く待遇する意味が認められ、その意味が中世末期の口語作品、さらには現代の京阪方言にまで受け継がれているのではないかという考えを述べた。

これに対し柳田征司氏は、柳田（一九九〇、一九九一）で、中古和文作品の「をり」と「ゐる」には待遇的な差が認められず、「おる（をり）」の待遇的な意味は、室町時代末期の尊敬表現「（お＋）動詞連用形＋ある」との対比の中で、「動詞連用形＋おる」が卑語的に捉えられるようになったところから生じたと主張された。

筆者はその後、金水（一九九六、一九九八）で柳田説に反対し、金水（一九八三、一九八四）の説を保持することを表明したが、説明や根拠を十分尽くすことができなかった。なお、井上（一九九八：一六五—一六六頁）でも柳田説に対する批判が述べられている。

本章は、今一度自説の根拠を示し、その後の自他の研究の進展も加味して、改めて柳田説に対する筆者の考えを示す。

本章は次のように構成される。次節において、まず筆者の旧説と柳田氏の御説、および関連する諸家の説を概観し、問題点を絞り出す。次に、平安時代資料、特に「枕草子」および「源氏物語」の「をり」の全用例について詳細に検討を加え、諸説の妥当性を検討する。最後に本章の議論のまとめを行う。

9・2　先行研究の整理

9・2・1　上代

上代資料の解釈については、筆者と柳田氏とでは基本的な見解に相違がないのであるが、阪倉（一九七七a、b）という重要な論文があり、本章の論点にも強く関与するので取り上げておきたい。阪倉（一九七七a）は前章ですでに取り上げたが、論述の都合上、重複をおそれず、まとめて取り扱う。

阪倉（一九七七a、b）：記述・描写説

阪倉（一九七七a、b）は、『万葉集』の「ゐる」と「をり」について重要な特徴をいくつも指摘した点で、この問題に関する基礎的論文として取り上げなければならない。阪倉氏の挙げた「ゐる」と「をり」の違いは以下のようなものである。

（1）

a 「をり」の主語は一人称者に偏るが「ゐる」ではそのようなことはない。

b 「ゐる」の主語には鳥類が目立って多い。

c 「雲」「霞」「波」などの天然現象は「ゐる」の主語にはなるが「をり」の主語にはならない。

d 複合動詞「-ゐる」の前項動詞は瞬間的、進行的な動作中心、「-をり」の前項動詞は精神活動や継続的・結果的状態中心である。

e 長期に亙る存在を表すのには「をり」が用いられる。

f 「-てをり」という表現は多数あるが「-てゐる」という表現はない（継起的なものは除く）。

g「-つつをり」は多数あるが「-つつゐる」はない。

以上の観察を踏まえて、阪倉氏は「ゐる」と「をり」の意義差を次のようにまとめられた。

（2）ヰルは、あるものの存在のしかたを、進行的な動作として把えて、これを具象的に記述する動詞である。それに対して、ヲリの方は、存在を、継続的な状態として把え、これを話し手の立場から、様態として描写するものである……（傍点は原文のまま）（阪倉　一九七七a：六頁）

この説を、便宜上「をり」と「ゐる」の「記述・描写説」と呼んでおこう。きわめて深い観察ではあるが、「記述」「描写」という基本的概念の意味するところが明瞭でない分、説得力を欠いているように思われる。そもそも「ゐる」と「をり」は時間的な意味が異なっているのだから、まずその時間的な性質の観点から一般化すべきではないかという疑問から出発したのが、金水（一九八三）である。

さて、阪倉（一九七七b）は阪倉（一九七七a）と一対をなす論文で、平安時代の仮名文学作品で次第に「をり」が劣勢となり「ゐる」が伸長することを指摘し、記述・描写説の立場から、次のような結論を導き出している。

（3）そして、（平安時代）末期物語にいたっては、遂にその文章から、「をり」による描写の影は消え去り、「ゐる」による第三者的「記述」の姿勢が基調となってしまう。ここに物語は、完全に説話から独立していったと考えられる。竹取物語から末期物語にいたる、こうした物語る態度の変遷を、「説話的なるものから小説的なるものへ」という方向で把え得るとするならば、それを、われわれは、その文章における存在動詞「をり」の消長によって

辿ることができるように思われるのである。（阪倉　一九七七b：六五頁）

すなわち阪倉説では、平安時代の「をり」と「ゐる」との待遇的な差異についても認めず、上代から平安時代への語彙の変化をいわば文体史的な観点で解こうとしている。

金水（一九八三）：アスペクト説

金水（一九八三）では、次のような主張を行った。

(4) a 「ゐる」は「立つ」と対になる、変化を表す動詞であり、本来動くものが静止したり、一か所に留まったり、静まったりする意を表す。

b 上代・中古においては、「ゐる」単独では持続的な意味を表せない。持続的な意味を表すためには「あり」を付加した「状態化形式」を用いなければならない。「をり」は「ゐる」に「あり」を付加したものと同等の価値を持つ動詞である。また、「ゐたり」「ゐ給へり」等も状態化形式である。これらは、「一か所に静止している、留まっている、静まっている」等の意味を表す。

c 上代の文献では、「をり」は「ゐる」の唯一の状態化形式であり、「ゐたり」「ゐ給へり」等は見られない。

d 平安時代になると、「ゐたり」「ゐ給へり」等の形式が次第に増加し、「をり」と共存するようになる。西暦九五〇年以降の和文資料では「ゐたり」「ゐ給へり」が完全に優勢となり、「をり」は激減する。以後、「ゐたり」「ゐ給へり」等の形式を「ゐたり」で代表させることとする。この説は、「ゐる」と「をり」の意味的な差をまず両者のアスペクト的な対立という観点から捉え、用法の差異は基本的にそこから導かれるはずであると考える。この説を「アスペクト説」と呼んでおこう。

なお、「をり」から「ゐたり」への交替の原因について、形態音韻論的な観点から解釈を加えたのが金水（一九九三a）である。柳田（一九九〇、一九九一）は、「をり」を「ゐる」に「あり」の付いた形と見ること、「たり」の伸長によって「をり」から「ゐたり」へと交替していったと見ることにおいて、金水（一九八三）と本質的に同じ主張をしていると見なせる。

9・2・2　中古以降

中古以降の「ゐる」と「をり」の対立について、金水（一九八三）は以下のようなことを述べた。

（5）　a　「枕草子」「源氏物語」を含む平安第二期（九五〇年以降）の仮名文学作品の「をり」には、主語下位待遇の意味が認められる。

b　中世末期の「エソポのファブラス」や狂言古本に見られる「をり」の主語下位待遇の意味は、平安時代からつながった現象であると見る。

c　平安第二期以降の勅撰集和歌で「をり」が用いられているものはほとんどが万葉集との重複歌、元輔、貫之などの古詠、古歌とおぼしき読人知らずの歌である。ただ一首、当代の作と認められる後拾遺集の上東門院中将の歌では、「をり」は「折る」との掛詞として用いられている。

にほふらん花《はな》のみやこのこひしくてをるにものうき山桜《ざくら》かな　（後拾遺集・春上九一）

d　漢文訓読文では平安時代を一貫して「ゐたり」は少なく、むしろ「をり」の方が多い。また、主語下位待遇の意味は認められない。

e 「方丈記」や、「史記抄」「毛詩抄」「蒙求抄」などの抄物には「をり」が比較的よく用いられ、しかも主語下位待遇が認められない。これは平安時代以来の漢文訓読文の「をり」の用法を受け継いだものである。

金水（一九八四）ではこれと基本的に同じ立場に立つが、bをさらに敷衍し、キリシタン資料や狂言古本の用法が現代京阪方言の「おる」「-よる」等の形式に見られる下位待遇的な意味と連続しているという見方を示した。(5) aの見方を、「中古〈をり〉卑語説」と呼んでおこう。「中古〈をり〉卑語説」は金水（一九八三）に始まるものではなく、田中（一九五九、一九六〇）、橘（一九七七）、沼田（一九七九）でも主張されている。さらに田中（一九五九）で指摘しているように、日本古典文学大系『枕草子 紫式部日記』（一九五八、岩波書店）において池田亀鑑氏が「をり」の注釈として書いているのが早いようである。なお、田中（一九五九）では、中古の「をり」の機能が「狂言記」の用法や現代方言の用法と関わるかもしれないという点も示唆している。

これに対し、柳田征司氏は次のような主張をされた。柳田（一九九〇）は柳田（一九九一）第七節の中に取り込まれているので、柳田（一九九一）に代表させてまとめて要約しておく。

（6） a ［中古］和文資料によれば、ヰル系表現が優勢で、ヲリ系表現は劣勢である。これも「タリ」の隆盛がもたらしたものと見られる。この期の「ヰル」と「ヲリ」について待遇価値の差があるとされるが、認められない。

b ［室町時代中期］イル系表現とオル系表現はともに話しことばで行われており、前者がくだけた表現、後者が堅い表現だった。

c ［室町時代末江戸時代初期］「動詞＋オル」は、尊敬表現「（オ＋）動詞連用形＋アル」に対比的に捉えられるようになり、卑罵表現となった。これにひかれて、「テオル」本動詞「オル」も、「テイル」本動詞「イル」に対して卑下・軽卑の表現となった。

d　近畿地方を除く西部方言では、そのような対比的把握が定着しなかったために、「オル∨ヨル」「テオル∨トル」が普通に用いられている。

（柳田 一九九一より要約）

(6) aの点について、さらに詳細に主張の要点を追うと、次のようにまとめられる。

(7) a（金水（一九八三）の説では）なぜこの期に「ヲリ」が下位待遇語となったのかということが説明されない。「ヰル」が新しく「ヲリ」が古い表現であるならば、むしろ古い「ヲリ」の方が上位待遇語であってよいところである（「ヲリ」と「ヰタリ」の違いは古い表現と新しい表現といったようなことであろう）。

b　和文資料において下位待遇語である「ヲリ」が、なぜ漢文訓読資料や和歌において下位待遇語の意味を持たずに使用されているのかがやはりうまく説明できない。

c　「ヲリ」の主語となっている人物の身分がすべて低いわけはなく、低いとされる場合も甚だしく低いわけではない。

d　「ヰル」の主語となっている人物の身分を見てみると、「ヲリ」の場合と同じ程度に低い身分である例は数多く見つかる。また(8)のような例も見つかる。

e　複合動詞「-ヲリ」の上接動詞は、阪倉（一九七七a）の言う「抽象的で、精神活動や、継続的または結果的な状態を意味する動詞」に付いている。「ヲリ」が上代における用法のなかで細々と生き延びている。

f　「ヲリ」の衰退は、口語のある一面、恐らくくだけた話し方という一面においてのことであって、堅い、あら

たまった話し方においては生き続けていたものと考えた方がよい。　（柳田一九九一より要約）

dで指摘されている例とは次のようなものである。

(8) かたはらいたきもの（中略）旅だちたる所にて、下衆どものざれゐたる。　（枕草子・かたはらいたきもの）

9・3　平安時代の「をり」再検討

9・3・1　平安第一期と平安第二期

本節では、論点となっている平安時代の用例を具体的に検討していく。まず、金水（一九八三）で示したように、九五〇年頃までに成立したと見られる和文作品では、「をり」は「ゐたり」に対する用例数の上での劣勢が認められない。これを平安第一期の作品とする。第一期と第二期の違いを示す、表1を掲げておく（ただしこの表からは、複合動詞ははずしてある）。

平安第一期では、「をり」は「ゐたり」に比べて用例数の上で少ないとは言えず、また用法を見ても、両者に特に顕著な対立は見当たらない。次のように、同じ文脈の中で並んで用いられている場合もある。

(9) ゆくさき多《おほ》く夜もふけにければ、鬼《おに》ある所とも知《し》らで、神さへいといみじう鳴《な》り、雨《あめ》もいたう降《ふ》りければ、あばらなる蔵《くら》に、女をば奥《おく》におし入れて、をとこ、弓《ゆみ》やなぐひを負《お》ひて戸口《とぐち》にをり。はや夜も明《あ》けなむと思つゝゐたりけるに、鬼《おに》はや一口《ひとくち》に食《く》ひてけり。　（伊勢・六段：八四頁）

表1

時期	作品	非状態形の「ある」	「ゐたり」「ゐ給へり」等	「をり」
上代	記紀歌謡	2	0	4
	万葉集	53	0	75
平安第一期	竹取物語	2	7	9
	伊勢物語	3	3	2
	大和物語	13	9	6
平安第二期	蜻蛉日記	1	9	2
	落窪物語	9	40	5
	枕草子	37	58	3
	源氏物語	23	97	7
	更級日記	3	5	0

この時期、「をり」と「ゐたり」はほぼ同義語として用いられていたと考えられる。

平安第二期に入ると、用例数の上で「をり」が激減し、「ゐたり」の優勢、「をり」の劣勢が明瞭になる。それと同時に、「をり」に待遇的な意味合いが認められるようになるとするのが筆者の考える「平安〈をり〉卑語説」である。例えば、平安第二期の比較的早い作品「蜻蛉日記」の「をり」は次のような形で用いられている。

(10) かたゐどもの坏《つき》・鍋《なべ》などすゑてをるもいとかなし。下衆《げす》近《ぢか》なる心ちして、入《い》り劣《おと》りしてぞおぼゆる。

（蜻蛉・上：九一頁）

ここでは「かたゐ（乞食）」を主語として「をり」が用いられており、「をり」にまつわる待遇的なニュアンスが明瞭に表れている。なお、田中（一九五九）では「をり」に「給ふ」が付かないことを指摘している。また沼田（一九七九）では、「枕草子」「源氏物語」「落窪物語」「宇津保物語」等の作品の「をり」について調査し、「をり」の主語の職業が「使人、随身、かたゐ、えせ者、常陸の守、おもと、侍女、少輔、牛飼、火焼き、大学衆、法師」などであり、受領程度を上限として全体に低いことを示した。

以下では、特に柳田（一九九一）でも取り上げている「枕草子」と「源氏物語」の「をり」について全例を挙げ、やや詳細に検討していく。

9・3・2　「枕草子」の用例

「枕草子」について見ていく。資料については「主要資料一覧」を見られたい。まず、本動詞の「をり」、動詞のテ形につづく「をり」の例を挙げる。

(11)　まことにたのみけるものは、いとなげかしとおもへり。つとめてになりて、ひまなくをりつる者ども、ひとりふたりすべりいでて往《い》ぬ。

（枕草子・すさまじきもの：六七頁）

この「者」は、「除目に司得ぬ人の家」に、以前勤めていたが、ちりぢりになった者たちが、今年こそはとその家に集まってきたのである。むろん、官位もあるかないかの身分の低い者たちである。

（12）むとくなるもの　潮干《しほひ》の潟《かた》にをる大船《おほぶね》。（枕草子・むとくなるもの：一八〇頁）

この例は、平安時代の「をり」の中でも非情物を主語とする唯一の例として注意される。ただし、能因本には「潟なる大船」とあり、「をり」を疑問視する意見もある（沼田一九七九）。しかし、船について「をり」を用いる例は「万葉集」にもあり、一概に無視はできない。動くものが静止するという「ゐる」の本義からすれば、この例もさほど奇異ではない。「無徳なるもの（取り柄のない、不様なもの）」として取り上げられている点に注意したい。

（13）夜うちふくる程に、題《だい》出して、女房にも歌よませ給ふ。みなけしきばみゆるがしいだすに、宮の御前近《おまへちか》くさぶらひて、もの啓《けい》しなど、こと事《ごと》をのみいふを、大臣《おとど》御覧じて、「など、歌《うた》はよまで、むげに離れゐたる。題《だい》とれ」とて賜ふを、「さる事うけたまはりて、歌よみ侍るまじうなりて侍れば、思ひかけ侍らず」と申す。「ことやうなる事。まことにさることやは侍る。などか、さはゆるさせ給ふ。いとあるまじきことなり。よし、こと時は知《し》らず、今宵《こよひ》はよめ」など責《せ》め給へど、けぎよう聞《き》き入《い》れでさぶらふに、みな人々よみいだして、よしあしなどさだめらるる程に、いささかなる御文を書《か》きて、投《な》げ賜はせたり。見れば、元輔《もとすけ》が後《のち》といはるる君しもや今宵《こよひ》の歌にはづれてはをる（枕草子・五月の御精進のほど：一五四—一五五頁）

この例もいくつかの点で注目される。一つには、和歌で「をり」が用いられていること、もう一つは、平安時代の仮名文学での「をり」がほとんど三人称主語であるのに対し、この例は二人称主語であるという点である。また、先行する文脈上で「離れゐたる」とある点も興味深い。

まず、和歌での使用という点から見ると、金水（一九八三）で指摘したように、八代集では「ゐたり」の使用もまた少ない。「拾遺集」に一首あるだけである。一方、古歌や「折る」との掛詞とは言え、「をり」は八代集で二〇例見られる。随って、歌語としてはむしろ、新しい形態である「ゐたり」よりは「をり」がふさわしいと見られていた可能性がある。しかし、やはり「をり」も積極的に使用される語ではなかった。この歌は、定子中宮が、清少納言に対して、「元輔の後裔と言われるあなたが、なぜ皆からはずれて歌を詠まないでいるの？」と問いかけている歌で、特に清少納言に対する軽視・蔑視が感じられるものではない。基本的には、歌語としての「をり」を適切に用いた例で、待遇的な意味を強く籠めたものではない。先行する「離れゐたる」は、伊周が普通の会話の中にあるので、中立的な「ゐたり」が用いられているのである。

次に、複合動詞「-をり」の用例を見ていく。

(14) ものききに、宵《よひ》よりさむがりわななきをりける下衆男《げすおとこ》、いと物うげにあゆみくるを、見る者《もの》どもはえ問《と》ひにだにも問《と》はず。（枕草子・すさまじきもの：六六頁）

この例は(11)に先行する例で、「下衆男」とあるのが注目される。

(15) 火桶《をけ》の火、炭櫃《すびつ》などに、手のうらうち返しうち返し、おしのべなどしてあぶりをる者。（枕草子・にくきもの：六九頁）

この例に対して、池田亀鑑氏は「「をる」は軽蔑すべき状態の場合によく用いられる。源氏物語にも帚木の巻その他に用例がある。」という注を付けている。

（16）宮仕人《みやづかへ》のもとに来などする男《をとこ》の、そこにて物食《く》ふこそいとわろけれ。食《く》はする人も、いとにくし。思《おも》はん人の、「なほ」など心ざしありていはんを、忌《い》みたらんやうに口《くち》をふたぎ、顔《かほ》をもてのくべきことにもあらねば、食《く》ひをるにこそはあらめ。（枕草子・宮仕人のもとに：二四二頁）

この「男」の身分はよく分からないが、恋人のもとで食事をする無神経な男に対して「いとわろけれ」と評しているのだから、軽視・軽蔑の気持ちがあるのは明らかである。

（17）かつは、「なにの宮、その殿《との》の若君《わかぎみ》、いみじうおはせしを、かい拭《のご》ひたるやうにやめたてまつりたりしかば、禄《ろく》を多《おほ》く賜《たま》はりしこと。そのひとかの人召《め》したりけれど、験《しるし》なかりければ、いまに嫗《おんな》をなん召《め》す。御徳《とく》をなん見る」など語《かた》りをる顔《かほ》もあやし。（枕草子・さかしきもの：二七二頁）

これは、祈祷や按腹をこととする口達者な巫女の類に対する批評である。この箇所にも、日本古典文学大系では「語り居る顔も卑しい。「をる」に軽蔑がある。」という注が付いている。

（18）八月つごもり、太秦《うづまさ》に詣《まう》づとて見れば、穂《ほ》に出でたる田を人いとおほく見《み》さはぐは、稲刈《いねか》るなりけり。（中略）いかでさすらむ、穂《ほ》をうち敷《し》きて並《なみ》をるもをかし。（枕草子・八月つごもり：二五七頁）

これは特に軽視・軽蔑というような気分の段ではないが、清少納言からすれば言う甲斐もない稲刈り男たちに対するまなざしを反映した用語と見られる。珍しい動物でも眺めるような気持ちとでも言えようか。

(19) 僧都《そうづ》の御乳母《めのと》のままなど、御匣《みくしげ》殿の御局《つぼね》にゐたれば、男《をのこ》のある、板敷《いたじき》のもと近《ちか》う寄《よ》り来《き》て、「からい目《め》を見《み》さぶらひて。誰《たれ》にかはうれへ申し侍らん」とて、泣《な》きぬばかりのけしきにて、「なにごとぞ」と問《と》へば、「(中略)ただ垣《かき》を隔《へだ》てて侍れば、夜殿《よどの》に寝《ね》て侍りけるわらはべも、ほとほと焼《や》けぬべくてなん。いささかものもとうで侍らず」などいひをるを、御匣《みくしげ》殿も聞《き》き給ひて、いみじうわらひ給ふ。

(枕草子・僧都《そうづ》の御乳母《めのと》のままなど：三二〇頁)

家を焼け出されて窮状を訴えている男の様子や言葉遣いがおかしいと、御匣《みくしげ》殿や清少納言が笑い転げている場面であり、作者の男に対する一片の同情心もないことが文脈から知られる。下衆に対する蔑視がまざまざと表されている。

以上が、「枕草子」(三巻本)の「をり」「-をり」の全用例である。

9・3・3 「源氏物語」の用例

次に、「源氏物語」の用例を見る。底本については「主要資料一覧」を参照されたい。

まず、本動詞の「をり」、テ形やツ形につづく「をり」を挙げる。動作主を括弧に括って補った箇所がある。

(20) 「いづこのさる女かあるべき。おいらかに鬼とこそ向かひゐたらめ。むくつけきこと」と、爪はじきをして、言はむかたなし、と式部をあはめ憎みて、「少しよろしからむことを申せ」と責めたまへど、(藤式部丞)「これよ

りめづらしきことはさぶらひなむや」とてをり。（源氏・帚木・一巻：五九頁）

藤式部丞の身分については後述する。漢学者の娘についての奇妙な体験談を語って、「もっとましなことを話せ」とつまはじきされている箇所である。

（21）大将、盃《さかづき》さしたまへば、（大内記）いたう酔ひしれてをる顔つき、いと痩せ痩せなり。世のひがものにて、才《ざえ》のほどよりは用ゐられず、すげなくて身貧しくなむありけるを、御覧じ得るところありて、かくとりわき召し寄せたるなりけり。（源氏・少女・二巻：二八七頁）

大内記の身分も後述する。「いと痩せ痩せ」「世のひがもの」「すげなくて身貧しく」等の表現に、作者の評価が表れている。

（22）（紫上ヨリノ使者）「ただ、例の、雨のをやみなく降りて、風はときどき吹きいでて、日ごろになりはべるを、例ならぬことに驚きはべるなり。いとかく地の底通るばかりの氷降り、雷の静まらぬことははべらざりき」など、いみじきさまに驚きおぢてをる顔の、いとからきにも心細さまさりける。（源氏・明石・二巻：五三頁）

（23）このおもとは、いみじきわざかな、御几帳《みきちやう》をさへあらはにひきなしてけるよ、右の大殿の君達ならむ、うとき人、はたここまで来べきにもあらず、ものの聞こえあらば、誰か障子は開けたりし、とかならずいで来なむ、単衣《ひとへ》も袴《はかま》も、生絹《すずし》なめりと見えつる人の御姿なれば、え人も聞きつけたまはぬならむかし、と（下臈ノ女房ハ）思極《おもひごう》じてをり。（源氏・蜻蛉・五巻：三〇〇頁）

（24）御供の人もみな狩衣姿《かりぎぬすがた》にて、ことことしからぬ姿どもなれど、なほけはひやしるからむ、わづらはしげに思ひて、馬どもひき避《さ》けなどしつつ、（浮舟ノ一行ハ）かしこまりつつぞをる。
（源氏・宿木・五巻：一一〇頁）

（25）（随身ハ）この人の聞かむもつつましと思ひて、かしこまりてをり。殿《との》もしか見知りたまひて、いでたまひぬ。
（源氏・浮舟・五巻：二三八頁）

以上四例は、使者、下臈の女房、浮舟一行、随身など身分の低い者たちが雷雨や貴人をまえに狼狽し、また圧倒されて小さくなっている様子を描いている。

（26）国々より、田舎人多くまうでたりけり。この国の守の北の方も、まうでたりけり。いかめしく勢ひたるをうらやみて、この三条（下女）が言ふやう、「大悲者《だいひざ》には、ことことも申さじ。あが姫君、大弐の北の方ならずは、当国の受領《ずりやう》の北の方になしたてまつらむ。三条らも、随分《ずいぶん》にさかえて返り申しはつかうまつらむ」と、額《ひたひ》に手をあてて念じ入りてをり。
（源氏・玉鬘・二巻：三五〇頁）

（27）右近、いとゆゆしくも言ふかなと聞きて、「いと、いたくこそ田舎《ゐなか》びにけれな。中将殿は、昔の御おぼえだにいかがおはしましし。まして、今は天の下を御心にかけたまへる大臣にて、いかばかりいつかしき御なかに、御かたしも、受領《ずりやう》の妻《め》にて品定まりておはしまさむよ」と言へば、（三条）「あなかま、たまへ。大臣たちもしばし待て。大弐《だいに》の御館《みたち》の上《うへ》の、清水の御寺、観世音寺に参りたまひし勢ひは、帝の行幸《ぎやうがう》にやは劣れる。あなむくつけ」とて、なほさらに手をひき放たずをがみ入りてをり。
（源氏・玉鬘・二巻：三五一頁）

以上二例は三条を主語とする。三条は、浮舟に付き従う女であるが、いかにも田舎者らしい人物として滑稽に描かれている。

次に、「-をり」という形式の複合動詞を挙げる。

(28)　おぼえこそ重《おも》かるべき御身のほどなれど、御齢《よはひ》のほど、人のなびきめできこえたるさまなど思には、（惟光心内）『すき給はざらんもなさけなくさう〴〵しかるべしかし、人のうけひかぬほどにてだに猶さりぬべきあたりの事はこのましうおぼゆるものを』、と思《おも》ひをり。（源氏・夕顔・一巻：一〇六頁）

(29)　惟光《これみつ》尋《たづ》ねきこえて、御くだ物などまゐらす。右近が言《い》はむこと、さすがにいとほしければ、近《ちか》くもえさぶらひ寄《よ》らず。かくまでたどりありきたまふ、をかしう、さもありぬべきありさまにこそはとおしはかるにも、「わがいとよく思ひよりぬべかりしことを、譲《ゆづ》りきこえて、心広さよ」など、めざましう思《おも》ひをる。

（源氏・夕顔・一巻：一二一頁）

以上二例は惟光を主語とするものである。惟光は「夕顔」の巻では「太夫」とも呼ばれているので、五位に位置していることが分かる。

(30)　（博士達ガ）いささかもの言ふをも制す。なめげなりとてもとがむ。かしがましうののしりをる顔どもも、夜に入りては、なかなか今少し掲焉《けちえん》なる火影に、猿楽《さるがう》がましくわびしげに人わるげなるなど、さまざまに、げにいとなべてならず、さまことなるわざなりけり。

（源氏・少女・二巻：二八四頁）

大学寮の博士達は「例のあやしき者ども」と書かれるように、みすぼらしいくせに厳しく口うるさい連中として戯画的に描かれている。

(31) (家人ノ言)「あやしく、音もせざりつる人のはてを、かくあつかはせたまふ、誰ならむ」と、今驚く人のみ多かるに、常陸《ひたち》の守《かみ》来て、あるじがりをるなむ、あやしと人々見ける。(源氏・蜻蛉・五巻:二九五頁)

浮舟の四十九日の法要のあまりの豪勢さにひきかえて、受領風情の常陸の守が主人顔で座っているのを、人々が「あやしい」と見ていたのである。

(32) あはれに思ひきこえし人を、ひとふし憂しと思ひきこえし心あやまりに、かの御息所も思ひうじて別れたまひにしとおぼせば、今にいとほしうかたじけなきものに思ひきこえたまふ。をりからの御文、いとあはれなれば、御使ひさへむつましうて、二三日据ゑさせたまひて、かしこのもの語りなどせさせてきこしめす。若やかに、けしきあるさぶらひの人なりけり。(六条御息所ノ使者)かくあはれなる御住まひなれば、かやうの人も、おのづからもの遠からでほの見たてまつる御さまかたちを、いみじうめでたしと涙落としをりけり。(源氏・須磨・二巻:二一八頁)

(33) 侍従も、いとめやすき若人なりけり。これさへかかるを残りなう見るよ、と女君はいみじと思ふ。宮も、「これはまた誰そ。わが名漏らすなよ」と口がためたまふを、いとめでたし、と思ひきこえたり。ここの宿守《やどもり》にて住みける者、時方《ときかた》を主しうと思ひてかしづきありけば、このおはします遣戸《やりど》を隔てて、所えがほにゐたり。(宿守ガ)声ひきしじめ、かしこまりてもの語りしをるを、いらへもえせずをかしと思ひけり。「いと恐ろしく占ひたるもの忌みにより、京のうちをさへさりてつつしむなり。ほかの人寄すな」と言ひたり。

（源氏・浮舟・五巻：二二四頁）

以上二例は、動作主が使者、宿守という身分の低い者で、やはり貴人の前で恐縮して身を屈めている様子が描かれている。

9・3・4　「をり」と身分意識

以上の例をもとに、柳田氏の批判について再検討していきたい。柳田氏は、(7)fで「くだけた話し方において」とことわった上で、「をり」の劣勢を認めておられる。さらに、(7)aにおいて、「をり」が古い表現、「ゐる」が新しい表現であるという違いに留まるとしておられる。国語史的事実としては、この新旧の位置づけはまったく正しいと思われるが、平安時代語の話者としての立場から見た場合、どういうことになるのであろうか。

「ゐたり」という中立的で優勢な同義語がありながら、劣勢の〝古い〟「をり」を使っているとするならば、なぜそこでことさらに古い語彙を使ったかという理由が問われなければならない。もし「をり」が緊迫した儀式張った場面を描写するとか、しかつめらしい議論を展開する場面とかに用いられると言うのならそれも納得できる。しかし事実はまったくそうではない。「をり」が用いられている場面をすなおに読めば、対象に対する蔑み、からかい、軽視、冷笑等の否定的な気分が共通していることはどうしても否定できないように思われる。柳田氏はこれを偶然の一致とされるのであろうか。

柳田氏は(7)のcとdで、「をり」の主語者の身分が必ずしも低いわけではないこと、また同じぐらいに低い人物でも「ゐたり」が用いられている例が多数あることを述べておられる。まず、後者について言えば、その通りであり、下衆下臈であっても「ゐたり」が用いられている例は多くある。しかしそのことが、ただちに「平安〈をり〉卑語説」を否定するわけではない。なぜなら、ここでいう「卑語」、すなわち（話し手以外の）対象の人物を殊更に低く待遇する表現は、決して義務的ではあり得ないからである。その点が、尊敬語とは大きく異なる。その理由は以下のように考えられる。

ある種の社会では、自分より上位の人間をそれなりに高く待遇する表現を用いることは、その対象の人物本人や、同じようにその人物を上位に待遇したい聞き手にとって望ましい行為であるが故に、社会とよく調和する行為と認められやすい。その結果として、一般に上位待遇表現はそれを使用する話し手の品位を高める効果をもたらす。ところが他者を殊更に低める表現を用いることは、これと全く異なっている。その効果は、対象の人物を威圧するか、または単に話し手の鬱憤をはらすといった程度のものであり、随ってそのような表現を必要以上に多く用いる人間は、品位の低い野卑な人間か、または自己中心的で尊大な人物と見なされこそすれ、決して融和的な社会において望ましい人物とは見なされないのである。

以上の点から、次のような原則を認めておきたい。

（34）　下位待遇表現使用の原則
（ある社会では）他者を下位に待遇する表現は義務的ではない。自分より下位と見なされる人物に対しては、通常はニュートラルの表現を使い、特別な理由がある場合に限り下位待遇表現を用いる（どのような場合を特別な理由と認めるかは、社会状況や話し手の特性や発話状況によって異なる）。

仮名文学に描かれた平安時代の上流社会は、まさしくこの「下位待遇表現使用の原則」が適用可能な言語共同体であったということになる。

次に、ｃで述べられた「をり」の主語者の身分についてであるが、これも決して偶然とは言えない選択が働いていると見なさざるをえない。「源氏物語」に例を採って、この点について少し考えてみたい。使者、随身、侍女など官位を持たないもの、あるかなきかの者はともかく、男性で一応官職を持つ者について一覧すると、次のようになる（官位は標準的な例に基づく推定。尚学図書言語研究所（編）『国語国文学手帳』（小学館一九九〇）参照）。

表2

巻	人物	官位	表現
帚木	藤式部丞	正六位上または従六位下	（発話）とてをり
夕顔	惟光	五位	思いをり
蜻蛉	常陸守	従五位	あるじがりをり
少女	博士	従五位下	ののしりをり
少女	大内記	正六位上	酔ひしれてをり

この、五位、六位という基準は極めて微妙な位置である。五位は一応殿上人であるがしかしその最低ランクであり、「貴族」の端くれに過ぎない。「受領」の一部がようやくこの位置であり、しかも家柄の高くないものは勤め上げて人生の最終段階でここにたどり着く。六位は、その位置にも届かないものである。紫式部（そして清少納言も）は受領クラスの子女であるから、五位はいわば自分と同等、六位はその下であり、このあたりの「中流貴族」は彼女にとって最もありふれた、つまらない存在だったのである（橋本一九九三・その一の三参照）。表２に取り上げられた人物たちは、「源

氏物語」では、貴族であるにも関わらず、徹底して理想化が排され、逆にその通俗性が過剰なまでに誇張されて描かれている。「源氏物語」の「をり」の使用は、平安時代の身分制度に対する作者（そして作者と同じ位置に属する物語の享受者たち）の意識を実に敏感に反映している。

9・3・5　「をり」と動詞のアスペクト性

ところで(7)ｅに挙げたように、柳田氏は「複合動詞「-ヲリ」の上接動詞は、阪倉（一九七七ａ）の言う「抽象的で、精神活動や、継続的または結果的な状態を意味する動詞」に付いている。「ヲリ」が上代における用法のなかで細々と生き延びている。」としているが、これは正しいであろうか。

金水（一九八三）では阪倉（一九七七ａ）の複合動詞の分類に手を加え、「-をり」しか現れないタイプ（ｂグループ）と「-ゐる」が現れうるタイプ（ａ・ｃグループ）とに分けるべきであることを述べた。前者は、心理動詞や発話動詞など情態性の強い動詞であるのに対し、後者は変化動詞を中心とする具体的・実体的な運動性を表す動詞であった。この区別は、工藤（一九九五）の言う「非（内的）限界動詞」と「（内的）限界動詞」の対立と見ることもできそうである。そうして、平安第二期の「-をり」を眺めてみると、なるほど非限界動詞に偏る傾向が認められる。「枕草子」と「源氏物語」に現れた「-をり」の前項動詞を挙げると、以下の通りである。

(35)　(手を)あぶり、あるじがり、言ひ、(涙)落とし、思ひ、思ひ極じ、語り、食ひ、ののしり、物語し、驚きおぢ、並み、わななき

このうち限界動詞と認められるのは、「並み」のみである。柳田氏の観察(7)ｅは、次のように言い換えてもよいであ

ろう。

(36)　平安時代「-をり」の前項動詞は、非限界動詞に偏る傾向がある。

ただし、そもそも非限界動詞には「-ゐたり」の形も多いのであるから、「-をり」がこの部分に偏るのは当然とも言える。しかし、次のようにも考えられる。「ゐたり」と「をり」はこの時代類義的に捉えられていたとはいえ、「ゐたり」は中立的な「ゐる」を形態的に残す形式で、「ゐる」の運動的な意味を残しやすいのに対し、「をり」は一語化しているので、「ゐる」の持つ運動性から離れ、より状態的に捉えやすい傾向はあるかもしれない。そうであるとすれば、「-をり」の前項動詞が、より情態性に近い非限界動詞に偏るとしても十分にありうることとして理解できる。

さて、柳田氏が(7)dにおいて「-をり」が使われてもよいはずなのに「ゐたり」が用いられている」例として挙げられた(8)を見てみよう。再掲する。

(37)　かたはらいたきもの（中略）旅だちたる所にて、下衆どものざれゐたる。
（枕草子・かたはらいたきもの：一四七頁）＝(8)

この「ざれ」は非限界動詞で、かつ精神的な活動を表す動詞であるから、柳田氏の趣旨からしても「-をり」とあってよいところである。ここで「ゐたり」が用いられているのは、まず先に掲げた「下位待遇表現は義務的ではない」という原則からして、「平安〈をり〉卑語説」を支持する本書の立場においても許容しうることと考えよう。その上で、書き手の立場に立って、なぜ「(心情的には)よりふさわしい「をり」を用いずに「ゐたり」を用いたか」と考えると、

「ゐる」という動詞の持つ運動性をより直接的に表現したかったから」という理由もありうるように思われるのである。つまり、「をり」の待遇性、情緒性を犠牲にして、「ゐる（ゐたり）」の持つ運動性をより前面に押し出して表現したのだと考える余地があるように思う。このように考える背景には次のような事実がある。(37)と似た文脈で、次のような表現が「枕草子」に見られる。

(38) 長谷《はつせ》にまうでて局《つぼね》にゐたりしに、あやしき下臈《げらふ》どもの、うしろをうちまかせつつ居並《ゐなみ》たりしこそねたかりしか。

（枕草子（一本二八段）・長谷にまうでて：三二九頁）

ここも「並みをり」と言ってもよさそうなところであるが、「居並《ゐなみ》たり」という表現が用いられている。複合動詞の前項には、「ゐる」は立てるが「をり」は立った例がない（「をり」は状態性であるから、前項には立ちにくいのであろう）。敢えて「ゐる」を前項に持ってくるということは、すなわちこれもまた「ゐる」の運動性を重んじた表現と言えるであろう。

以上のような捉え方が成り立つとすれば、次のようなことが言える。

(39) 平安時代以後、「をり」と「ゐたり」がともに使える文脈において、より運動性を強調したいときには「ゐたり」を、そうでないときには「をり」を用いる、という選択ができる。

この分析は結果として、阪倉（一九九七a、b）の「記述・描写説」に実は近づいている。ただし、上代においては「ゐる」の状態形は「をり」しかなかったので、「をり」と「ゐる（ゐたり）」を記述・描写説の観点から対立させることは正しくない。記述・描写説はかえって平安時代以降にこそ有効性が発揮されるのではないか。とすれば、記述・描写説を受け継いだ来田（一九九二、一九九七）の分析も、アスペクトの観点から再評価できるように思われるが、詳細は今後のこととしたい。

９・３・６　位相差について

残された問題として、柳田氏が「和文資料において下位待遇語である「ヲリ」が、なぜ漢文訓読資料や和歌において下位待遇語の意味を持たずに使用されているのかがやはりうまく説明できない。」(7)b）としている点がある。

和歌の問題については先に述べたように、「ゐたり」が少ない上に「をり」も古歌や特殊な表現に偏るという点で、和文の散文との対立において微妙な問題をはらんでいるが、漢文訓読文と和文との対立は現象的にも比較的はっきりしている。既に述べたように、漢文訓読文は中古、中世から現代にいたるまで、「をり」が多用され、しかも卑語的・待遇的なニュアンスは一切ない。しかしそのことによって、和文でも「をり」に卑語的・待遇的ニュアンスがあってはならないという論理は成り立たないように思われる。逆に、同一語彙が漢文訓読文と和文において別の価値を持っていたとしても何ら不思議はないと考えるべきではないか。

築島（一九六三）以降、漢文訓読文の語彙体系が和文のそれとするどく対立するものであることが広く認識されるようになった。それは、「ひそかに」と「みそかに」のように、同一対象、同一事態を表すのに両文体で別の語が用いられるという場合に典型的に現れる。「をり」の場合も実は同様で、漢文訓読文では専ら「をり」が、和文では「ゐたり」が用いられていると考えればよいのである。そしてたまたま、「をり」は平安第二期以降の和文では卑語的・待遇的な意味を持つに至ったが、それは漢文訓読文の世界とはまったく関わりのない事柄である。

漢文訓読文と和文において、同一語彙の価値が異なる例として、「くらふ」という語彙を取り上げたい。この語彙については、滋野（一九九七）が詳しい。この論文によれば、平安時代和文作品においては、物を食する行為を表す動詞としては「くふ」が最も一般的で用例も多いが、「くらふ」はごくわずかしか見られない。一方、漢文訓読文では「くふ」も見られるが、「くらふ」の方が多い。同論文から、漢文訓読文の「くらふ」の例を若干引いておく。

（40）意に随（ひ）て嗜《クラ》ハむ（別訓「クラハム（と）念ハム」）所ノ《の》色-香味味觸ヲ《を》水灑キ呪願して然（あり）て後に［乃］食（す）といふ

（東大寺図書館蔵成実論・巻第二一・天長五年点）

（41）仏ケ一夏《ナツ》アテ《て》阿耆達-王ノ請ヲ受（け）タマヘリ。五百ノ比丘皆ナ馬-麦ヲ噉《クラ》フ

（東大寺図書館蔵法華文句・巻第二・長保点）

これらの「くらふ」には待遇的、評価的意味は全くない。この傾向が今日の漢文訓読文にまで受け継がれていること、次例の如くである。

（42）心《こころ》焉《ここ》に在《あ》らざれば視《み》れども見《み》えず、聴《き》けども聞《きこ》えず、食《くら》へども其《そ》の味《あぢ》を知《し》らず。

［心不在焉、視而不見、聴而不聞、食而不知其味］

〈礼記巻第四十二・大学第四十二、市原亨吉・今井清・鈴木隆一『礼記　下』全釈漢文大系第十四巻〈集英社、一九七九〉：四三八–四四一頁による〉

一方、和文作品における「くらふ」の例として、次のようなものを挙げておられる。

(43)　かぢとりもののあはれもしらで、おのれしさけをくらひつれば　(土左)
(44)　こゝはわらはべ・ばくちあつまりて物くらふ　(宇津保：一五四頁絵解)
(45)　我ものほしといひながら、おやのしゝをほふりてくらはむ　(古本説話集・巻下・第五三)

このうち(45)は、滋野氏は説話の出典である漢文訓読文の影響も考えられるとしておられる。随って、純粋な和文の用例は(43)と(44)ということになる。この二例には、「かぢとり」や「わらはべ・ばくち」に対する低い評価が伺えるが、このように「くらふ」を卑語的に用いる傾向は中世になるとより顕著になり、「日葡辞書」の「クラフ」の項の「下賤の者とか獣とかについて言う」という記述にもつながっていくとしておられる。なお、「食らう」は今でも「大飯食らい」とか「屁でも食らえ」とかいった表現で用いられ、そこには卑語的なニュアンスが感じられる。さらに「食べる」という新しい語彙と交替した結果、現在は「食う」さえ卑語化している。歴史は繰り返す、である。

ちなみに、『時代別国語大辞典 上代編』(一九八三、三省堂)で「くふ」の項を引くと、「ハムに対してクフは、もと歯でくわえる意であり、それがかんで咀嚼するところから食べるの意に移ってきたものであろう。」という考察があり、「歯でくわえる」意味と「食べる」の意味の両方の用例が挙げられている。例えば、「食べる」の意味の例としては次のようなものがある。

(46)　その虻《アム》を蜻蛉《アキヅ》早具比《ぐひ》　(古事記・雄略)

一方、「くらふ」の項を引くと、「飲み食いする。たべる。」という語釈があり、次のような例が挙がっている。

(47) 多設二飲食一、其中以二己分之饌《ヨキくらひモノ》〈与木久良比毛ノ〉一、与二万侶一共食　（霊異記・上一二話）

(48) 喫・齧・噛噬也、啖也、久良不、又波牟・哯小児欧乳也、乳久良不　（新撰字鏡享和本）

また、「くらひもの」の項目にも、「霊異記」訓注、「日本書紀」古訓の例などが挙げられている。なお、「くひもの」は『時代別国語大辞典 上代編』には挙がっていないが、『日本国語大辞典（旧版）』では「日本書紀岩崎本」の訓の例その他が挙がっている。このように、「くひもの」と「くらひもの」のどちらが古いかは判然としないが、少なくとも上代には「くらふ」という語が古くは「食べる」という意味の普通の語として用いられていたことが推察される。一方「くふ」は、『時代別国語大辞典』の考察にもあるように、「噛む」意味から派生してきた新しい語彙である可能性が高い。それが、中古に入って「くふ」が口頭語で一般的な「食べる」の意味の動詞として発展する一方で「くらふ」が和文資料では激減し、特殊な意味を持ち始めたということになる。ところが「くらふ」は漢文訓読文では依然として中立的な語として用いられ続けたのである。この分布は、「をり」と極似していると言わなければならない。

「くらふ」が平安時代以後の和文資料（そしてその背後にある口頭表現）において卑語的性格を持ったとするならば、柳田氏の「むしろ古い「ヲリ」の方が上位待遇語であってよいところである」（7）a、柳田 一九九一：二〇四頁）とする根拠はないということになる。さらに、「漢文訓読資料において下位待遇語の意味をもたずに使用されている」（7）b、同前）ことも、なんら奇とする現象ではないことになる。

9・4　「をり」の卑語化の原因

前節までで、柳田氏の批判にも関わらず、平安時代第二期の「をり」に待遇的意味があるとする仮説が否定しにくいことを確かめてきた。ここで、なぜこの時期に「をり」が卑語化したかという原因について改めて考えてみたい。

まず、「ゐたり」が伸長し「をり」が衰退した原因は、金水（一九九三ａ）で述べたとおり、「ゐる」との関連でより規則的な形態を選んだ結果であると説明することができる。柳田（一九九一）のように「たり」の発展による、としても同じことである（迫野（一九八八）も参照）。平安第一期までは、京都の上流社会の言語においては、「をり」が古い形、「ゐたり」が新しい形として共存していたわけである。

金水（一九九八）では、「をり」が卑語化した原因を、推定による当時の方言および社会階層による言語差から説明しようとした。すなわち、上流社会では「をり」から「ゐたり」への交替が進んだものの、京都周辺の方言や下層階級の言語では依然として「をり」が用いられていた可能性が高い。なぜなら、京阪を除く西日本の広い地域では未だに「おる」がニュートラルな存在動詞として普通に使い続けられているからである。この地域では「をり」から「ゐたり」への交替はまったく起こらなかったものと思われる（迫野　一九九六）。そこで、上流社会では賤しい人々や田舎者が使うことばとして「をり」が認識され、やがて「をり」そのものが卑語化した、という考え方である。

この考え方もそれなりの価値があるものと、筆者は今でも考えるが、当時の方言分布や言語の階層差が想像の域を超えない上に、果たして方言や下層階級の言語が上層階級の言語に影響を与えうるものかどうかも疑問であり、直接的・間接的証拠も今のところ乏しいという点で、決定的とは言えない。

しかし今や、「くらふ」と「くふ」との関係を知ったからには、「をり」の卑語化についてもっと直接的な説明が与えられるように思う。「くらふ」「くふ」という摂食を表す語は、人間の動物的な面を直接指し示す、生々しい意味を持っている。こういう、直接的な語彙は、古くなると容易に卑語化する性質をもともと持っているのである。それは例えば「くそ」と「大便」の関係にも伺えるであろう。即ち「くそ」は古くは一般的な語彙で、古典作品にも多く用いられるが、現在では卑語と化している。それは、「大便」という漢語が新しい語として導入されたことと関連している。

「をり」もまた、人間の物理的・具体的な存在を直接的に指し示すという点で、「くらふ」と同様の生々しさを持っていたと言える。平安時代になって「ゐたり」という新しい語が導入されると、「をり」はその生々しさ故に、容易に卑語になり得たのである。

しかし、古い語であっても、一旦漢文訓読文という書きことばに入って固定されると、それはその文脈のなかでは中立性を保ちうるのである。これも「くらふ」と「をり」に共通する点である。このような性質は、現代社会でも観察される。「食う」は現代語では卑語性を持ち、女性は口にしにくいし、男性でも公的な場では使えない。しかし「蓼食う虫も好き好き」「道草を食う」のような慣用句に入れば特に下品とも感じられないし、むろん「枕草子」「源氏物語」等の古典文学の中で用いられた「食ふ」に対して違和感を感じることもない。しかし「古めかしい」という印象は持つかもしれない。また、田舎の人が方言で「飯食ったか」などと言うのを聞けば、「田舎臭い」とか「懐かしい」とかいった印象を持つかもしれない。つまり、同じ語でも、それが用いられる文脈や位相や状況によって、印象や評価はがらりと変わるのである。

9・5 まとめ

本章では、次のようなことを述べた。

1 「平安〈をり〉卑語説」は、柳田（一九九一）の批判にも関わらず、否定することは難しい。「をり」が用いられた文脈では、対象に対する蔑み、軽視、侮り、嫌悪等の否定的な評価が共通して指摘できる。（但し平安第二期＝西暦九五〇年頃以降の和文作品）。

2 「源氏物語」の「をり」の主語を調査した結果、官位を持っていたとしても最高五位という「中流貴族」に留まる。しかも五位、六位の人物を「をり」で待遇する場合、あからさまで辛辣な描写を伴っていた。これは作者のこの階級に対して持つ感情をよく表現しているものと解釈できる。

3　平安時代仮名文学に描かれた当時の上流階級の言語共同体においては、「下位待遇表現は義務的ではない」という原則を仮定することができる。なお、この原則のもとで、「をり」が用いられてもよい文脈で「ゐる（ゐたり）」が用いられるとすれば、それは下位待遇を犠牲にして運動性の描写を重視した結果の選択と見られる。このような分析は、阪倉（一九七七ａ、ｂ）の「記述・描写説」の再解釈と言える。

4　一つの語が和文と漢文訓読文で異なる待遇的価値を持つ例として、「をり」以外にも「くらふ」を挙げることができる。平安時代和文作品では、「くふ」という中立的な語に押されて、「くらふ」の用例は極めて少ない。しかもその少ない用例には、中世において一層明らかになる卑語的なニュアンスを認めることができる。

5　「くらふ」「くふ」の語誌と重ね合わせることによって、「をり」の卑語化のプロセスも自然に推定できる。すなわち、対象の存在を直接指し示すという生々しさ故に、古語化したときに、卑語へと転落するのである。ただし文脈・位相が異なればこの種の卑語性が生じないことも同時に例証できる。

残された問題は多い。「平安〈をり〉卑語説」が保持されるならば、柳田（一九九一）で示された「をり・おる」の中世以後の語誌についてもまた見直さざるを得ない。現在の見通しだけ先に述べるならば、中世末から江戸時代初期にかけて「（お＋）動詞連用形＋ある」との対比によって「動詞連用形＋おる」が卑語化し、その影響で「-ておる」および本動詞「おる」も軽卑化したという説は、理論的にも現象的にも成立しにくいように思われる。詳細については別稿を参照されたい（金水二〇〇一）。

それでは、平安時代の「をり」の卑語性が、室町時代末江戸時代初期の上方語の「おる」へ、さらに現代京阪方言の「おる」へと受け継がれていったのかという点についてであるが、その検討に入るためには、どうしても抄物の「おる」について見通しを立てなければならない。さらに、同じ「卑語」と言っても平安時代の「をり」、室町時代末江戸時代初期の「おる」「動詞連用形＋おる」、現代京阪方言の「おる」「動詞連用形＋よる」にはそれぞれ意味・用法に差が認められるのであり、その「卑語性」についての詳細な検討が必要である。

本章で見たように、平安時代の「をり」は、主として中流貴族階級からの冷笑的な視点に基づく三人称者の描写に用いられていたが、室町時代末江戸時代初期の資料に見られる「おる」や「-おる」は、上位者から下位者の二人称者に対しても盛んに用いられ、尊大語的なニュアンスの強いものであった。それに対し現代京阪方言の「おる」「-よる」は、使用者の品位をも下げてしまう機能を持ち、また「-よる」は三人称者しか主語に取れないという制約を持っている。このように、同じ卑語でもその性質はかなり異なっているのである。そもそも、「卑語」あるいは「下位待遇語」とは何かという問題について、謙譲語との関連も含めて、敬語論全体の中で検討を重ねる必要があるであろう（cf. 西尾二〇〇三）。

第10章　鎌倉時代の「をり」と文体（附　室町時代・抄物）

10・1　はじめに

前章までで、上代−中古の「をり」の意味・機能について、次のようなことを述べた。

1　上代資料においては「をり」は「ゐる」の唯一の状態化形式である。すなわち、変化を表す「ゐる」に対して「をり」はその変化の結果が持続する意味を表す。

2　平安時代に入ると、和文資料では、「ゐる」の状態化形式として「ゐたり」「ゐ給へり」等が見え始め、「をり」と共存する。

3　平安時代九五〇年以降、作品で言えば「蜻蛉日記」以降、和文資料では「をり」の使用頻度が急激に下がり、同時に「をり」が卑語（主語下位待遇）的な意味を帯びるようになった。

4　一方、和歌および漢文訓読文では九五〇年以降も、卑語性のない「をり」が使い続けられている。

これに対し、柳田（一九九〇、一九九一）は、平安時代の「をり」に卑語性を認めず、また口語性の高い抄物資料においても、卑語性のない「おる」が多数用いられていることから、卑語的な「おる」は室町時代末期のキリシタン資料や狂言あたりから生じたとしている。前章では平安時代後期和文資料における「をり」の用法を詳しく調査し、卑語性はやはり否定しにくいことを示した。またその卑語性とは、和文作品の書き手である女性たちが同等またはそれ以下の人々に対して持つ冷笑的な意識の反映であるとも述べた。しかし依然として、抄物に現れる「おる」の表現価値とその解釈、および平安時代―中世―近世上方資料における「をり（おる）」の連続性・不連続性については、判断を保留しており、検討課題として残されていた。

本章では、特に院政期・鎌倉期の文献を対象とし、来田（一九九七、二〇〇一：第一部第五章）の記述を検討・批判することによって、歴史的文献における語彙に対する新たな視点を提供することを試みたい。なお前章までの議論により、平安時代後期の和文作品に現れる「をり」にはある種の卑語性が認められるとして議論を進めるが、それでも次のような問題が残されているであろう。

1　仮名文献において、「をり」の意味・使用頻度が変化する西暦九五〇年頃という時期に、何らかの意味があるのか。それは、具体的にどのような変化であったか。

2　西暦九五〇年以降、仮名文献と訓点資料（および和歌）において、「をり」の意味・用法・頻度が大きく異なることになるが、そのことと1とはどのような関係があるか。

右の1、2をふまえ次節では、鎌倉時代以降、室町時代までの「をり（おる）」の使用状況について検討していく。

10・2　院政・鎌倉期の「をり」

院政・鎌倉期の「をり」については、来田（一九九七、二〇〇一）において詳しく調査されているが、来田氏の結論に関しては本論と見方の異なる部分もあるので、後ほど検討したい。筆者自身の調査はごく限られた、はなはだ不十分なものであるが、その限りで筆者の見方をまず述べておく。

漢文訓読文については、平安時代に変わりなく、「をり」が多用され、また特に卑語的な意味は認められない。例えば「高山寺蔵荘子甲巻鎌倉初期点」では、「たり」を伴わない「ゐる」四例（すべて「ヰテ（ハ）」の形）に対し、「をり」九例を数える。「同乙巻南北朝期点」では、「ゐる」無しに対し、「をり」は四例ある。表1にまとめておこう。

表1

作品	非状態形の「ゐる」	「ゐたり」「ゐ給へり」等	「をり」
高山寺蔵荘子甲巻鎌倉初期点	4	0	9
高山寺蔵荘子乙巻鎌倉初期点	0	0	4

一例を挙げておく（訓読文のみ）。

(1)　而《ナ》(ムチ)、誰《タ》(れ)（と）与《と》(モ)にか居《ヲ》る　（高山寺蔵荘子甲巻鎌倉初期点・廿七・一〇二）

このような漢文訓読文における「をり」の分布は、漢文訓読の保守的で伝統を遵守する性質から見れば、ごく自然のことである。

漢文訓読文以外の文献では、まず「ゐたり」に比して「をり」が劣勢であるということを認めなければならない。「をり」を持たない資料もかなり多い。この点は、来田（一九九七、二〇〇一）にも指摘がある。来田（一九九七、二〇〇一）によれば、「書陵部蔵宝物集」「三教指帰注」「とりかへばや物語」「無名草子」「古今著聞集」「真福寺蔵新楽府注」「覚一本平家物語」等の資料に「をり」が見えないという。加えて、管見によれば「金比羅本保元物語」「同平治物語」にも「をり」は見出せなかった。

一方、来田（一九九七、二〇〇一）では「をり」を含む資料として「法華百座聞書抄」「古本説話集」「方丈記」「発心集」「閑居友」「宇治拾遺物語」「烏丸本徒然草」の七点が取り上げられている。加えて、筆者が調査した資料の中では、「延慶本平家物語」「増鏡」に「をり」が含まれていた。

これらの文献の内、筆者の調査に基づき、「大福光寺本方丈記」「延慶本平家物語」「正徹本徒然草」「永正本増鏡」について「ゐる」「ゐたり」と「をり」の分布を表2で確かめておこう。なお、単独動詞と補助動詞（「～ゐる」「～をり」等）を一括して示しておく。

表2

作品	非状態形の「ゐる」	「ゐたり」「ゐ給へり」等	「をり」
方丈記	3	0	10
延慶本平家物語	73	119	8
徒然草	13	19	3
増鏡	25	16	5

まず「方丈記」であるが、分布の上からは他の作品と一線を画していることが分かる。すなわち、「ゐたり」「ゐ給へり」等に比して「をり」が活発であり、この分布は漢文訓読文と同一パタンであると言ってよい。漢語の使用が多く、また完了・存続の「り」が多く用いられたり、「いはむや」「あたはむ」等の語法が用いられる等の点でも、漢文訓読文の強い影響が指摘できる。「をり」の例の一部を挙げておく。

（2）モトヨリコノ所ニヲルモノハ、地ヲ失《ウシナ》ヒテ愁《ウレ》フ。（方丈記：九頁）

（3）サレド、トカク言《イ》フカタナクテ、帝ヨリ始《ハジ》メタテマツリテ、大臣・公卿、ミナ悉クウツロヒ給ヒヌ。世ニ仕《ツカ》フルホドノ人、誰《タレ》カ一人フルサトニ残《ノコ》リ居《ヲ》ラム。（方丈記：八頁）

次に「延慶本平家物語」であるが、この文献は「居」字に対して振り仮名がない用例が多いので、示した数字は概数にとどまる。仮に、底本に使用した校訂本の判断に従っている。統計的な状況から言えば、「をり」が劣勢な同時代の文献一般の傾向に一致している。「ゐる」が一般的な動詞で、「をり」が特殊であると判断できる。「をり」の確例を挙げてみよう。

（4）明徹ヲ撰テ可任。闇愚《アグ》ノ居《ヲ》ルベキニアラズ。（延慶本平家・第二本、一：二六一頁）

（5）康頼此事ヲ聞テ、（中略）ツク〴〵ト詠メヲリテ（延慶本平家・第二本、一：二六九頁）

（6）人長ガ淀河ニ落入テ、ヌレネズミノ如シテ、片方ニ隠レヲリテ、（延慶本平家・第三本、一：六三九頁）

（7）海際ニハ兵船間ナク引並テ、夷共乗ヲルメリ。（延慶本平家・第六本、二：四〇七頁）

まず(4)であるが、漢文の上表文の引用であり、漢文文体による「をり」の使用と考えられる。(6)と(7)は、主語がそれぞれ「人長（人丁）」「夷」と、身分の低いものである点から、卑語としての用法と見ることができる。(5)は主語が「康頼」であり、身分が低いという訳ではないが、この丹波康頼は「平判官」と言われる人物で、「判官」であれば従六位相当であり、決して高すぎるという訳ではない。ちなみに、「延慶本平家物語」には「眺めゐたり」の用例もあるが、こちらの主語は「左少弁行隆」であり、「五位ノ正四位シ給ヘリシニ」と本文にある。

（8）（歌・省略）ト詠ジテ、ナガメ居タリシ心地シテ、アカシクラシ給ケル程ニ、

（延慶本平家・第二本、二：三一七頁）

「枕草子」や「源氏物語」で、五位ないし六位の人物に「をり」が用いられていたことを考えれば、それほど奇異とは言えない。すなわち、「延慶本平家物語」の「をり」の使用は、漢文訓読文体を取り入れた部分を除けば、平安後期の仮名文学作品の伝統の延長にあると言える。

次に、「徒然草」を見てみたい。統計的にはやはり「ゐたり」等が優位であり、「をり」は劣勢である。「をり」の用例は次のようなものである。

（9）埋《うづ》もれぬ名を永《なが》き世に残《のこ》さんこそ、あらまほしかるべきに、位も高《たか》く、やむごとなきをしも、勝たる人とやはいふべき。愚《おろ》かにつたなき人も、家に生《む》まれ、時に遇《あ》へば、高き位に至り、奢《おご》りを極《きは》むるもあり。いみじかりし賢人、聖人も、身づから賤《いや》しき位にをり、時に遇《あ》はずしてやみぬる、また多《おほ》し。ひとへに高《たか》き官《つかさ》位を望《のぞ》むも、次に愚《おろ》かなり。

（徒然草・第三八段：一一四頁）

（10）まことの人は智もなく、徳もなく、功もなく、名もなし。誰か知《し》り、誰《たれ》か伝《つた》へん。是、徳を隠《かく》し愚を守《まも》るにはあらず。もとより賢愚得失の境《さかひ》にをらざればなり。

（同右：一一六頁）

（11）王土にをらん虫、皇居を建てられんに何のたゝりをかなすべき。

（徒然草・二〇七段：二七九頁）

（9）、（10）は、「をり」の主語が「いみじかりし賢人、聖人」「まことの人」と、特に卑語の対象とは考えられない。一方、文体的には、「やは」の係り結びが使われるなど、漢文訓読文体そのものとは言えないが、比較的短い句節による対句

や累加的表現を多用し、論理的にたたみ込むような文体で、漢文訓読文の影響が強く感じられる。そのような状況の中での、固い用語として「をり」が選択されているのではないか。

一方(11)は、特に固い文体とは言えない用例である。「をり」の意味上の主語は「虫（＝くちなは）」である点には着目しておきたい。卑語的用法と見る余地は十分あると考える。

最後に「増鏡」の用例を検討する。「増鏡」もやはり「ゐたり」優勢、「をり」劣勢である。「をり」の例を挙げる。

(12) 美濃《みの》ゝ國のつは物にて、土岐十郎とかや、又多治見《たぢみ》の藏人などいふ物ども忍《しの》びてのぼりて、四條わたりにたちやどりたる事ありて、人にかくれて居《を》りけるを、はやう又告《つ》げ知《し》らする物ありければ、にはかにその所へ六波羅《はら》より押《を》し寄《よ》せて、からめとる也けり。（増鏡：四三〇頁）

(13) さて大塔《たう》の宮の令旨《りやうじ》とて、國〳〵のつわ物を語《かた》らいとれば、世に怨《うら》みある物など、こゝかしこに隠《かく》ろへばみてをる限《かぎ》りは、集《あつ》まりつどひけり。（増鏡：四七六頁）

(14) 相模《さがみ》の國鎌倉《かまくら》の里《さと》ゝいふ所に居《を》りながら、世をばたなごゝろの中におもひき。（増鏡：二六七頁）

(15) 正成《まさしげ》が城《じやう》の圍《かこ》みに、そこらの武士《ぶし》ども、かしこに集《つ》どひをるに、かゝることさへ添《そ》ひにたれば、いよ〳〵東《あづま》よりも上《のぼ》りつどふめり。（増鏡：四八〇頁）

(16) げにと思《おぼ》ゆるふし〴〵加《くわ》へて、のどやかに〔いひをるけはひ、をのが程《ほど》には過《す》ぎにたる〕、みきなど、所につけてことそぎあら〳〵しけれど、さるかたにしなして、よき程にて、下《くだ》しつ。（増鏡：四七一頁）

この文献では、「をり」の主語はすべて武士であり、作者の武士層に対する軽視の視線が反映されているものと思われる。

このように分析してきたところでは、鎌倉時代の文献における「をり」の用法は基本的に平安時代の「をり」の用法の延長上にあると見られる。すなわち、漢文訓読文の文体的特徴としての「をり」と、卑語的なニュアンスを持つ「をり」がともに見られるのである。ただ注意しておきたいのは、その二つの「をり」が一つの文献に現れることもあるという点である。これを、「和漢混交」の一つの現れと見ることも可能である。

10・3 来田（一九九七、二〇〇一）の分析

来田（一九九七、二〇〇一）の分析は、柳田（一九九〇、一九九一）や金水（一九八三）等の主張と重なる部分も多い。例えば、「ゐる」と「をり」のアスペクト的性質について述べた次のような指摘がある。

> 存在動詞の終止形は現在を表すが、動作動詞の終止形は未来しか表すことができない。動作動詞のヰルはタリを下接することによって状態性を持つことができる。その意味では、ヲリはヰタリに対応するものである。
>
> （来田 二〇〇一：一〇六頁）
>
> ヰタリが極めて盛んである。
>
> （同：一〇六頁）

また、「をり」の主語下位待遇的機能についても認めている。

> 但し、三人称を動作主体とするヲリのなかには、主語下位待遇的な用例がある。
>
> （同：一一一頁）

しかし筆者の立場と食い違う点は、これらの意味の表れを、「ゐる」「をり」それぞれの根源的な意味を想定して、そ

こから説明しようとする点である。来田氏の「ゐる」「をり」観は阪倉氏のそれに強い影響を受けていて、記述・描写説の流れを汲むと言ってよいし、また客観・主観説と言うこともできる。

キルとヲリのそれぞれの特徴的な用法から見て、キルは「動作（状態）を客観的に記述する」ものであり、ヲリは、「存在（状態）のあり方を主体的・意思的行為として描写する」ものと言うことができよう。（同：一一〇頁）

ここで、「ゐたり」と「をり」ではなく、アスペクト的意味の異なる「ゐる」と「をり」を対比するという、ねじれた形での一般化を行うという点で、まず阪倉説と同じ問題をはらんでいる。

さらに、卑語的意味をもこの主観・客観説から導こうとするところに、来田説の特徴がある。

存在（状態）を主体的行為として描写するということは、その「あり方」に対する話し手の立場からのなんらかの価値判断（評価）がこめられていることを意味する。（同：一〇八頁）

このように見るとき、敬語表現にはキルは用いられるけれどもヲリは用いられないということもよく理解できるように思われる。ヲリが存在（状態）のあり方に対して話し手のなんらかの価値判断（評価）を込めて描写するものであれば、それは敬語表現には馴染まないものである。（同：一一〇頁）

動作主体から見ても、ヲリは主体性あるものに対して用い、その存在（状態）のあり方を話し手の立場から描写するものであると言える。話し手が人のあり方について評価する場合、その評価は一般には否定的評価になりがちである。その対象もおのずから好ましくない人物や身分の低い者が多くなろう。それがヲリの主語下位待遇的用法につながってゆくと考えられるのである。（同：一一三頁）

来田（一九九七、二〇〇一）の立場は、現存する資料に現れる「ゐる」「をり」の意義・機能をすべて一元的に捉えようとするものであると考えられる。そのような立場は一面魅力的で望ましいもののように見えるが、「をり」に関して言えば、説明に無理があり、資料の実態にも即していない。

まず、「主体的・意思的動作として描写する」ということと「話し手のなんらかの価値判断（評価）をこめて描写する」ということの間の論理的な結びつきがよく分からない。つまり、「主体的・意思的動作」と「話し手の価値判断・評価」とは本来独立の概念である。つまり話し手の価値判断がなくても主体的・意思的動作を描くことは動詞として普通のことであり、そこに話し手の価値判断や評価が込められなければならない必然性はない。だとすれば、「主体的・意思的動作」と「価値判断・評価」とは、and または or の関係として結びつけられなければならない。即ち、常に「主体的・意思的動作を表し、かつ価値判断・評価を含む」かまたは、「主体的・意思的動作を表すか、または価値判断・評価を含む」ということになろう。しかし or の関係では「中心的意義」とは言えそうもないので、and であると考えるのが適当であろう。

そう判断した上で、改めて「主体的・意思的動作」であるということと、「価値判断・評価」を含むということのそれぞれについて、検討を進めなければならない。まず「をり」が「主体的・意思的動作」であるという主張は、「ゐる」との対比において述べられているわけであるから、（話者は）「非主体的・非意思的」であれば「ゐたり」、「主体的・意思的」であれば「をり」を用いる、ということを主張していることになろう。裏を返せば、「主体的・意思的」な「ゐたり」および「非主体的・非意思的」な「をり」は存在しないということを主張している。この点について大きな疑問がある。「をり」が現れる資料でも、「をり」よりはるかに多数の「ゐる（ゐたり）」が用いられ、その大半は人間を主語とする。人間がある場所を占めて存在する表現である以上、それは主体的・意思的動作でなければなるまい。例えば次のような例を挙げておく。

(17)　西の廂《ひさし》に、これも屛風を添《そ》へて、繧繝《うげん》二帖、錦《にしき》のしとねに、准后ゐ給へり。
（増鏡・第十・老いのなみ：三七〇頁）

また、次のような例も挙げておく。これは来田（一九九七、二〇〇一）が、非意思的な「ゐる」の例として挙げられたものである。

(18)　後徳大寺大臣の寝殿に鳶ゐさせじとて縄をはられたりけるを
（徒然草・一〇段：八七頁）

ここでは使役の「さす」が用いられているが、使役が用いられる一般的な条件として、それが「主体的・意思的動作」であるということがある。主語は「鳶」で人間ではないが、これも主体的・意思的であると考えるのが適当ではないか。

また、次のペアは、来田（一九九七、二〇〇一）が「ゐる」と「をり」との対比の例として示された例である。

(19)　まだらなるくちなはの、きり〳〵としてゐたれば
（宇治拾遺：一五八頁）

(20)　王土にをらん虫、皇居を建てられんに何のたゝりをかなすべき。
（徒然草・二〇七段：二七九頁）

後者について「この場合虫（くちなわ）は、人の対応のしかた次第では「たたりをなす」ことのある主体性あるものとしてとらえている」（一〇八頁）と述べられている。くちなわのたたりが、くちなわの主体性・意思であるかどうかはあまり確かではないし、また、たたりをなすことを目的としてくちなわが「をる」訳でもないように思われる（現にこの章段では、「くちなは」はたたりをなさなかった）。このように、来田（一九九七、二〇〇一）の主張する「主体性・

意思」は、一般に言語研究で言われるものとは異なるようであり、追認しがたい。

「をり」と「ゐる（ゐたり）」とが「主体的・意思的動作」であるか否かという点において対立するということが来田（一九九七、二〇〇一）の主張に含まれるとすれば、この点は一般には認めがたいと言わざるをえない。それでは、「話し手の価値判断・評価」の有無という点についてはどうであろうか。「話し手の価値判断・評価」が否定的な評価になりがちという主張にも問題があると思うが、既に見てきたように、漢文訓読文での「をり」は基本的に中立的であり、特に価値判断や評価が入っているとは言えない一方で、鎌倉時代の「をり」に下位待遇的な意味を持つものがあることは確かであり（この点では柳田説と対立している）、院政期・鎌倉時代の「をり」に必ず「話し手の価値判断・評価」が込められるという一般化は成り立たないことになる。

10・4　文体と「をり」

前節で見たように、同時代のあらゆる文献に現れる「をり」を一元的な意味を設定して説明しようとする試みには限界があることが分かった。語彙項目には、あらゆる文献において同一の意味を表すものがある一方で、特定の文体にのみ用いられるものや、文体によって意味ないし使用上の機能が異なるものもある。「をり」は、「くらふ」と同様に、そういった文体に対してセンシティブな語彙項目であると言える。

また文体は、その使用者・受容者である言語共同体との関連で考えることが重要である。漢文訓読文は、僧侶、儒者らの共同体によって生産・受容された文体であり、日常言語とは異なって、伝統を遵守する保守的な文体であるという点に注意すべきである。漢文訓読体の「をり」は、一貫して評価的な意味を持たずに現代まで受け継がれた。

一方、平安時代後期以降、知識人層の日常言語では、「ゐたり」に圧せられて、「をり」は特殊な動詞になっていたものと思われる。平安時代半ば以降における「をり」の劣勢化、「ゐたり」の優勢化はその反映と言えよう。その転換期がなぜ九五〇年ごろかという点についてはなお不詳であるが、一つに、文献の書き手の問題があるのではないかと考える。現存する平安・院政期の和文資料について、推定も含めて作者の性別を示したのが次頁表3である（『国語学研究事典』『日本古典文学大辞典』を参照）。

このようにしてみると、確実に女性を書き手とする作品が残されるようになったのが九五〇年以降であることが分かってくる。とすれば、和文資料における「をり」の現象は女性の書き手によって当時の話し言葉が積極的に文体に取り込まれていった反映と見ることができよう。語彙の変化がその時期に起こったと言うよりも、すでに起こっていた変化の文献への反映がその時期に起こった、と考えるのである。「をり」という語彙は漢文訓読文では用いられ続けていたわけであり、男性の書き手にとってはなじみ深い、伝統的な書き言葉であるわけで、そのために九五〇年頃までは和文にも用いられ続けていたと説明できる。この説明は、安部（一九九六）や村田（二〇〇一）で述べられている形容詞や形容動詞の変化にもある程度有効であるように思われるので、なお考えたい。

加えて、ここに示した見方は柳田氏の「新旧説」の再解釈・再評価であるという点にも注意されたい。すなわち、「をり」が伝統的で古い形式であり、「ゐたり」が新しいくだけた形式であるということを主張しているからである。ただし、くだけた話し言葉においてはおそらく「をり」が卑語化していたということを認める点で、柳田説とは対立する。

さて、院政・鎌倉期の文献は先に見たように、平安時代の様相とさほど大きな変化を見せているわけではない。すでに上流階級の話し言葉では「をり」が劣勢化しているので、それが引き続き文献に反映されているが、漢文訓読文ではなお伝統的に「をり」が用いられ続けている。ただし一部に、和文的状況に漢文訓読文的状況が混在することによってより複雑な見え方をしている文献もあるという点には着目したい。またそのように漢文訓読文的な様相が一部持ち込まれた文献の書き手がおそらく男性であろうという点にも注意しておこう。

表3

作品名	作者の性別（推定）	比定される作者の例
竹取物語	（男性）	
土左日記	男性	紀貫之
伊勢物語	（男性）	
平中物語	？	
大和物語	（男性、女性）	
多武峰少将物語	（女性）	
篁物語	（男性）	
宇津保物語	（男性）	
蜻蛉日記	女性	藤原道綱母
落窪物語	（男性）	
和泉式部日記	女性	和泉式部
枕草子	女性	清少納言
源氏物語	女性	紫式部
紫式部日記	女性	紫式部
堤中納言物語	女性、（男性）	
夜の寝覚	（女性）	
浜松中納言物語	（女性）	
更級日記	女性	菅原孝標女
狭衣物語	女性	
大鏡	女性	赤染衛門
讃岐典侍日記	女性	
とりかへばや物語	？	

10・5　附節　室町時代・抄物

室町時代の抄物では、「いる」が存在動詞として用いられるようになった（3章参照）。その一方で、「おる」も「いる」に比して劣性ながら用いられ、しかも必ずしも卑語的な意味は持っていない。

(21)　日本ノ王ヤ御所ノ親キ比丘尼ノ坐敷ニハ上郎比丘尼トテ公卿ノ親類ナントノ家高キ比丘尼カ其主人比丘尼ノ傍ニテナニモセイテヲル處ヘ給仕スル比丘尼カ膳ヲモツテイケハ　（史記抄・九・五二オ）

(22)　総ジテ、天子ハ南面、諸侯ハ北面也。天子ハ南面シテオレバ、諸侯ガ北面シテ朝スル也。　（中華若木詩抄・一四六頁）

(23)　コノ詩ハ、謝畳山ガ江州ニ居リシ時、銭静観ガ座上ニテ賦スル也。　（中華若木詩抄・二六八頁）

抄物における「いる」と「おる」の使い分けについて、来田（一九九二、二〇〇一）は、阪倉（一九七七ａ）が「万葉集」の「ゐる」と「をり」について、前者が「存在の客観的記述」、後者が「存在の主体的描写」を表すとしたのを承け、この区別が抄物の「いる」と「おる」についても有効であることを主張している。分析には納得できる点が多いが、語彙の対立関係やアスペクト体系がまったくことなる「万葉集」と抄物を無条件に同一視する点には疑問が残る。なお、来田（一九九二、二〇〇一）では、一六世紀初頭の京都五山系抄物に属する、一韓の手になる抄物「湯山聯句抄」と「臨済録抄」を取り上げているが、興味深い指摘がある。

(24)　ヰルとヲリの動作主体の分布は『臨済録抄』と『湯山聯句抄』とで共通する面が多い。すなわち、ａ禅僧固有名・

b中国古典人物にはヰルもヲリも用いるが、d禅僧・e一人称者・g動物・h精霊類の場合はヲリのみである。

（来田 二〇〇一：九五頁）

（25） a禅僧固有名とb中国古典人物にはヰルもヲリも用いられているけれども、ヰルの場合にはヲリの場合よりもより高位の人物が含まれている。『臨済録抄』では、維摩と布袋和尚はヰルとヲリの両方が用いられているが、ヲリが用いられている場合は、

○明州ノ律ニヲラレタル布袋和尚ハ何人トモシレヌカ、酒ヲコノムソ（45オ3）

のように尊敬のルを伴って用いられている。なお、『湯山聯句抄』には、

○一句ニ休沐シテ、旬ノイトマワハヤ過テイルソ（73オ11）

の如く、ヰルがi非情物にも用いられている。


それに対してヲリのみが用いられているのは一人称者・禅僧・動物・精霊である。

（同：九五頁）


なお、「をられる」の例が挙げられているが、尊敬の助動詞「らる」が接続するのはむしろ「いる」の方が多い（来田二〇〇一：九〇頁の表では、「臨済録抄」では「おる」に尊敬の「らる」が接続する例はないことになっているが、九五頁の記述では「おられる」があることになっている）。

同論文にあげられた、「おる」の用例も引いておこう（九六頁）。

（26） 老僧―我穏ニシテヲル時ニ、道流来テ相見セハ、我早弁シテ其人ノ足跟下ヲ知ヘキソ （臨済録抄・二三オ一四）
（27） 魚ヲトル時、竿ノサキニ草ヤ羽ヤヲツケテ、魚ノヲル処ヘヤツテ動カセハ… （臨済録抄・六六オ四）
（28） 人ノ死ヲ守テ、ハナレスシテヲル鬼神ヲ守㆑屍（鬼）ト云ソ （湯山聯句抄・六三ウ五）

来田氏は「このようなヰルとヲリの動作主体の相違は、両者の待遇機能によるもの」とされているが（九六頁）、最終的には、

(29)　一韓の抄物に於けるヰルとヲリの動作主体も、「ソト扱いする対象」と「ウチ扱いする対象」として理解することができるものである。（同：九六－九七頁）

とまとめている。

さらに、抄物の複合動詞「-をり」のなかには卑語性が認められるものが存在すると述べている。次のような例である。

(30)　普化以手―…河陽ハヒメコセノモノ云タ様ニ禅ヲ云イヲルソ、木塔ハ、フルウバノクサツタ様ナモノソ、チットモ辛辣ナル禅ヲハ不レ知者ソ（臨済録抄・五九ウ一六）

(31)　此ノ無位ノ人カ、一切万法ヲ見テ、ヨシナイ事ニヨシヲツケテ、一切ニアテツクラヘツシヲル者カ、仏ト法トハ別ニアルトミタソ（同・五一ウ一五）

(32)　性相畢竟ハ一如ナル理ハ、本ニハ仏ナレトモ、迹ニハ蛇身ヲウケテ、天照太神トナリ熊野権現トモナリヲルハソ（同・三二ウ一一）

このように、来田氏の調査によって明らかにされた、一韓の関わった抄物の「いる」「おる」の実態は、思いのほかに複雑であり、その卑語性についても単純に否定しきれるものではないことが明らかになった。

このように京都五山系抄物における「をり」の用法は、かなり複雑なものであるが、一つ言えることは、これらの文

献においては、「をり」の使用に対する抵抗・圧力が感じられないという点である。このことと、講者・抄者ともに男性知識人であるということに重要な関連があると考える。同時代の他の話体が確かめられない以上、この点は推測の域を出ないが、文体・話体の歴史的な流れを見ていく上で、さほど無理のない仮説であると思う。

なお、来田氏の報告にあるとおり、「おる」には明らかに卑語的用法が認められる。補助動詞用法においてそれが顕著なのは、補助動詞化することで、機能がより鮮明になったからであって、柳田氏の言うようにこの用法において卑語的用法が発生し、本動詞に伝播したとは考えにくい（金水二〇〇一参照）。

この時代、卑語性の有無に関わらず、「おる」を多用する話体が存在したのであり、それが男性話者であった点を確認しておきたい。抄物の講者のような男性知識人が好んで「おる」を用いたとすれば、柳田氏の言う「固い、改まった表現（おる）」対「くだけた表現（いる）」という捉え方は一層、説得力を増すであろう。

ただし柳田氏は「中世国語」全体を代表する資料として抄物を捉えられているように見受けられるが、抄物の背後に存在したであろう、より豊かで複雑で重層的な中世国語の実態を想像するならば、抄物の代表としての資格ははなはだあやういものと思われてくる。

10・6　まとめ

本章では、古典における「をり」と「ゐる」の関係を知るためには、一元的な意味論的解釈では不十分で、文体の発達、その背後にある言語共同体等を想定した分析が必要であるということを主張した。この方法論を適用することによって、抄物における「をり」の複雑な様相もある程度説明可能になるという見通しを持つが、この点についてはなお今後の課題としたい。

第11章　室町時代末〜現代　上方・京阪方言の「おる」

11・1　はじめに

前章において、鎌倉時代・室町時代の資料においても「おる（をり）」の卑語性が保たれていることが確認されたが、一方で様々な文体・話体の重なりにより、複雑な分布となって現れていることも分かった。

本章では、前章を承けて、引き続き室町時代末期から現在までの、京阪地域における「おる」の機能を文献資料を中心に調査・分析していく。資料として、まず大蔵流虎明本狂言古本およびキリシタン資料を用いる。次に、近松門左衛門の世話浄瑠璃を取り上げる。続いて、江戸時代後期上方語の資料としては、上方洒落本、一荷堂半水の幕末戯作を用いる。

近代京阪資料としては、明治・大正時代の落語のＳＰレコード資料を主として用いる。最後に、現代京阪方言についての社会言語学的調査の成果を参観する。

11・2　狂言古本

近世初期に編纂・書写された大蔵虎明本、同虎清本、和泉流天理本等の狂言古本は、室町時代末期の口頭語をよく反映していると一般に考えられている。それは、キリシタン資料や『捷解新語』などと比較してみてうなずけるところである。本書でも、その考え方に従っておく。

さて「いる」「おる」の使い分けの面から狂言古本の特徴を挙げるならば、「おる」の卑語としての用法が発達している点であろう。ニュートラルな存在動詞「いる」に対して、「おる」は明らかに主語の指示対象を低く扱う意味が見て取れる。

（1）（大名）「して太郎くわじやは内にをるか」
（二郎冠者）「中々内にゐまらする」　（虎明本狂言・よびこゑ）

このような用法は、キリシタン資料である「エソポのファブラス」の次のような用法と共通する。

（2）蝿めはどこにおるぞと言えば　（エソポ：四八四頁）

さらに、狂言では動詞連用形に「おる」を付けたシオルの形で、上接の動作動詞を卑語化する用法が発達している。

（3）（大名）「とにかくに、くらはじなひ（＝食ウベキデナイ）物をたべおつて、某によひほねをおらせた、あちへうせおれ」　（虎明本狂言・ぶんざう）

また、名詞述語を作る断定の助動詞にも「でおる」という形があって、卑語として用いられている。

（4）あれはぢやくはいな者なれ共、まんのふのやつでをるな　（虎明本狂言・鼻取ずまふ）

以上に述べた「おる」に関わる特徴に加えて、敬語に関わる次のような特徴を指摘しておきたい。室町末期、「-まらする」という丁寧語が成立しているが、その発達は十分ではない。「ござる（ござある）」「申す」「致す」「参る」「存ずる」といった丁重語ないし謙譲語（「ござる」は尊敬語としても用いられる）のみで、聞き手に対する十分な顧慮が示せたので、それ以上「まらする」を付ける必要はなかった（7章参照）。

（5）　是はわかさのおばまのこぶうりでござる、いつも都へしやうばいに参る、今日もまいらふとぞんずる
（虎明本狂言・こぶうり）

「おる」については、専ら卑語としての用法のみで、やはり「まらする」を付けた例は少ない。また、一人称者を主語とする謙譲語的な用法も多くない。数少ない例を挙げておく。この例では、「おります」という形で謙譲表現として用いられている。

（6）　某は御内におりまして、御用をきゝまらせう程に、たれぞよのものをやらせられひ
（虎明本狂言・しびり）

ところで、このような狂言古本やキリシタン資料に見られる「おる」の卑語性は、「枕草子」「源氏物語」における「をり」の卑語性とは、主語の指示対象を低く待遇するという機能の面では共通するものの、運用の面でかなり異なった特徴を見いだすことができる。すなわち、平安時代の例ではほとんどが地の文における三人称者を対象とした使用であったのに対し、この時代の用例は、二人称者に対して使用したものが多い。要するに、大名や主人など、権力を持った男性が家来や家族に対して使用するものがほとんどである。その上、使用頻度が平安時代の比ではなく多い。権力を持っ

た男性の話体の一部として、完全にこの卑語の「おる」が組み込まれていると言える。

11・3　近松・世話浄瑠璃

次に近世前期上方語に目を移す。近松門左衛門の浄瑠璃・歌舞伎を見ると、「おる」はやはり卑語の意味を持って使われている。

(7)　男どもはをらぬか、こいつが宿は坊の津にあるげな、家主へ渡してこい。心得ましたと引立つる(近松・薩摩歌)

また、シオル形で卑語化する用法も盛んに用いられている。

(8)　何でもないとは、おのれらまでが一つになつて、親の目を抜きをるかと、文捻ぢたくつて　(近松・心中二枚絵草紙)

狂言古本にも見えた「おります(る)」による謙譲語・丁寧語の用法は、この時代にはかなり発達している。

(9)　京烏丸大経師の奥様、よう覚えてをりまする、田植がお好きでござりました、　(近松・大経師昔暦)

次に、「ござる」「申す」「参る」「致す」「存ずる」の用法を見ると、これらが単独で用いられる例も少なくないが、最も丁寧な言い方として、これらに「ます」を付けた言い方が出てきている。

（10）ア、ようお出でなされました、大阪のお衆でござりますか、お供の、こゝへ上つて、まづ扇いであげさつしやれ、（近松・ひぢりめん卯月の紅葉）

（11）私は世継八弥と申し、大和の者、身どもは伊賀の上野の生れ、小栗右門と申します（近松・心中万年草）

（12）下女は嫌がり捩合ふ間に、おたね様の御迎ひに、りんが只今参りましたと、提灯ともし、来りける。（近松・堀川波鼓）

（13）勘十郎迷惑さうに、御立腹ごもつとも、拙者もぬかりはいたしませぬ。証文をお目にかけ、密かな所でお物語いたしたいことござると言へば、（近松・五十年忌歌念仏）

（14）法印より暇を取り、今日中にこの山を連れてお出でくだされば、生々世々の御恩に受け、命の親と存じませうと、身の置所なきまゝに、粗忽の無心も恋路故、若気故こそ、是非なけれ、（近松・心中万年草）

さらに、ここで、武家の言葉に着目したい。武士は、丁寧に「ます」を付けて話す場合もあるが、「ござる」「申す」「参る」「致す」「存ずる」を単独で使う場合が多い。

（15）（民弥）「むゝ、此銀は身が家来《けらい》の者《もの》が調《とゝの》へて参つた。其先《さき》は存ぜぬ。」（近松・歌舞伎・傾城壬生大念仏）

11・4　江戸時代後期上方語〜現代京阪方言

11・4・1　**「おる」「-ておる」「-とーる」**

上方後期洒落本、一荷堂半水の上方幕末戯作「穴さがし心のうちそと」（資料については「主要資料一覧」を参照。以下「穴さがし」）、明治・大正大阪落語ＳＰレコードから、「おる」「-ておる・とる」「-おる・よる」等の用例を示し、分析する。

まず本動詞「おる」の用例から検討していこう。洒落本について言えることは、「-ます」を伴わない「おる」の用例が乏しい、ということである。調査の範囲では次の一例のみで、しかもこれは浄瑠璃（忠臣蔵）のせりふの引用で、武士言葉である。

（16）［子つゆ］れいしゆはおらぬかも久敷物ナ　（嘘の川・一六オ）

「穴さがし」にも、また落語SPレコードにも単独の「おる」は見出せない。

次に、洒落本に見られる、「ます」を伴わない「-ておる」の用例は次の四つである

（17）a［頭］ヲツトしめたヤアうまひぞ〳〵鳥がのこつてをる　（すじ書・一七ウ）

b［も］目のあたりにちと東風《こち》がてつだふておるの　（すじ書・二二オ）

c［珍］（中略）葛根でもせんじてのまふと存ておる所で御ざります　（うかれ・六オ）

d［旦］（中略）おれらがくにもとに今小まちといふて。しこ名のついてをるげい者が。いちばん上きりやうじやとおもふたが。おてまへよりはをとつたものじや　（箱枕・上・八オ）

aは帮間、bは船頭、cは武士層らしき人物、dは田舎者の旦那の発話である。

「穴さがし」に見られる一例は、武士の発話である。

(18) ハ、ンこりや先《さき》に爰《ここ》の手代《わかいもの》に己《おら》が剛勇《がうゆう》をしめしたところからひどくおそれておると見《み》へるが
（穴さがし・初・四四一）

このように、近世上方語の文献で見られる「-ておる」は、一定の階層に特有の語法として認識されていたようである。落語ＳＰレコードでも、「-ておる」の形で用いられる場合は、武家言葉や、議員口調を模した文脈、また官吏の言葉として用いられている。

以下、落語ＳＰレコードから例を示す。

(19) どうだ、降参しておったか
（四代目笑福亭松鶴「筍手討」）

これは、武士の言葉である。

(20) うん、僕は好きに惚れておるから惚れておるので
（二代目曽呂利新左衛門「後へ心がつかぬ」）

これは官吏の言葉で、この人物は断定の助動詞として「だ」を用いている。また「僕」を用いているところから、書生語の話し手と分かる。

(21) 議事堂も立派に、煉瓦造りにでけておる。
（桂文雀「長屋議会」）

(22) 予算案に重きを置いておる。
（同）

以上二例は、噺家の説明の言葉であるが、内容の重々しさに引かれて、議員口調で「おる」が使われているのであろう。

以上のように、これらの資料では「おる」および「‐ておる」は一般的な表現ではなく、話し手に一定の尊大な役割を想起させる機能を持っていると見られる。用例数もあまり多くない。

しかし、「‐ておる」の縮約形、「‐とーる」は落語ＳＰレコードには多く見られる。それも、落語の地の文にも見られることから、話者の尊大さは表さないものと見られる。恐らく、対象に対する軽い見下げを表しているであろう。例を挙げておく。

(23) 盗人《ぬすっと》は……あっちゃへ飛びこっちー飛びして踊っとーる。（二代目曽呂利新左衛門「鋲盗人」）

(24) ああ、タコめはぼやいとーる。（初代桂枝雀「蛸の手」）

(25) 何《なん》や何や、ごちゃごちゃ言うとーるで。（二代目林家染丸「日和違い」）

11・4・2 「おります」「‐ております」その他

一方、「おります」の形は、洒落本、「穴さがし」、落語ＳＰレコードを通じて多く用いられている。これは、「いる」の謙譲語、丁重・丁寧語として用いられている。まず、洒落本から例を挙げる。

(26) （もんじゅ）イヤ是に居ります（聖遊郭・一八オ）

(27) ［きた］いまはほり江におり升。（北華・一〇オ）

次に洒落本の「‐ております」の例を挙げる。

(28)［かね］（中略）御客に付キまして。岩田屋へいて。おりましたといふて。客のみゝねぶる。（月花・一五オ）

(29)［ゆき］おきなされ。しつております（裸人形・四ウ）

なお洒落本には、「います」「‐ています」の形は現れない。

「穴さがし」では、単独の「おります」は見られなかった（ちなみに単独の「います」もなかった）。「‐ております」は四例見える（「‐ています」の形も四例）。

(30)下爰《こゝ》に私《わたし》が持《もつ》ており升（穴さがし・初・四三八）

(31)下わたしがかうしてぐるりをみており升あいだにちやつとかぶつておしまい（穴さがし・初・四三八）

(32)手お家《いえ》さん坊主《ぼうず》は宵《よい》からこゝによう寐ており升（穴さがし・二・四七一）

(33)これもとんとかへりませぬとおもふておりましたに（穴さがし・二・四六〇）

次に以下、落語ＳＰレコードから例を挙げる。まず、本動詞の「おります」である。

(34)下に馬《んま》が二匹おります。（二代目曽呂利新左衛門「馬部屋」）

(35)その次の枝にカマキリがおりまして（二代目曽呂利新左衛門「後へ心がつかぬ」）

(36)印度《インドー》の国はジューロクザン・ドーヌキエンジョーにおりますところーの大虎。

（二代目曽呂利新左衛門「動物博覧会」）

なお、対象としている落語SPレコード資料には、「います」「いてます」など、「いる＋ます」の形は現れない。

次に、同資料の、「-ております」の例である。

(37) 丁稚は布団をかたげて馬部屋の二階で寝ておりましたが（二代目曽呂利新左衛門「馬部屋」）

(38) えーそら混線いたしております。（二代目林家染丸「電話の散財」）

さらに、縮約形の「-とります」もある。

(39) 表開いとりまっせ。（二代目曽呂利新左衛門「鋲盗人」）

(40) 何でもこういう具合に安い物《もん》ばかり追い回《まー》しとりまするが（桂文雀「長屋議会」）

この資料では、「-ています」「-てます」「-てやす」等、「-ている」の丁寧表現は二五例、これに対して「-ております（る）」「-とります」等「-ておる」の丁寧表現は一四例となっている。

11・4・3　尊敬表現

「（-て）いる」の尊敬表現は、洒落本や「穴さがし」では「いなさる」「いさっしゃる」等の形であり、「おられる」など「おる」を用いた形式は見られない。落語SPレコードでは、「いられる」「いなはる」「-てなはる」が主である。

なお、落語SPレコードには「おらせられる」が一例あるが、これは時代物の演目に現れた武家言葉である。

(41)　何用ばしあって居らせられたか　（四代目笑福亭松鶴「筍手討」）

なお、ここで見てきた資料の中で、「おる」が「-なはる」「-はる」等、固有の尊敬表現と結びついた例がないことは注意しておく必要がある。すなわち、「おる」の待遇的価値はこの方言では尊敬表現と結びつきにくかったということを表していると考えられるのである（13章参照）。

11・4・4　「動詞連用形＋おる」「動詞連用形＋よる」

洒落本にまで遡ると、「-おる」の形で多く現れる。武士的な尊大な話者も多く用いるが、女性が用いた例もある。

(42)　［母］きゝいな。かめ平へいて鯛の子をたいておくれといふたら。男衆がゑらいはらゑぐりじやといゝをつた　（箱枕・下二一の二六ウ）

「-よる」の形は、今回の調査では寛政六年（一七九四）の『北華通情』がいちばん古かった。

(43)　a　［きた］こちらへきていろ〳〵の事をいふてきよる　（北華・八オ）

b　［露］（中略）芝翫といふやつはゑらいはつじや給金とらずにはたらきよる李還あかなうものか　（粋の曙・二八ウ）

c 「母」（中略）それでもこはけりや。どく味にさんじませうかと笑ふてゐよつた　（箱枕・下二一の二六ウ）

落語SPレコードには、「-よる」形がふんだんに用いられている（四三例）。いずれも、マイナス待遇的な意味を表している。

(44) おや、盗人《ぬすっと》入りよったで。　（二代目曽呂利新左衛門「鋲盗人」）
(45) 顔、撫《な》ぜよと思いおって　（初代桂枝雀「蛸の手」）
(46) しょうもないことぬかしよる　（四代目笑福亭松鶴「浮世床」）

ここまでの資料に現れた限りでは、後期上方語、明治・大正時代大阪方言では「おります」を除く「おる」の勢いが弱いらしいことが分かった。ただし、「おる」から派生した軽卑形「-よる」は盛んに用いられている様子である。近代談話資料ではどうか。『方言会話資料(1)京都(1)』（「主要資料一覧」参照）では、「おります」五例が見られるのみで、単独の「おる」は用いられていない。ところが『関西・若年層における談話データ集』（「主要資料一覧」参照）では、むしろ「いる」を圧倒して「おる」が盛んに用いられる傾向が見えた（4・6節参照）。現代の関西の会話に大きな影響を与えている漫才の会話の中にも、「おる」がよく使われている。

(47) 阪神「え、くせてなんや」
巨人「こないだまで引っ越しセンターにおったもんで」　（オール阪神・巨人の漫才、一九九八年）

(48) ひびき「あの、まぁ、喫茶店でねぇ、ケーキ頼みましてん、でナイフでパーッて切った時にやなぁ、ナイフに付くでしょ、それをペロッとなめてしまうことあるやろ」
こだま「そんなやつおらへんやろ」　（大木こだま・ひびきの漫才、一九九九年頃）

11・5　社会言語学的調査より

文献上、後期上方語および落語SPレコード等から、「おります」を除く「おる」は劣性になるが、マイナス評価を表す「-よる」は強い勢力を持っている。「-よる」の機能は、程度の差はあっても、現代京阪方言にまで引き継がれていると見てよい。工藤（二〇〇二：二一八頁）で調査された七地点は、「-よる」のアスペクト的意味と存在動詞との関わりから、次の三つのグループに分類されている。

(49)　Aグループ　大阪市、亀岡市、奈良市
　　　Bグループ　松阪市、赤穂市、相生市
　　　Cグループ　神戸市

Aグループは、「-よる」がアスペクト形式として有標でなく、卑語形式として用いられる地域、Bグループは「-とる」「-よる」が有標アスペクト形式として用いられる地域（ただし松阪市は「-とる」のみ）、Cグループは、基本的にBグループに属するが、Aグループの特徴も併せ持っている地域である。

中井（二〇〇三）では、「第三者の待遇表現において軽卑的な意味を示す」形式として「-とる」「-よる」を挙げ、その分布地域を「近畿地方中央部」としている。（西尾　二〇〇三：四八頁を参照）。

西尾（二〇〇三）では、大阪府立大学、近畿大学、帝塚山学院大学の大学生二二〇人を対象に「-よる」の使用条件

について調査したところ、「対象への悪い印象」の有無、「好悪」「驚き」など、話し手の事態把握が「-よる」の選択に大きく影響していることが分かったとしている。また、女子の使用が男子をすべての用法において下回っている点などから、話体が低いという点も指摘している（第4章）。

このように、現代大阪方言では、「-よる」が卑語形式として命脈を保っており、その使用も男性に偏っている点が見て取れたが、狂言や浄瑠璃などに見られるような強い叱責、あるいは尊大なニュアンスは乏しく、日常生活における軽微な感情の表出にとどまっている点が注目される。

一方で、本動詞の「おる」やアスペクト形式の「-とる」は、後期上方語から明治-大正期に一旦勢力を弱めたかに見えたが、現在ではむしろ使用頻度を増しているようで、その卑語的性質を一層弱め、「いてる」「-てる」との意味的な差異がほとんど見えにくくなっている。「おる」「-とる」が勢力を盛り返した理由については十分な確証が得られていないが、近代大阪の市域拡張、周辺地域からの人口流入なども原因として考えられる。すなわち、京阪の「いる」地域を取り巻く「おる」地域からの影響を受けているとも考えられる。また、お笑い芸人の言葉遣いなどを通じて「関西らしさ」が認識される際、「おる」がその特徴として組み込まれつつある可能性もある。なお、考察が必要である。

11・6　まとめ

室町時代末期資料から、「おる」の卑語性（主語下位待遇）があらわに見えるようになり、その卑語性を活用した「動詞＋ておる」「動詞＋おる」「名詞＋でおる」等の表現も発達している。とくに狂言古本では、上位者が自らの優位性を誇示するような、尊大な表現に「おる」が活用されていると言える。

近松の世話浄瑠璃では、「おる」は卑語性を持ち、面罵の場面などで用いられる。「動詞＋おる」も多く見られる。一方で、「おります（る）」のように「ます（る）」を伴い、丁寧な表現として用いる用法も発達している。同様に、「ござる」「参る」「致す」「申す」等の表現が、武士の表現に用いられている。一方で、「おります」（同様に「ございます」「参ります」「致します」「申します」等）の丁寧表現も発達している。

なお、尊大なニュアンスを持った「おる」は、武士の言葉の表現としても用いられている。武士は「ござる」「参る」「致す」「申す」等の言葉も「ます（る）」なしで用いることがあり、武士らしさの表現として利用されている。

江戸時代後期の洒落本、戯作本、また明治・大正期の落語SPレコード資料を見ると、本動詞の「おる」の用例が極めて少なくなる傾向がある。「-ておる」は、武士、田舎もの、官吏等特殊な役割の表現として用いられているが、「-と（ー）る」は卑語性が薄まり、中立的な表現に近づいている。「動詞連用形＋おる」「動詞連用形＋よる」は引き続いて、卑語的な表現として用いられている。なお、現代の若年層の談話資料では、「おる」が増加する傾向も見えている。

現代の方言調査、社会言語学的調査では、近畿の中でも「おる」「-とる」「-よる」が卑語性を持つのは中央部に限られることが確認されているが、その卑語性は日常生活における軽微な感情の表出にとどまっているもののようである。全国方言の中での位置づけについては、なお13章で触れるところがある。

第12章　全国共通語「おる」の機能とその起源

12・1　はじめに

本章では、全国共通語において「おる」が複雑な機能を持つことを確認し、その起源を歴史的に解明することをめざす。本章は金水（二〇〇四d）の内容に基づいているが、それに先立つ金水（一九九六b）でも同様の問題を扱っている。そこで、金水（一九九六b）を「前稿」として適宜参照することとする。

8章・9章では、平安時代第二期（一〇世紀後半以降）の和文作品では、「をり」を使用する場合、主語の指示対象に対するマイナス評価（すなわち卑語性）が見て取れることを示した。また一方で、漢文訓読文や和歌では「をり」の卑語的性質が表れないことも確認した。

一方、柳田（一九九〇、一九九一）は、室町時代の抄物に「おる」が多用され、しかもその「おる」の多くに卑語的性質が読みとれないことを以て、「おる」の卑語性は平安時代ではなく、室町時代末に「（お）-ある」という敬語表現との対比の中で生じたとの見解を示している。金水（一九八三）では、抄物が漢文訓読文の影響を受けたために「おる」が多用されているのだという考えを示したが、柳田（一九九一）等では、「おる」を多く含む抄物は極めて口語性が高いのであり、漢文訓読文のような書き言葉の影響を受けているとは考えられないとしている。また、この時代、「いる」はくだけた話し言葉、「おる」は改まった話し言葉に分類できるとも述べている。

柳田氏の指摘通り、室町時代末のテキストとしてのキリシタン資料や狂言古本の詞章では、「おる」は卑語として多用されている。また、近世上方の口語的資料でも卑語の「おる」が引き続き見出せる。この特徴は、現代京阪方言にまで引き継がれると言ってもいいであろう。しかし、10章で指摘したとおり、来田（二〇〇一）を見ると、抄物の「をり」はかなり複雑な性質を持っていることが分かり、柳田氏の主張には留保が必要であると考える。この問題を整理するには、資料のきめ細かい分析と、その背後にある言語共同体への総合的な配慮が不可欠であるように思われる。

本章では、「おる（をり）」の全体的な流れを念頭に置きながら、主として江戸時代以降、江戸語から東京語、現代共通語へと変遷していく中で、「おる」がどのような機能を獲得していったかという問題を論じていく。

12・2　共通語における「おる」

まず、共通語における「おる」の用いられ方であるが、前稿で分析したように、現代共通語においては、「おる」は独立した動詞としては機能しておらず、一部、「いる」と相補分布をなし、あるいは一部、「いる」の機能を拡張し、「いる」と一体の体系を形成しているということができる。その分布を表1としてまとめる。特殊な語形、ほとんど用いられない語形、あるいはまれにしか用いられない語形には＊を付けておく。

表1

	イル	オル
終止・連体形	イル（普通）	＊オル（特殊）
タ・テ形	イタ・イテ（普通）	＊オッタ・＊オッテ（特殊）
仮定形	イレバ（普通）	＊オレバ（特殊）
否定形	イナイ（普通）	＊オラナイ（特殊）
使役形	イサセル（普通）	＊オラセル（特殊）
命令形	イロ（普通）	＊オレ（特殊）
連用中止	＊イ（少ない） ＊イズ（少ない）	オリ（多い。ただし文章語的） オラズ（多い。ただし文章語的）
ラレル形	イラレル（可能・受身）	オラレル（尊敬）
丁寧形	イマス（丁寧体）	オリマス（謙譲・「御丁寧体」）

終止・連体形から連用中止法までは、「いる」と「おる」が相補的に分布しており、ラレル形では意味の上で相補分布になっている。また丁寧形では、「おる」が機能を拡張している面が見て取れる。このように「いる」と「おる」は助け合って一つの体系をなしているのであり、「おる」は単独の動詞として成り立っているとは言えない。

では、このような分布はどのようにして成立したのであろうか。例えば、「いる」と「おる」の意味の違いを考えた場合、謙譲の「おります」と尊敬の「おられる」では方向が逆になるので難しい。また、連用中止の「おり」「おらず」との関係も付けられない。一方、連用中止の「い」が音声的に不安定だからとする説明もあるが、「いた」と比較して「いず」が不安定と言えるのか、また音声が関わるとしても、なぜ「おり」「おらず」が交替できたのかという条件が述べられなければ説明にはならない。

結局、一つの原理ではこの分布は説明不能である。本章では、共通語「いる」の体系に「おる」が入り込んできた経路は複数あり、そのことは、共通語が形成された過程と深い関係にあると考える。以下の節でその歴史的経路を明らかにしていくが、その前に、方言と役割語の関係について整理しておく。

12・3 方言と役割語について

よく知られているように、人の存在を表す無標の動詞として、東日本では広く「いる」系の語彙が用いられるのに対し、西日本では「おる」系の語彙が用いられる。国立国語研究所（一九六七）第五三図では、「あそこに人がイルといいますが、オルといいますか。それとも、アルといいますか」という質問文に対する回答を図示している。「いる」系と「おる」系の境界は新潟県南端糸魚川付近から長野県を横断し、静岡県天竜川付近にわたっている。また、西日本の中でも、大阪、京都、滋賀、福井県嶺北地方にかけて、「いる」が用いられる地域が島的に分布している。この分布と、文献から知られる中央の推移とがどのように関連するかが問題となってくる。この点については、13章で再び述べる。

次に、「役割語」について述べる。さきに、菊地（一九九四：二六三頁）で「おる」の敬語的機能として「尊大」というのを挙げている。また、ある種の「おる」の用法が「老人語」として分類されることもあるようである。そのようなニュアンスは、表1の「オル」の項で、「＊」を付した形を使用した場合に著しいと思われる。つまり、「おる」「-とる」や「おった」「-とった」などといった言葉使いをすると、「尊大な話し方をする人物（特に年輩の男性）」もしくは「方言使用者」との印象を受けるのではないか。ここでは、前者の尊大表現もしくは老人語という性質に関して、少し異なった観点から整理してみたい。

金水（二〇〇〇）および金水（二〇〇三a）では、特定の人物像（年齢、性別、階層、職業、容姿・風体）等と緊密に結びついた話体（スピーチスタイル）についての知識が日本人に広く共有されていることを指摘し、これを役割語と名付けた。この役割語は、心理学・社会学でいわれる「ステレオタイプ」の一種であり、マスメディアを通じて幼少時から植え付けられる知識であると考えられる。金水（二〇〇〇、二〇〇三ａ）では、〈博士語〉ないし〈老人語〉と名付けた役割語の存在を指摘した。〈博士語〉〈老人語〉の特徴は、現代の西日本方言の特徴に近いことを金水（二〇〇〇、二〇〇三ａ）では指摘した。特にここでは、人の存在を表す「おる」、進行状態を表す「-ておる／とる」に着目し、この語法がなぜ役割語のうちの〈博士語〉〈老人語〉として固定化されたか、という問題が浮上してくる。この問題は、実は共通語における「おる」の分布とも密接に関連してくる。

12・4　江戸語の形成と「おる」

12・4・1　武家語

共通語は東京の山の手の言葉を基盤としていると言われるが、文法的な特徴の多くの部分は、江戸語との共通性・連続性が認められる。そこで、まず江戸語の形成過程について検討を進める。

小松（一九八五）は、江戸語形成を第一次形成（寛永期：慶長〈一五九六〉-明暦〈一六五七〉）、第二次形成（明和期：一七六四-一七七一）、第三次形成（化政期：文化〈一八〇四〉-文政〈一八二九〉）の三つの過程に分けている。第一次形成では武士の言葉が形成されるが、江戸の町全体としては方言雑居の状態であった。第二次形成では、町人層にも江戸の共通語というべき言葉が形成されていった。小松氏は、こののち、「上方語的表現と東国語的表現の対立は、方言間の対立ではなく、江戸語内部の階層的対立へと変質していく。」としている（九〇頁）。第三次形成では、下層の東国語的表現が次第に非下層に浸透して行く過程が認められるという。

まず、第一次形成では武士の言葉が形成されるとしているが、これはたぶんに上方語的特徴があらわであり、また古語的な特徴も多く持っている（古田 一九八六、一九八七、一九九三等も参照）。文法的には、同時代の上方の庶民の言葉ではなく、一時代前の、室町時代末期の特徴が表れている。前章で指摘したように、近松作品に表れた武士の言葉には、「ござる」「参る」「致す」等が、「ます」を付することなく用いられているが、これらは狂言古本の詞章に見られる室町末期の語法と同じである。そして「おる」も、尊大語的な特徴とともに、この時期に武家語に取り入れられたものと考えられる。江戸時代後期の歌舞伎作品「東海道四谷怪談」から、武士が「おる」を用いた用例を挙げておく。ここでは、「–ておる」の形で卑語表現となっている点も注目したい。

（1） 主人が栄えてゐらるれば、塩冶の藩中民谷伊右衛門、きつと致した侍ぢやぞ。なんと心得てをるのぢや。

（〈民谷伊右衛門〉「四谷怪談」岩波文庫・九四頁）

武家語に流れ込んだ尊大語の「おる」は、書生語を通じて近代にも受け継がれる。

12・4・2 洋学資料

原口（一九九三）は、幕末—明治初年の洋学資料を「いる」「おる」の使用状況によってイル・イマス型、イル・オリマス型、混用型、オル・オリマス型、等に分類している。一般的に、「おります」以外の形では「いる」への傾斜が見えているようであるが、オル・オリマス型、すなわち基本形に「おる」を用いる資料のあることは重要である。具体的には、次の三資料がそれである。

（2） a REV.J. Liggins *Familiar Phrases in English and Romanized Japanese*（1860）

b　しみずなほまろ『ゑんぎりしことば』（一八六〇）
c　F. Lowder *Conversation in Japanese & English* (1867)

原口氏によれば、リギンスとラウダーの会話書は西部方言によるものとのことであるが、『ゑんぎりしことば』については次のように述べている。

（3）『ゑんぎりしことば』は、著者の方針によって、その訳文に通俗の平易な文が採用されたのであったが、文体の基本は文語であり、しかも意識的なオル系用語の統一が見える。（四三三頁）

『ゑんぎりしことば』から例を挙げておく。

（4）たれさまは、おたくに、おるか　（ゑんぎりしことば・一九ウ）
（5）なんぢ、かつて、そこに、おりしか　（ゑんぎりしことば・一二オ）

オル・オリマス型だけでなく、イル・オリマス型としている資料にも、終止形「おる」はしばしば用いられている。標準語が確立されていない段階で、「おる」が標準的な語として認識されたとすれば、それは武家語として「おる」の品位が低くなかったことを示しているものと思われる。

12・4・3　町人語

江戸第一期においては江戸の町は方言雑居の状態であったとされるが、もっとも威信が高かったのは当然上方語であり、上方から有力商店の支店が多く江戸に出店されたこともあって、裕福な上層町人は上方語を用いていた。ことに、上方語は敬語の面において江戸の言葉に強い影響を与えたであろう。この時期、「おります」を含め、「ございます」「存じます」「致します」等の「御丁寧体」（三上一九七〇）が、江戸に輸入され、第二期以降も引き続いて用いられ続けたと考えられる。なぜなら、江戸語の基盤となった東国系の言語には有力な敬語体系が存在しなかったらしいので、敬語体系は上方語から移植せざるを得なかったのである。敬語体系が上方語起源であることをよく示す現象として、形容詞のウ音便が挙げられる。上方ではすでに室町時代から形容詞の連用形は義務的にウ音便になっていたが、明和期以降の江戸語ではウ音便はとらず、「-く」の形を用いる。これは、現代の東西方言対立でも維持されている。ところが、第二期以降の江戸語でも、「ございます」「存じます」に接続する場合だけは、例外なくウ音便形が採用されるのである（小松一九八五：八七頁参照）。これは、「形容詞ウ音便＋ございます」全体が上方からの輸入語法であることを示している。

このようにして、「おります」は最も丁寧な語法として、第二期以降も江戸語に採用され、現代共通語にまで引き継がれたのである。江戸後期戯作から用例を挙げておく。

（6）辰「何でございますか、モウ女《をんな》の子《こ》は金《かね》ツ食《く》ひだと申て、宿《やど》でも小《こ》ごとばかり申てをります

（浮世風呂：九〇頁）

なお、金水（二〇〇〇、二〇〇三a）では、役割語としての〈老人語〉の形成を、第二期以降の江戸においてのこととしている。すなわち、第二期に東国語を基盤とした江戸語が姿を現し、流布していく過程で、革新的な若者は積極的

に江戸語を採用したであろうが、保守的な老人の多くは、威信の高い上方語に固執したであろう。その状態を、江戸時代後期の演劇や戯作が類型化し、老人のステレオタイプとして表現したのが〈老人語〉の始まりであると考えられる。「浮世風呂」から、老人の発話に上方語的な表現が用いられている例を示しておく。

（7）ばんとう「御隠居さん、今日はお早うございます　いんきょ「どうじや番頭どの。だいぶ寒くなつたの。（中略）ヤゆふべは寝そびれてきまり切たて。それに犬めが、ヤないた〳〵。此としになるが、ゆふべほど犬の吠た晩は覚えぬ。」

（浮世風呂：一八頁）

12・5　明治時代語の発展と「おる」

12・5・1　**文語文体と「おる」**

「おる」の連用中止法が書き言葉的な固さを持っているのは、そもそも連用中止法自体が書き言葉専用の形式であることによると考えられる。近代語の書き言葉の起源は、漢文訓読文および訓読文崩しの文体にある。金水（一九八三）その他で述べたように、平安時代以後、漢文訓読文では「ゐたり」よりも「をり」が多用される傾向にあった。それは、江戸時代でも同様であるわけで、そこに、「をり」が連用中止と結びつく契機があるのである。

次に示すのは、江戸時代の学者の文章で、漢文訓読文崩しの文体になっている。「をり」が用いられていることに注意したい（ただし、連用中止の用例ではない）。まず、貝原益軒（一六三〇–一七一四）の文章である。

（8）人ノ世ニヲルハ、陰徳ヲツミ行《オコ》ナフベシ

（貝原益軒「五常訓」巻之二末。『貝原益軒・室鳩巣』日本思想大系：一一三頁）

次に示すのは、幕末の水戸の学者、会沢正志斎の文章である。

（9）　されども一日も教職を流し居らんには、吾子が問に答ざらんも本意ならず、

（会沢正志斎「退食間話」『水戸学』日本思想大系：二三六頁）

明治時代の文章には、現在よりも遥かに「をり（おる）」が多く用いられていた。これは、一つには漢文訓読文体の強い影響があったものと思われる。例えば次に示す聖書の翻訳では、漢文訓読文調そのままに「をり」が用いられている。

（10）　なんぢの両乳房《もろちぶさ》は　牝獐《めじか》の双子《ふたご》なる二個《ふたつ》の子鹿《こじか》が百合花《ゆり》の中《なか》に草《くさ》はみをるに似《に》たり

（雅歌三・四、『旧約聖書』一八八八年、新日本古典文学大系 明治編・一二：三三六頁）

次に示すのは『明六雑誌』からの用例であり、明治初期の演説文体であるが、漢文訓読文体の特徴が強く表れている。

（11）　其小部落を為して自由を得たる者は却て南北の寒地に居れり

（明六雑誌・四号・一ウ二）

なお、右の例は「をれり」が用いられているが、金水（一九八三）で述べたように、古典文法では本来あり得ない形式である。筆者が知る限りでは、南北朝時代に最古の例が表れる。これは、この時代になって状態形述語に「り」を接続することの意味的な制約が感じられなくなっていたことを表しているものと思われる。室町時代–江戸時代の間の用

例を見出し得ていないが、明治時代の文章からはきわめて多くの例が採集できる。明治時代の文語に特に好んで用いられた語法と言えそうである。

次に、雑誌『太陽』一九〇一年分の記事から、文語体の例を示す。

(12)　米國の南部に於て大なる電氣燈裝置を擔任せる電氣工學者は此事に就きて充分なる研究を遂げ、將に「アルミニウム」電導線を採用せんとし居れるが、該工學者は此事を左の如く括れり。（太陽・九号：一六四頁）

次に、大隈重信（一八三八―一九二二）の演説から例を示す。

(13)　此くの如き者に向っては、自ら輿論の大なる勢力は、之を破ると云ふ必要に逼ってをるんである。
（『日本蓄音器文句全集（第四版）』日本蓄音器文句集全集発行所、一九一六年：七六五頁）

このように、明治時代の文章には、あらゆる活用形で「おる」が広く用いられていたが、やがて「おる」が衰微していく中で、連用中止法の「おり」「おらず」のみがその後も生き続けたものと思われる。連用中止法が生き延びた一つの理由には、「い」の音声的な弱さもあったものと思われるが、そもそも「おる」がとって代わることが出来たことの背景には、漢文訓読文体の影響で、「おる」が明治の文章に広く用いられていたことがあったのである。

12・5・2 書生語

明治時代語における「おる」の分布を考えるとき、「書生語」の存在も考慮に入れなければならない。書生語の例として、坪内逍遙（一八五九－一九三五年）の小説『一読三歎当世書生気質』（一八八五－一八八六年刊）から引用しておく。

（14）（小）アハ、、、、。馬鹿《ばか》ア言ひたまへ。それはそうと。諸君《しよくん》はモウ。不残《みんな》帰《かへ》ツてしまつたのか（須）ウン。今《いま》漸《やうや》く帰《かへ》してやつた。ドランカアド〔泥酔漢《どろんけん》〕が七八人《しちはちにん》出来《でき》おつたから。倉瀬《くらせ》と二人《ふたり》で辛《から》うじて介抱《かいほう》して。不残《みんな》車《くるま》にのせてやつた。モウ〳〵幹事《かんじ》は願下《ねがいさげ》だ。ア、辛度《きつか》〳〵（小）僕《ぼく》はまた彼処《あそこ》の松《まつ》の木《き》の下《した》へ酔倒《えひたふ》れて居《ゐ》たもんだから。前後《ぜんご》の事《こと》はまるで知《し》らずサ。それやア失敬《しつけい》だつたネヱ。ちつとヘルプ〔手助《てだすけ》〕すればよかつた（須）ヤ日輪《ひ》がモウ沈《しづ》むと見《み》えるワイ。去《い》なう〳〵（小）倉瀬《くらせ》は如何《どう》したか（須）麓《した》の茶屋《ちやゝ》に俟《まつ》ちよるじやらう。宮賀《みやが》がアンコンシヤス〔無感覚《おぼえなく》〕になりおつたから。それを介抱《かいほう》しちよる筈《はず》じや。

（「当世書生気質」『坪内逍遙集』明治文学全集一六：六三頁）

この文献に見られる書生語の特徴を、小松（一九七四）から引いておくと、次のようになる。

（15）
1 「ぼく」「吾輩」を多用し、書生言葉の自称はこの二つで賄う。
2 「きみ」を多用し、書生言葉としての対称は「きみ」一つで、このほか対称に準ずるものとして、人名呼捨て、人名くん付けを多用する。
3 命令表現として「たまへ」「べし」を多用する。
4 あいさつ言葉として、「失敬」を使う。

5　ほか、漢語・外来語の多用など。

ここに表れた特徴は、概ね江戸時代の武士階級の知識人層から受け継がれたものである(金水二〇〇三a)。この中に、武家語の尊大語の「おる」も含まれると考えてよいであろう。一方で、先の引用に表れた須河の言葉には、武士的であるというより、方言色が強い話し方になっている。それも、九州、中国、四国等の方言に共通する言語的特徴である。書生語には武家語から受け継がれた言語的特徴のみならず、西日本諸方言の特徴も流入している可能性がある。「おる」の使用について言えば、武家語か、西日本方言か、どちらがその起源として決定的であるか俄に決しがたく、むしろそれらが混然となったところにその特徴が作り出されたと言えるかもしれない。例えば、次の「三四郎」の用例を見てみよう。

(16)　三四郎は二階の窓から往来を眺めてゐた。すると向から与次郎が足早にやつて来《き》た。窓の下《した》迄来《き》て仰向《あほむ》いて、三四郎の顔を見上げて、「おい、居《お》るか」と云ふ。三四郎は上から、与次郎を見下《みおろ》して「うん、居《お》る」と云ふ。

(三四郎：四七九頁)

三四郎は熊本出身であるから本来西日本方言の話者である。一方与次郎は、どこの出身とも書かれていないが、その言語的特徴にはさほど西日本方言的特徴はない。彼らの「おる」使用は、方言的であるとともに、書生語的でもある。

先の節で、『太陽』に掲載された談話体の論説における「おる」の使用例を示したが、漢文訓読文的であるとともに、書生語的であるとも言えると述べた。次の例などは、一層談話的であり、書生語の雰囲気が強く出ている。

（17）◎讀賣に馬骨人言と云ふのを書いて居る匿名先生があるが連りにニイチエの攻撃をやつて居る。何人にも解し得らるゝ事だけは書いて居るが、超人や、轉生などの事になると、流石に俗學者の知解に入り難いと見えて一言も述べて居らぬ。こんな手際でニイチエを批評し得らるものならば、世に批評ほど容易なものはあるまいよ。

（高山樗牛「文芸時評」太陽・一三号：五〇頁）

これら書生語の「おる」の使用は、現代の共通語ではすっかり影を潜め、その代わりに学者、先生、社長、代議士等の権力・権威を持った男性を表す役割語の一部として機能しているようである。言語共同体の観点から見ると、平安時代から受け継がれた、男性知識人の「をり」使用層の末裔であるとも言えるであろう。

12・6 「おられる」

坂梨（一九七七）では、「おられる」には堅い文章語的ひびきがあり、女性はこれを避ける傾向がある一方で、天皇に対しては多用されるということを指摘している。また、尊敬語「れる・られる」との結びつきでは「いられる」が古かったのに、もともと謙譲語であった「おる」が美化語となり、待遇的昇格によって「おられる」という言い方が成立したと述べている。次に引用する。

（18）「オラレル」が現在口頭語で用いられるのは、一つには、オルが書きことばの世界から話し言葉の世界に適用され始めたことによると考えることもできるのである。申ス・イタダクが謙譲語からいわゆる美化語への変化をとっているとはいうものの、この二語はオルに見られるような書きことばとの関りはないと認めてよいようだ。オラレルがそれ自体、謙譲語と尊敬語の結合という矛盾した結びつきながらも今日用いられるようになったのは、話しことばにおける「……（テ）オリマス」のほかに書きことばとしてのオリ、オラズの使用が、オルの美化語となるに際し、与って力あったものと思われる。（五五四頁）

「おられる」が書き言葉における中止法「おり」「おらず」の影響で多く用いられるようになったという指摘は重要であるが、そもそも「おる＋（ら）れる」という連続がどこから生まれたかという点について、確認しておきたい。「おられる」が成立するためには、その言語において「おる」が卑語でない用法を持っている必要がある。例えば現代の大阪方言では、かなり卑語性が弱まっているとは言っても、「おる」に尊敬の「はる」を付けた「＊おらはる」「＊おりはる」等の形式は用いられない（共通語としての「おられる」は、共通語的な文脈の中でなら用いる）。

まず、筆者が知り得た最も古い「おられる（おらるる）」の例は、抄物に現れている。

(19)　天竺ノ維摩ノヲラレタル処ハ、四方カ一丈ツ、有ソ。（湯山聯句抄・三一オ六）

(20)　明州ノ津ニヲラレタル布袋和尚ハ、何人トモシレヌカ、酒ヲコノムソ。（同・四五オ三）

既に述べたように、五山系抄物では一般的に卑語でない「おる」が多く用いられる一方で、卑語の「おる」も存在する。しかし「おる」の待遇度がそれほど低くないことは、このように「おられる」が存在することから、かえって示されていると言えよう。

次に挙げるのは正徳から享保の初め（一七一一－一七一六）の頃に成立したと考えられる「おあむ物語」からの例である（天保八年版本による）。

(21) おれが親父《しんぷ》は。知行《ちぎやう》三百石《こく》とりて居《を》られたが。
（おあむ物語・五丁オ）

また、坂梨（一九七七）で紹介された次のような例もある[1]。

(22) 無理な事ばかりいうてをらしやる
（「好色伝授」中・日本名著全集歌舞伎脚本集・五〇頁）

しかしこれらの例は散発的であり、連続性・反復性が観察できないので、どのように位置づけるか明らかでない。
次に示すのは、「東海道四谷怪談」からの、武士（伊右衛門）の例である。

(23) マア〳〵、待ちやれ〳〵。サア、身どもあへて知る人と申すではなけれども、〇それ〳〵、身も今日はチト志あつて、当観世音へ参詣致す道すがら、委しい様子は存ぜねど、なにか老人を捕へ手込めに致す様子。勿論、当人にも心得違ひと存じをらるればこそ、手出しも得致されぬと相見ゆる。しからばこれにて理非は分かりをるやうなもの。
（〈伊右衛門〉「東海道四谷怪談」岩波文庫・三九頁）

武士の言葉に「おられる」が見えることは重要である。すなわち、武家語では「おる」が卑語・謙譲語だけではなく、武家らしい威信を示す、いわば尊大語として用いられているからである。
さらに、洋学資料には「おる」が用いられているものがあることは述べた。このなかに、「おられる」も現れている。次の *Colloquial Japanese* は原口（一九九三）ではイル・オリマス型に分類されているが、「おる」の終止形もしばしば見られる。そして、「おられる」も用いているのである。

(24)　A-no o ka-ta wa ha-ta-ngo-ya yo-ri sa-n nge-n te-ma-i ni sz-ma-t-te o-ra-re-ma-s'.
A-re wa ha-ta-ngo-ya yo-ri sa-n nge-n te-mai-i ni sz-ma-t-te oru.
(S. R. Brown *Colloquial Japanese* (1863), p. 309)

以上に見てきたように、武家語およびその影響を受けた文体・話体では、「おられる」が点々と現れている。これは、武家語において「おる」が尊大語化しており、決して品位の低い語ではなかったことによると思われる。現代共通語の「おられる」の起源は、このような武家語の「おられる」であると思われる。ただし、尊敬語の主たる形式として「おられる」が伸長したのは、やはり明治時代に入ってからのことと思われる。

ただし、明治時代に入ってすぐ「おられる」＝尊敬、「いられる」＝可能・受身という分布が固まったわけではない。例えば雑誌『太陽』一九〇一年分について「おられる」の仮名書き例（「居られる」は「いられる」「おられる」両方の可能性があるので除く）を調べると五例あったが、すべて可能の意味を表す用例であった。一例挙げておく。

(25)　然《さ》う思《おも》ふと全身氷《ぜんしんこほり》の如《ごと》く冷渡《ひえわた》つて來《き》て、寝臺《ねだい》の上《いへ》に寝《ね》て居《を》られぬ。
（太陽・三号：八六頁）

また、小説から尊敬の「いられる」の例を挙げておく。

(26)　はあ、それではお話《はなし》はそれで措《お》きませう。で、貴方《あなた》も那麼家業《あんなかげふ》は真人間《まにんげん》の為《す》べき事《こと》ではない、と十分承知《じふぶんしようち》して居《ゐ》らるる、父《ちぃ》などは決《けツ》して愧《は》づべき事《こと》ではない、と謂《い》つて剛情《がうじやう》を張《は》り通《とほ》した。
（「金色夜叉」後編『尾崎紅葉集』明治文学全集一八：二四三頁）

このように「いられる」と「おられる」の役割分担において不安定な状況があったが、これは「おる」の機能自体が広かったことによる。それは、漢文訓読文由来の書き言葉の影響、書生語の影響、西日本方言の影響等、複合的な理由が考えられる。

しかし、やがて明治末までには「おられる」＝尊敬が固まってきたようである。これは、東京語および言文一致文体において、「おる」に品位の低い用法が一切なく、むしろ固く、厳粛な雰囲気を持つことによると思われる。すなわちそのような話体イメージが、尊敬の「(ら)れる」となじみやすいのであろう。

12・7 まとめ

江戸語の基層たる関東語には、もともと「おる」がなかったか、あるいは極めて希薄であったと思われる。従って、江戸語・東京語、さらに全国共通語の「おる」の起源はすべて外来のものである。一つは上方語、そしてもう一つは文章語としての漢文訓読文脈である（後者も、遠く関西の言語に淵源を持つのではあるが）。現代共通語の「おる」は、およそ三つの、異なる流入の経路を経て「いる」に流れ込み、「いる」を助け、拡張するように働いた。

一つは、漢文訓読文脈を通じて流れ込んだ連用中止形であり、これは徹頭徹尾、書き言葉ないしフォーマルな文体に限定的に用いられた。

また一つは、町人語（さらに武家にも）に流れ込んだ丁寧表現の「おります」であり、これは「ございます」「もうします」「いたします」等と同時に江戸語の丁寧表現の体系を形成した。

三つ目は、武家語を起源とし、明治時代に進展を見せた「おられる」である。武家語も上方語をもとに作られた話体であるので、結局「おられる」も上方語起源ということにはなる。ただし、武家語において「おる」は卑語というよりは尊大語としての性格を強めていったために、尊敬語の「(ら)れる」とも容易に結合することができた。

なお、明治時代の初めには、書き言葉および男性知識人の話し言葉において、「おる」が現在よりも遥かに多く用いられていた。それはやはり漢文訓読文体の影響であり、そして、武家語と西日本方言から影響を受けた、書生語の影響であると考える。しかし結局大部分の「おる」の活用形は淘汰されていった。それは、基層である関東語が「いる」系言語であったためであり、その中で、機能的に有用な「おります」「おり／おらず」「おられる」が生き残ったということになる（なお、現在残っている「おる」の活用形が機能的に有用であった、というのは結果論に近い議論ではある。これらの活用形でなければならなかった、ということを実証するのはかなり難しい問題である）。

注

1　本書脱稿後、坂梨隆三氏より、(22)の『好色伝授』の「おらしやる」は、「しからしやる」の読み誤りである由、ご教示を受けた。よって、用例(22)は削除されることになる。『好色伝授　本文・総索引・研究』（坂梨隆三（編著）、笠間書院、二〇〇〇）参照。

第13章　存在動詞の地理的分布

13・1　はじめに

本書ではここまで、「ある（あり）」「ゐる（いる）」「をり（あり）」の三語を中心に、不十分ながら中央日本語（京阪語、江戸・東京語、全国共通語）における歴史をある程度明らかにしてきた。

一方で、方言におけるこれら三語の分布も大きな問題をはらんでいる。夙に、国立国語研究所（一九六七）第五三図によって、「あそこに人が○○」という文型における存在動詞の分布が明らかになり、「いる」と「おる」は東西分布の代表的な語例として認識されるようになった。さらに西日本の「おる」地域の中でも、大阪、京都、滋賀の一部に島のように「いる」の地域が分布していることも分かった。また、和歌山県の一部には「ある」が分布し、奥羽地方の一部では「いる」ではなく「いた」と表現する地域があることも分かった（次頁図1はその略図）。

存在動詞の歴史と地理的分布を関連づけながら論じる仕事として、早いものでは、佐藤（一九八四）がある。筆者もまた、金水（一九八四、一九九六a）といった論文で、全国の存在動詞の分布と歴史の関連について考えてきた。また金水（一九九七）は、「いた」という表現のみについてであるが、日本語史資料の一部と方言に表れた形式の類似性を指摘した。

近年、追野（一九九六）、小林（二〇〇四）といった重要な仕事により、日本語の地理的分布と歴史的変化の関連に関する研究について大きな進展があった。これらの状況をふまえ、存在動詞の地理的分布について、研究の現状を整理

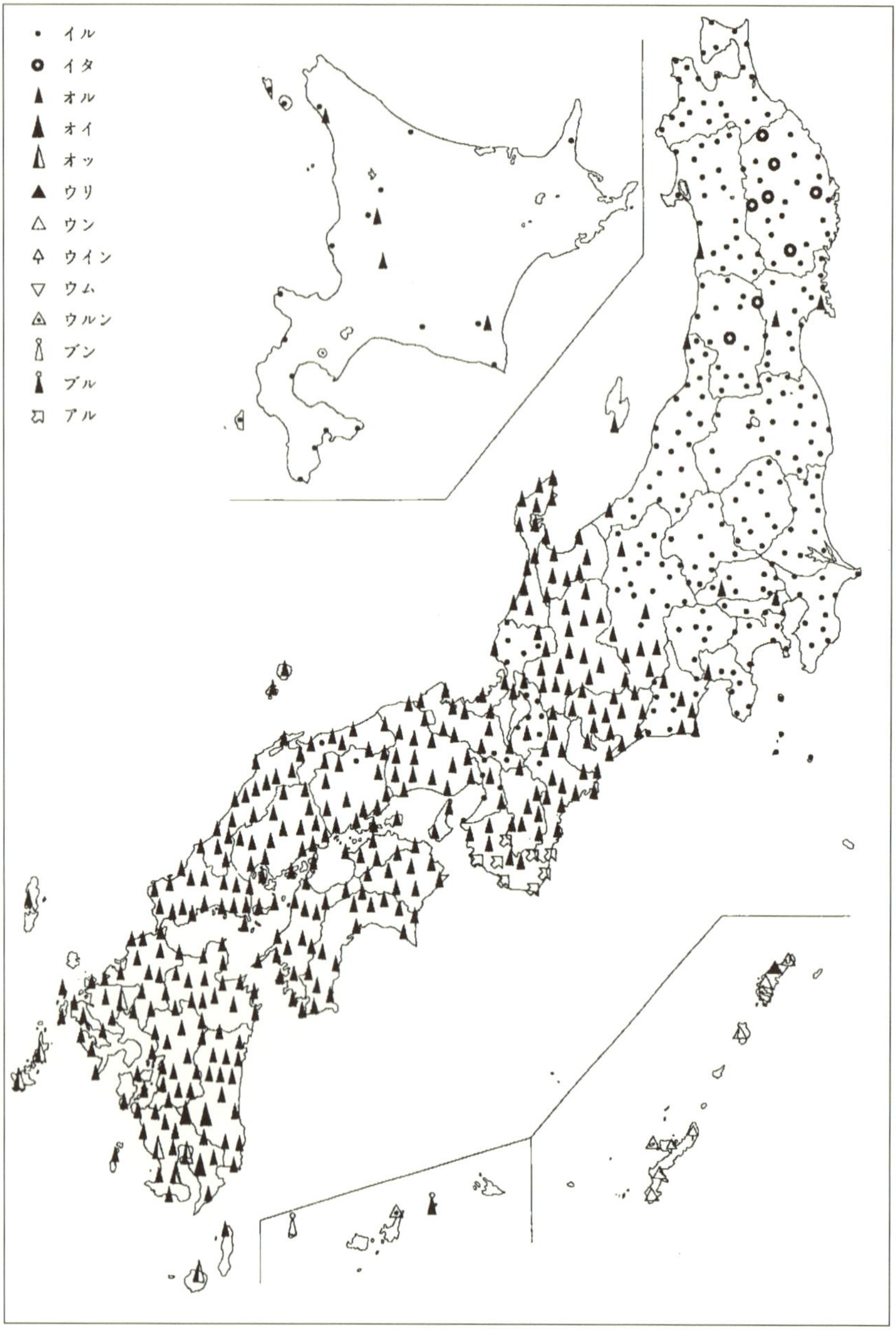

図１
（佐藤亮一（監修）・尚学図書・言語研究所（編）（一九九一）より転載）

し、今後への道筋を示すのが本章の目的である。

続く13・2節では、まず中央（京阪、江戸・東京・標準語）における存在動詞の変遷をまとめ、13・3節で迫野（一九九六）、小林（一九九八）等の業績に基づきながら、中央における変化と、方言分布の関係について整理を行う。13・4節では、方言の分布上特に問題となる地域について検討を加える。13・5節で結論を述べるとともに、残された課題と今後の展望を示す。

13・2　中央における存在表現の歴史

13・2・1　「ゐる」「をり」前史

まず、古代において、基本的な存在動詞は「あり」であったことは疑問の余地がない。主語の有生性や存在の意味の如何に関わらず、「あり」一語で表せたのである。ただし、敬語が発達していたので、「おはす」「いますがり」「はべり」「さぶらふ」等、敬語専用の動詞が多く用いられていた点は注意しておきたい（敬語動詞の用法については金水二〇〇四bおよび本書2・1・2節と7章参照）。

さて、古代語における「ゐる」は「立つ」の反対語で、着座、平坦化、固着等を表す運動動詞であったが、「あり」を膠着させた「状態化形式」にすることによって存在を表すこともできた（2・2節）。ただし、その場合主語はやや広い有生性を有する対象に限られていた（人間のほか、「舟」のような乗り物、「雲」「風」「波」等の自然物）。なお存在といっても、単に存在するというのではなく、（本来動いてどこかにいってしまう対象が）その場所にじっとしている、という意味である。

なお、上代文献においては、「をり」が「ゐる」の唯一の状態化形式であった。用例数も比較的多く、待遇的には中立的である。ところが平安時代に入ると「ゐたり」が現れ、九五〇年頃より前に成立した和文文献では、「ゐたり」「をり」が並び用いられている。「ゐたり」と「をり」の意味の差は小さく、待遇的には両者とも中立的であった。しかし九五〇年以後成立の和文文献になると、「をり」が激減し、同時に主体を下位に待遇する卑語的な意味が認められるようになってくる。一方、漢文訓読文では「をり」が中立的な意味で用いられ続け、用例数も「ゐたり」より多くなる傾向がある（8章、9章）。

右の傾向は鎌倉時代にも引き継がれるが、和漢混交文では、和文から引き継がれた卑語的な「をり」と、漢文訓読文的な中立的「をり」とが文献によっては混在し、複雑な様相を示している（10章）。

13・2・2　存在動詞「いる」の発達

室町時代の抄物以降、「いる（ゐる）」が単独で存在を表す用法が見られるようになる。なお、「ゐたり」から「いる」への変遷の過程に、「いた」という形式が存在した痕跡がある。この「た」は、「たり（たる）」の活用語尾が脱落した形式で、過去だけでなく現在の状態をも表す（3章）。

なお、存在動詞「いる」の成立後から近世前期の文献では、「いる」の主語は有生物に限られ、かつその存在の意味は、物理的な空間を占めることを表す「空間的存在文」であった。なお、この時代、有生物の空間的存在文に「あり」が用いられる場合もあり、「いる」との間で揺れているのだが、一定の属性を持つ対象の有無を問題にする「限量的存在文」、一定のグループのメンバーを数え上げる「リスト存在文」、所有・所属関係を表す「所有文」では、有生物主語（ガ格名詞句が有生物）であっても、「ある」が用いられ、「いる」が用いられることはない（4章）。

近世後期上方語資料では、有生物主語の場合、空間的存在文なら「いる」、限量的存在文なら「ある」のように相補的な分布を見せている。近世後期江戸語資料でも同様の傾向が見える（4章）。

近代京阪方言については、落語SPレコード、談話録音資料等を用いて調査した。これらの資料では、限量的存在文の「いる」が現れるようになる。「いる」とともに、「いてる」「おる」も現れるのだが、これらの語彙については13・4節で述べる。近代の京阪資料は、連続的・等質的な資料が得難いので、詳細な推移は不明なのであるが、有生物主語の限量的存在文の「いる」は一貫して増加する傾向にあり、現在の若年層では、有生物主語の「ある」はまったく用いられないと見られる（4章）。

一方近代東京語・標準語資料でも、連続的に限量的存在文の「いる」が増加している。小説資料によれば、特に第二次世界大戦以後に生まれた作家は、有生物主語の場合、限量的存在文であってもほぼ一〇〇％「いる」しか用いない（5章）。

13・2・3　「おる」の変容

室町時代の抄物資料では、中立的な「おる」が多く見られる一方で、卑語的な「おる」も見られる。抄物の文体や用語選択には、漢文訓読文的な要素、教室内での教師口調、日常的な口頭表現等、さまざまな要素が複雑に作用している可能性がある（10章）。

一方、キリシタン資料、狂言古本の類では、「おる」の卑語的用法が顕著である上、「動詞連用形＋おる」「名詞＋でおる」等、卑語性を付与する補助動詞用法も発達している。近松世話浄瑠璃など、近世上方資料でも、「おる」は卑語性を有している。さらに、「おります」のように丁寧語と結びついて丁寧語表現ともなっている（11章）。

近代の京阪の談話資料でも、「おる」の卑語性は認められる（11章）。現代の若年層の意識でも「おる」が主語下位待遇であるという意識が観察されている（西尾 二〇〇三）が、若年層の会話では「おる」の使用頻度はかなり高い。卑語性はかなり希薄化している可能性もある。むろん、「おります」も使用される。この点については、次節に述べる。

近世後期江戸語では、おそらく上方語の影響によって、「おります」「おりやす」等の表現が用いられている。また武家の言葉として、尊大なニュアンスをもった「おる」「動詞連用形＋おる」が観察できる（12章）。

近代標準語資料には、江戸語から「おります」が、おそらく武家の言葉から「おられる」が、書き言葉（漢文訓読文系）から連用中止の「おり」「おらず」が流入し、複雑な分布を示している（12章）。また、近世の武家言葉から受け継がれた尊大の「おる」「動詞連用形＋おる」は、老人語、博士語等の役割語として用いられている（金水二〇〇三aおよび本書12章）。

13・3　東西方言の対立

存在動詞をめぐる方言間の対立について、現在までに現れた最も重要な業績は迫野（一九九八）である。やや長くなるが、原文を引用する。

「あり」と「をり」の二つの上代の存在表現に、中古以降、近畿方言に「ゐたり」があらたに加わった。「あり」は、存在のもっとも基本的な表現形で、有情物、非情物に関係なく用いられた。これに対して、「をり」は、主として有情物の存在をいうかたちとして用いられた。あらたに中古以降加わった「ゐたり」は、後者の「をり」とほとんど等価の表現価値を持つもので、近畿中央部の方言では、次第に「をり」に代わって用いられるようになった。そのために「をり」は、卑下、見下げなどの特別の表現価値をもつようになって、存在表現の中心的な位置からはずれていった。

近畿方言が「をり」と「ゐたり」をゆっくりとした時間の中で、次第に置き換えていったように見えるのに対して、東部日本方言では、一挙に「をり」を新しい表現形式の「ゐたり」に取り替えたのではないかと思われる。江戸語で、「オル」を丁寧表現で用いることがあるが、これは、後にあらためて上方語から取り入れたものと思われる。

現代の東部日本方言で、もとの「ゐたり」を思わせる方言形が今日も相当広く用いられているが、この形から、近畿方言同様、方言の内部でイル、テイルを生みだし、方言独自の展開を遂げてきたものと思われる。文献で確かめられる江戸時代初期頃、東部日本方言と近畿方言とでは、すでにある程度異なった展開の様相を見せていたことは、先に見たとおりである。

現在、中部地方にイルではなく、オルを用いるところがある。近畿のイル方言と東部日本のイル方言に挟まれたかたちになっているが、新しい「ゐたり」と旧来の「をり」の併用の末、ついにこの地域では、新語形の定着までには至らなかったということであろうと思われる。

その地理的位置からして、中部地方は、「をり」と「ゐたり」との間にかなりの葛藤があったことが予想されるが、西部日本に広がる広大なオル方言地帯には、はたしてまともなかたちで「ゐたり」が侵入したことがあるのかどうか、それすらも疑わしいと言えよう。

巨視的に存在に関する日本語の方言分布を見れば、東部方言にイル方言地帯、西部日本にオル方言地帯、そしてその中間にイルとオルの動揺地帯があるということになり、これも一種の東西対立分布と言ってよいであろう。こういう分布が成立するに至ったのは、以上に見てきたように、中古、近畿中央部方言に現れた「ゐたり」というかたちが各地に伝播していくに当たって、それに対する各地方言の対処の仕方に大きな違いがあったというところに主要な要因があったと見てよいであろう。　　　（迫野　一九九八：二二五–二二七頁）

ここに付け加えるべきことはあまりないが、併せて小林（一九九八）の見解を参照することで一層理解が深まるように思われる。小林（一九九八）は、西日本では周辺に古語を残しながらゆっくりとした周圏分布を形成しているのに対し、東日本では推量・確認の助動詞「-ベー」、到着点、経路、道具等を表す助詞の「-さ」等の例を挙げながら、西日本とは異なる独自の語形が速やかに広がっていく傾向にあることを主張している。本文を引用する。

ところで、右記古典語が、現在東日本に見られないことについては、そもそも十分に伝播が及ばないうちに、途中で後続の新しい言葉に追い越されたのか、それとも、一度あまねく伝播したのちに消滅したのか、という問題が残る。しかし、いずれにせよ、東日本は古典語の一掃に急である、ということが言えそうである。西日本の伝播は緩やかで、古態をあちこちに残しながら進行するのに対して、東日本では新しい言葉の普及速度が早く、一気に広まりやすいという傾向があると考えられる。

（小林　一九九八：二七ー二八頁）

なお、迫野（一九九八）における西日本方言は中部方言を除いてより以西ということになるが、小林（一九九八）では江戸・東京が西部方言の東端と考えられている点は注意しておく必要がある。小林（二〇〇四）の第六章も参照されたい。

以上の見方をふまえて、改めて中央における存在表現の歴史と、地理的分布の関係をまとめてみよう。上代文献の状態は、あくまで「あり」中心で、「をり」は存在の一部を担っているに過ぎない。何より、「をり」は「ゐる」の状態化形式として捉えるべきで、単独の存在動詞とは見られない。しかし現在の西日本の「オル方言地帯」の状態は、上代文献の延長上に自然に位置づけられる。すなわち、「おる」が「ゐる」の状態化形式であることを離れ、「あり」と対立する存在動詞として成長、発達を遂げた姿として捉えられるのである。同時に、「をり」の源泉であった「ゐる」の方は忘れ去られたのであり、この地域で現在用いられる「いる」は共通語を部分的に取り入れたものと考えられる。

一方、京都では平安時代に「ゐたり」が姿を現し、やがて「をり」を圧倒して広まっていった。この地域では、「をり」は一般の口頭語では卑語的ニュアンスを得て生き残っていったが、漢文訓読文、和歌等の文体や、一部の話体（スピーチスタイル）には中立的な「をり」も残存し得たものと考えられる。おそらく、日頃漢文に親しんでいる男性知識人にとっては、「をり（おる）」は長らく親しい動詞であっただろう（金水 二〇〇五b）。また、「おる」は近世に「ます」と結びついて「おります」という丁寧表現になり、この形で安定して現在まで使い続けられ、また周囲の方言や江戸・東京語に影響をおよぼした。

京都において、「ゐたり」は室町時代に「いた」という形式を経て「いる」という単独の存在動詞となった。京阪方言における「いる」の進展は前節に述べた通りである。迫野（一九九八）にもあったように、「いる」ないし「いた」は、東日本では広く分布を得ており、逆に西部方言との境界地域を除いて、「おる」は極めて微弱である。もともとこの地域に、「おる（をり）」は存在しなかったかと思わせるほどであるが、形態的に見て「をり」が日本語のかなり古層に属する語彙であるかもしれない可能性（例えば柳田 二〇〇一参照）を考えると、東日本にも「をり」はかつて存在していたが、十分な勢いを得る以前に、新しい「いた」「いる」に駆逐されてしまった蓋然性は高い。

なお、明治時代の、東京における男性の談話を示す資料ではしばしば「おる」が現れるが、これは「書生語」の一種であり、武家言葉や西部方言の影響によるものと考えるべきである（12章）。

13・4　動揺の様相

13・4・1　**奥羽方言の「いた」その他**

奥羽方言の特徴として特に注目したいのは、国立国語研究所（一九六七）第五三図（本章図1はその略図）で岩手・山形に現れている、イタ、エタなどの語形である。渋谷（一九九四）に従って、山形県鶴岡方言を例にとると、この方言では有生物の存在を表すのに、「いる」「いだ」「いっだ（＜いていた）」という形を用いる。「いだ」「いっだ」の「だ」は、過去を表す形態と同形であるが、過去ではなく現在の存在を表す。平行的に、「書いでだ」「書いっだ」等のアスペクト形式が存在する。

ここで現れる「だ（た）」は、過去の助動詞「た」と同源で、恐らくは「たる」の「る」が落ちたものであると考えられる。しかしこの「た」は時制辞ではなく、「たり」の中心的意義であった「状態」を表す。このような状態の「た」は、現代共通語では「焼いた魚」のような連体修飾の位置に現れるのみで、言い切りなど陳述的な位置には現れない。しかし、室町時代中期から末期の口語的文献では、「持った。（持ッテイル）」「似た。（似テイル）」のような陳述的な位置でも現れることができた。そして、「いる」に状態の「た」が付加された「いた」も抄物などから見出すことができるのである。存在動詞の「いる」は、動作・変化動詞の「ゐる」から直接変化したと考えるよりは、「ゐたり」から「いた」を経て「いる」に移行していったと考えたほうがよい。「いた」から「いる」の推移は、「た」が時制辞専用に傾いていく中で状態の「いた」が維持し難くなり、既存の存在動詞「ある」「おる」との類推から状態の「いる」が析出されたことによると考えられる（3章）。

鶴岡方言の「いだ」は、この室町時代の「いた」と同根であると考えられる。ただしこの方言でも、状態の「た」は「いだ」「いっだ」等の中に語彙的に潜在する程度であり、もはや文法的な生産性は失っている。なお、国立国語研究所（一九七九）三五図（図2）によれば、人を訪ねて戸口で「○○さんいるか」と呼び出す場面では、「いたか」を用いる地域がほぼ東部日本全域に広がっていることが分かる。このような使用場面に固定化された慣用的表現では古態が残存しやすいということであろう。とすれば、「いた」は古くは東部日本で広く用いられていたのであり、現在では「いる」に押されて奥羽地方の一部に追いつめられていったということになる。

なお、現時点では工藤（二〇〇四a）に代表されるように、東北地方のテンス・アスペクト・ムード体系の記述的研究および動態研究が進んで来ており、今後も発展が期待される。工藤（二〇〇四c）の青森県五所川原方言、金田（二〇〇四）の青森県五戸方言、高田（二〇〇一）の青森県弘前方言、同（二〇〇三）の岩手県遠野方言等で、イダ形

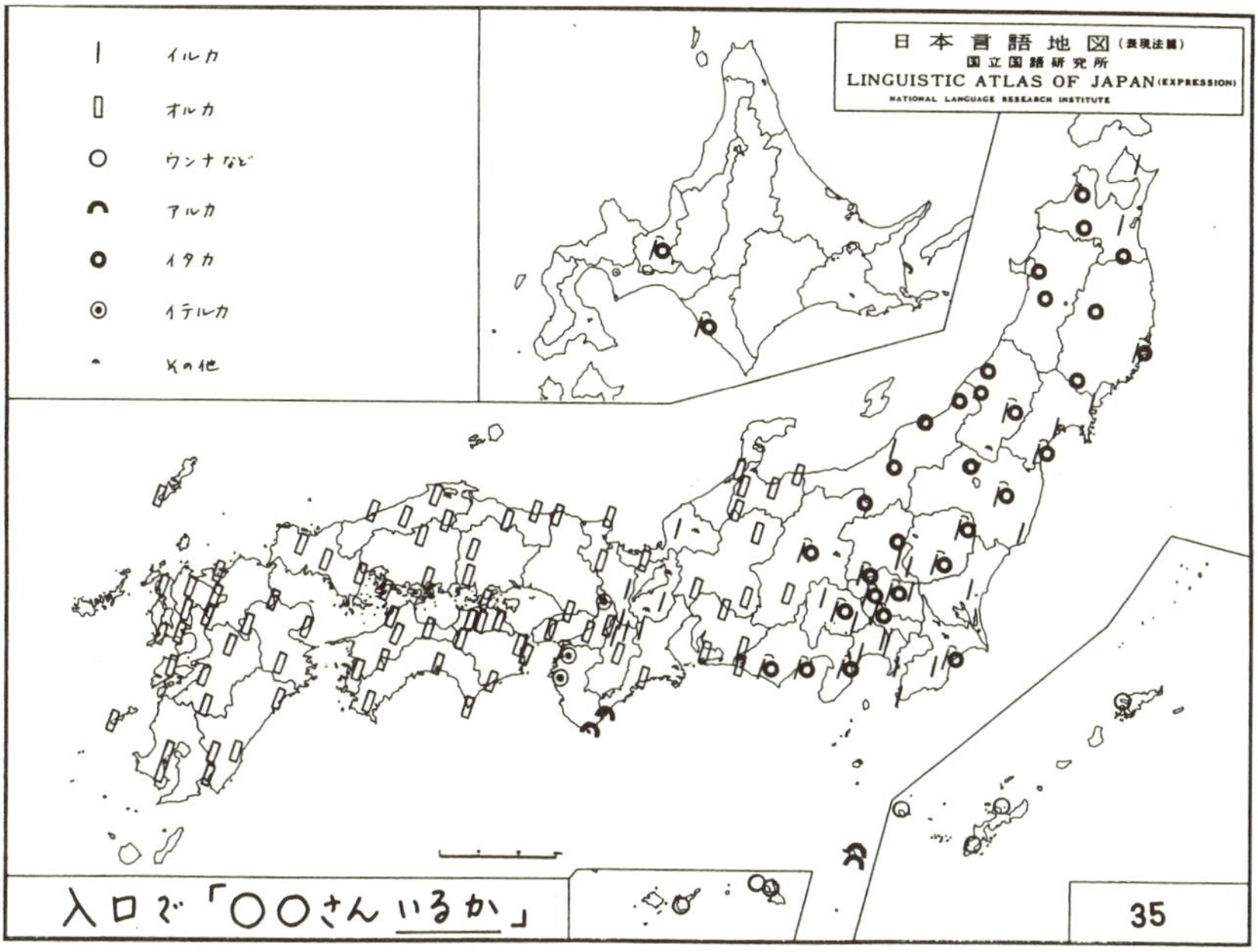

図２　○○さんいるか
（国立国語研究所（一九七九）より転載）

式が広く観察され、イルとの用法の違いについても考察されている。また、これらの形式間の対立に、時間的限定性や現実性などの意味的対立が絡んでいることも指摘されている（例えば工藤二〇〇四ｃ：一二五頁）。

また、広く東日本系の方言ということで、長野県木曽郡開田村方言などに見られる「いたる」という語形も注意しておく必要がある（迫野一九九八）。動詞の「-たり」形を語源として一語化した例としては「伏せる」（＜伏せり）が共通語に見られるが、同様の形成過程を経たものであろう。

13・4・2　大阪方言

図1では、大阪も「いる」の地域となっているが、実際には「いる」よりも「いてる」という形式がよく現れる。「いてる」を「いて＋いる」と考えると、無意味な重複のように見えるが、これは、京都などで「-て＋いる」から「-てる」へと先進的に発達した状態化形式を用いて、「いる」が未だ十分に状態的になりきっていない地域の「いる」が状態化されたものと見ることができよう。形式は異なるが、奥羽方言に残る「いた」と原理的には同じである。

また、この地域で「おる」が軽卑の意味を持っていることは既に述べた通りである（西尾二〇〇三参照）。しかし、若年層の男性を中心に、「おる」も相当用いられることも確かである。例えば4章で取り上げた『関西・若年層における談話データ集』の、一九九三年と一九九六年に収録された関西の大学生の談話を見ると、「いる」四例に対して「おる」が二三例用いられている。「いる」と「おる」が未だに拮抗しているか、あるいは「おる」が中央部の「いる」を脅かしている様相と見ることができる。

なお、丁重・丁寧語として用いられる「おます」（京都ならば「おす」）は、「おる」を語源とするのではなく、「ござります」が変化した形式と見るべきである。例えば4章で取り扱った落語ＳＰレコードに採られた、明治・大正時代の落語音声資料を聞くと、「ごわす」とともに「ごます」と聞き取れるような例がある。柔らかい発音では破裂音の［gº］

は弱まって摩擦音の［ɣo］にも聞こえ、さらに弱まれば［o］に近づいていくことになる。つまり「ございます」→「ごます」→「おます」のような経路から「おます」が生じたものであろう。用法的にも「おる」とは異なり、「おます」は無生物主語の存在を主に表し、有生物の空間的存在文を表すことがない。

13・4・3　和歌山方言

和歌山方言については、既に金水（一九九六ａ）で取り上げたが、本章の趣旨に関連するので要点を繰り返す。『日本言語地図』にも現れているように、和歌山県海岸部の田辺、新宮を中心に「ある」が分布している。これは、鎌倉時代以前の「あり」主体の古い状態を保存しているかのように見えるが、丹羽（一九八五、一九九五）によれば、「ある」地域の外側、山間部では「おる」が分布していて、このような分布を取る他の語彙では、例外なく田辺、新宮等の海岸部の語彙が新しく、山間部の語彙が古いという。よって、「ある」と「おる」についても前者が新しく、後者が古い蓋然性が高いのである。

また、串本方言の調査に基づく大野（一九九二）によれば、この方言でも有生物主語の「ある」が存在するが、どのような場合でも「ある」を用いるのではない。「ある」が使えるのは主語の人物の意志に関係なく存在を記述する場合に限られる。意志的にある場所を占め続けることを表すためには、「おる」を用いなければならないという。『日本言語地図』における「あそこに人が……」という質問文は、たまたま無意志的な記述であったので、「ある」が出たわけである。

意志的／無意志的という対立は、周辺の西部方言における有生／無生という対立と対比した場合、わずかに意味的な境界がずれただけであり、意外に近い関係にあると言わなければならない。また、有生物について「いる」「おる」を用いる京阪方言でも、「来てない人もあった」などの限量的存在文（即ち無意志的）な存在表現で「ある」が使えるのであり、和歌山方言の状況は特に奇異なものではない。

ちなみに、大野（一九九二）によれば、近年では無意志的な「おる」が増加してきているとのことであり、「ある」の地域で再度「おる」が勢力を持ちつつあることを示している。「おる」→「ある」→「おる」という推移のあることは、丹羽（一九八五）でも述べられている。迫野（一九九八）では「紀伊半島南部のアル系は、その動揺をもともと用法の広いアルで収束したと解することもできる」（二二八頁）と述べているが、なお動揺は存続していると見られる。

問題は、田辺、新宮の新しい「ある」がいつ、どこからもたらされたか、という点である。近世、あるいは近代の口頭語資料の調査によれば、限量的存在文か空間的存在文かという区別を別にすれば、実は有生物主語の存在文は「ある」の用例数が「いる」と長らく拮抗している（3章、4章）。そういう状況を考えれば、和歌山の有生物主語の「ある」は京阪からもたらされたという可能性は十分にある。

なお、和歌山と同様に有生物主語の存在表現に「ある」が用いられる方言として、八丈島方言が知られている（飯豊一九五九、金田一二〇〇一）。八丈島の「ある」がどれくらい古くさかのぼれるものなのか、十分明らかではないが、「おる」も「いる」も十分発達しないまま「ある」が生き残った可能性もある。今後の考察を俟ちたい。

13・5　まとめ

各地の方言の、存在表現に関する分布の中に、中央の文献から知られる存在表現の歴史的変化を置いてみることにより、文献の背後で進行する一層動的な言語の変化の様相を捉えることができた。

まず、上代から平安時代にかけて生じた「をり」から「ゐたり」への推移、さらに中世における「ゐたり」から「いた」そして「いる」への推移は、その後の上方語、京阪方言へと受け継がれていく。また、平安時代の「をり」から「ゐたり」への交代とともに、「をり」の卑語化が生じたものと推測され、中世において「おる」の卑語的用法は一層発達を見た。しかし西日本全体を見た場合、この変化は広大な「おる」地域の中で、近畿中央部の中だけで進行していたものであったらしいことが分かった。西日本の「おる」地域では、「いる」はほとんど用いられず、また「おる」にはまったく待遇的に特殊な意味は認められない。これは、中央において平安時代に起こったような「をり」から「いたり」への推移を経験せず、古代語「をり」からそのまま存在動詞へと推移した「おる」を受け継いでいるものと想像される。西日本における「おる」の勢力は未だ衰えておらず、大阪ではむしろ「おる」の勢力の伸長さえ観察される。

西日本の中でも、和歌山県海岸部の一部では、有生物主語の主要な存在動詞として「いる」ではなく「ある」を選び、発達させた。この「ある」は、古代中央語の状態を保存するような古い起源をもつものではなく、「おる」地域の中に後から生じた新しい形式であるらしいことが分かった。またこの「ある」も、意味的に「おる」との張り合い関係の中にあり、さらに「ある」から「おる」へと揺り戻される動きもあるという。このように、近畿中央部およびその周辺においては、「ある」「いる」「おる」三形式の歴史的なせめぎ合いの中でそれぞれの道を選び取り、さらに動揺が継続しているという状況にあるのである。

一方の東日本は、相当に様相が異なる。「ゐたり」を起源とする「いだ」「いる」等の形式が有生物主語の存在表現を席巻し、「おる」の痕跡はほとんど見えない状況である。そのような中で、東京語を基盤とする全国共通語に「おる」が入り込んでいるのは、漢文訓読文に遡る書き言葉、上方語、武家言葉等が流れ込んでいるためであり、大きく言えば、西日本語の影響によると考えてよいであろう（12章）。

第14章　存在型アスペクト形式の歴史概観

14・1　はじめに

日本語は、現在知られている限り、ほとんどの時代、ほとんどの方言において、動的な意味を表す動詞に存在動詞を付加することによってアスペクト形式を作り出している。これを一般的に、存在型アスペクト形式と呼んでおこう。例えば、「-ている」という形式は、工藤（一九九五）によれば、現代共通語（標準語）における基本アスペクト・テンス体系は表1のように位置づけられている。

表1

	完成相	継続相
非過去	スル	シテイル
過去	シタ	シテイタ

なおここで「継続相」と呼ばれている形式は、いわゆる進行相（progressive）を表す場合と結果相（resultative）を表す場合があり、どちらが現れるかは、前接する動詞のアスペクト的意味および文脈によって決定される。

基本アスペクト・テンス体系とは、前接する動詞の選択制限が少なく、従って使用頻度も高い基本的な形式という意味であるが、工藤（一九九五）では基本的でない「準アスペクト」として位置づけられている「してある」も、歴史的には重要であり、「している」との関係において注目する必要がある。

前章でも述べたとおり、現時点では諸方言のテンス・アスペクト・ムードの記述的研究が進みつつあるので、それらの研究を足がかりとして、歴史的動態研究も、さらに深い段階へと進むことが期待される。

工藤（二〇〇四b）によれば、存在動詞の文法化の観点から、次の二点がポイントとなるとしている。

（1）存在動詞「アル」「オル」「イル／イダ」のどれを、有標の中核的なアスペクト形式の語彙的資源とするか。中核的なアスペクト形式とは、最も動詞のタイプの制限のないものであるとすれば、〈人（有情物）の存在〉を表す本動詞との対応が認められる。

（2）「シテ＋存在動詞」という構文的組み立て形式のみを採用するか、「連用形＋存在動詞」をもアスペクト形式化するか（「連用形＋存在動詞」のみがアスペクト形式化されることはない）。（四二頁）

ここで中核的なアスペクト形式とは、先に引いた基本アスペクト体系と近い概念である。第一点の、各方言において、人の存在を表す存在動詞が中核的なアスペクト形式の資源として選ばれるということは、アスペクト形式が存在表現と比較的近いところにあることを示していると考えられる。加えて、なぜ人の存在を表す存在動詞が中核的なアスペクト形式の語彙的資源に選ばれるのか、またどのような過程で本動詞の体系とアスペクト形式の体系が関係を形成するのか、中核的なアスペクト形式になれなかった形式は、中核的なアスペクト形式とどのような関係を持つのかという点も注目される。

第二点の、連用形接続形式とテ形接続形式がアスペクト形式として対立するかどうかという点については、中央の歴史だけ見ていては問題になりにくいところであるが、日本語全体を見た場合に重要なポイントとなる。

なお、先の引用(1)、(2)の二点から整理した現代諸方言の中核的なアスペクト形式の例を、工藤（二〇〇四b）から表2として示しておく（工藤 二〇〇四b：四二頁）。

表2

人の存在	アスペクト形式	
アル	開けてあろわ（八丈方言）	開けやる／開けたーる（和歌山県田辺、新宮、御坊方言等）
オル	開けとる（三重県津、島根県平田方言等）	開けよる／開けとる（北限は岐阜県高山方言、南限は種子島方言）
イル イダ	開けてる（標準語、長野県松本方言、ウチナーヤマトゥグチなど） 開げでだ・開げでら（五戸、五所川原、鶴岡、南陽方言等）	（長野県開田方言）

各行は、アスペクト形式の語彙的資源となる存在動詞による分類を示している。また上列はテ形接続形式のみが中核的なアスペクト形式に参加している方言の例、また下列は連用形接続形式もまた中核的なアスペクト形式に参加している例である。

さらに、この表には現れない問題点を一点指摘しておく。京阪方言はこの表2では標準語と同様、「開けてる」のみが中核的なアスペクト形式に参加している方言ということになる。しかし非中核的な形式（準アスペクト形式）である

「-てある」形式において、東京方言（全国共通語・標準語）と京阪方言では異なる点がある。「-てある」形（京阪方言では「-たーる」となる）は、両方言とも、アクチュアルな結果状態を表す用法と、動作主が基準時以前に達成した準備的行為を表す、パーフェクト的な用法とを持つが、前者の用法において、東京方言では他動詞からなる表現しか存在しないのに対し、後者では自動詞からなる表現も存在する。次の例のようなものである。

（3）東京方言：
a 戸が開けてある。
b *戸が開いてある。

（4）京阪方言：
a 戸が開けたーる。
b 戸が開いたーる。

このような相違が生じるにいたった過程を検証することも、本章の目的の一つである。この問題に関しては、坪井（一九七六）が詳細な調査に基づいた研究を発表しているが、その後の研究動向を加味しながら、再検討を加えたい。とはいえ、ここに挙げたような問題点を歴史的な観点から包括的に検証していくという課題はきわめて膨大なものであり、優に本書と同規模の紙幅を要すると考える。従ってここでは、現時点での筆者の知識に基づいた素描的な記述にとどまらざるを得ない。

14・2　平安時代まで

上代から平安時代までの文法で、中核的なアスペクト形式が何であるかということを決めるのは難しい課題であるが、存在型アスペクト形式という点ではむろん「-り」「-たり」の二形が挙げられる。「-たり」の意味については3章で述べたところであるが、結果相、パーフェクト相、また完成相過去という意味が確認される。動詞テ型に存在動詞「あり」が付加された形式が語彙的資源であるとすれば、対象の存在の意味を残す結果相から意味が獲得されたであろうと推測できる（野村 一九九四参照）。

「-り」についても、動詞連用形に「あり」が付加された形式であると考えられる。形態上「-たり」と異なる点は、「-たり」が上接動詞の活用形を選ばないのに対して、「-り」は四段活用とサ行変格活用の動詞のみから作られる点にある。なお、「万葉集」には「着《け》り」（三六六七他）「来《け》り」（三九五七他）のように、一段活用、カ行変格活用の例が存在する。しかしこれらの形式は平安時代まで残ることはなかった。また、「-り」全体が平安時代には急速に衰えていく傾向を見せる。とくに和文資料ではそうであり、「給へり」等一部の動詞を除いて「-たり」に置き換わっていく（迫野 一九八八）。平安時代に「をり」が「ゐたり」に置き換えられていく動きは、基本的にこのような「-り」から「-たり」への推移の一環の中で捉えることができるであろう。

「-たり」「-り」の意味は、既に述べたように結果相、パーフェクト相、完成相過去と見られるが、進行相とも見えるような例もある。例えば次のようなものである。

（5）　明石《あかし》の入道、行《おこな》ひ勤《つと》めたるさま、いみじう思ひすましたるを、　（源氏・明石）

ただしこのような例は、非限界動詞の場合に限られる。このような進行相を、弱進行相（弱進行態）と呼ぶ（金水一九九五)。弱進行相は結果相の一部と見なしうるので、「-たり」「-り」は結果相の形態とすればよく、進行相の形態とする必要はない。

なお、「-り」と「-たり」を語彙的資源の面から考えると、「連用形＋あり」と「テ形＋あり」であり、アスペクト的対立を持ってもよかったはずであるが、そうではなく、より古い(特殊な)形「-り」とより新しい(一般的な)形「-たり」という性格しか持ち得なかった。そしてその後、ついに中央(近畿、江戸・東京も含めて)の文献のなかで、連用形接続形式とテ形接続形式のアスペクト的対立は現れなかった。アスペクト形式としては主にテ形接続形式が担い、連用形接続形式は待遇表現(敬語や卑語)に偏る傾向が見られる。

そうであるとすれば、西日本方言に広く見られる連用形接続形式とテ形接続形式のアスペクト的対立は、歴史上どこにその起源が求められるのかという問題が生じてくる。少なくとも上代資料を見る限りで、中央語にそのような対立があったとは考えられないし、それ以前に起源を求めることも難しいのではないか。というのも、「-たり」の発達は「-り」よりも遅れ、しかも「-たり」が発達するとともに「-り」が衰退していく傾向にあるからである(迫野 一九八八、金水一九九三b)。

一つの仮説として、上代語の「動詞連用形＋をり」という複合動詞に、不完成相「-おる(よる)」の起源を求めるという案を検討しておきたい。8章で述べたとおり、『万葉集』における「動詞連用形＋をり」は、上接動詞の性質によりa＋c類とb類に分けられる。a＋c類は「-ゐる」形のみ、および「-ゐる」「-をり」両形が見られるもの、b類は「-をり」形のみが専ら見られるもので、前者は外面的な運動動詞が多く、後者は感情、思考、発言など静的・心的行為を表す動詞が多かった。語構成的に、a類は「(動詞＋ゐ)＋あり」という構造であるのに対し、b類は「動詞＋をり」という構造として分析できるであろう。すなわちa類は「あり」の付加、すなわち「をり」になるかどうかということが随意的であるのに対し、後者は、初めから「をり」が動詞に付加されているのである。

上代資料の段階では「動詞連用形＋をり」は人の動作を表す複合動詞の域を出ないが、心的行為の持続を表す意味から、動詞の種類が広がり、やがて不完成的なアスペクト形式へと成長していく道が開かれているのではないか。廣坂（一九九八）で、後年の「-ながら」という形式が結果状態維持から動作の継続維持へと変化する契機として、心的動詞への接続が有効に働いたという仮説を提出しているのが参考になる。この説の利点は、「をり」が優勢であった上代資料の状況と、「おる」が優勢な現代西日本方言の状況をアスペクト形式の面でも直結できる点にある。ただし、上代資料の「動詞連用形＋をり」以降の発達は文献では確かめられないことがらであり、実証は難しい。

14・3　院政期〜中世〜近世初期・上方

「今昔物語集」から例を挙げる。山下（一九九〇）によれば、「-てゐる（ゐたり）」「-てあり」が連体修飾節を構成する場合、主名詞には主語か場所、時間を表す名詞しか来られないという。一方、「-たり」にはこのような制約は見られない。これは、「ゐる（ゐたり）」「ある」が存在を表す本動詞の用法を未だ保存していることを表す、すなわち文法化が十分進んでいないことを表すと見られる。

(6) 此ノ尼（中略）念仏ヲ唱ヘテ居タル程ニ　（今昔・巻一五・四一）
(7) 僧此ヲ食ヒテ居タル程ニ　（今昔・巻一九・三三）
(8) 猟師、奇異也ト見テ居タル間ニ　（今昔・巻一〇・三八）
(9) 馬ニ乗テアル侍来テ云ク　（今昔・巻一六・二八）
(10) 盗人、死人ノ着タル衣ト（中略）抜取テアル髪トヲ奪取テ　（今昔・巻二九・一八）
(11) 我ハ此ノ年来被棄《ステラレ》テ有ツル其ノ神也　（今昔・巻一九・三二）

なお改めて指摘しておくが、一四世紀以前にあっては「ゐる」は存在動詞ではなく変化動詞であるので、「‐てゐる」がアスペクト的な形式として機能するのではなく、「‐てゐたり」がアスペクト形式なのだ、と見るべきである。「たり」のない「‐てゐる」では、継起的な運動としか解釈できない。

一五―一六世紀の抄物資料を見ると、「‐てある」の文法化が一段と進んでいる様子が見て取れる。「いる」の存在動詞化が十分には進んでいないので、当然ながら「‐てある」の主語は有生・無生を問わない。また「‐てある」の意味には、結果状態、運動の進行、そしてパーフェクトないし過去の意味が見て取れる。

次の例は、結果状態を表している。

(12) マツクロニ。草ヲヒシケリテアル墳ノアル。（中華若木詩抄・下七オ）

(13) 東風モ我カ山行セウトスルヲ知テアルケナソ（四河入海・一ノ二・二〇ウ）

次の例は、進行を表している。

(14) 此間久ク雨フリテアルガ（四河入海・一ノ二・二〇ウ）

また次の例は、過去を表していると見られる。

(15) 去病（中略）数カギリモナク凶奴ヲコロイテアル者ソ（史記抄・八・三〇オ）

新しい存在動詞「いる」は「-ている」という形式を生み出した。この形式は、有生物主語の結果状態を主に表す。

(16) 射安東山ニ隠《カク》レテ居タ時《トキ》、天下ノ民ガ云コトハ、「コノ人ノ出テ政リゴトヲセラレイデハ、蒼生ハナニトナルベキゾ」ト云テ、渇望シタゾ。　(中華若木詩抄・一二〇頁)

一六四二年の写本虎明本狂言古本では、有生物主語の結果相、弱進行相を表すのに「-ている」が用いられる。

(17) (裃の)かみはそちにもきて(着)いるほどにいるまいが、何とせうぞ　(虎明本狂言・ひつしき聟)

(18) なふきやうこつや、何として此やうにしてゐられうぞ、もとのやうにしてかへせといへ　(虎明本狂言・こしいのり)

この資料の「-てある」は、有生物主語が多く、パーフェクト相と見られる用例が多い。

(19) (太郎冠者)さくるぞ、一段といろがよひぞ、さらはのふで見う、一段とよひ酒じやが、是はたのうた人ののみ酒じやあらふ、念を入て有ほどにそうじやあらふぞ、さらは身どもゝのまふ一段とよひぞ(虎明本狂言・ひの酒)

(20) (武悪)扨々わごりよはきよくもなひ、誠にせがれの時から今までとうかんなふしてあるに、色々たばかつて、是までつれてきて、此川の中へおつかふで、かゑるなどふみつぶいたことくにせうと云事は、きよくもなひ事ではあるぞ　(虎明本狂言・ぶあく)

一方で、「大黒」「毘沙門」「福の神」「恵比須」「松脂の精」「奏者」「目代」のように、荘重な口調で話す人物に「-てある」の使用が目立つ点は注目される。意味的には、「-た」と置き換え可能かと思われる。

(21) (大黒) 某は三面の大こくにてあるが、なんじら毎年それがしをしんじて、年籠をするほどに、福をあたようと思ふて是まで出てあるよ (虎明本狂言・大黒連歌)

これは、「-てある」の一部の用法が、古風な言い方になってきていることを表しているものと考えられる。

14・4 近世中期以降・上方語

14・4・1 **口頭語資料**

近松の世話浄瑠璃作品を見ると、抄物や狂言古本に見られたような、パーフェクト相あるいは過去を表すような「-てある」は見られなくなっている。その一方で、結果相および（弱）進行相を表す「-ている」「-てある」が観察され、両者の使い分けは、ほぼ主語の有生・無生に従っている。この点は、一八世紀後半の同時代人である富士谷成章によっても指摘されている（次節参照）。

「-てある」に着目すると、一七世紀初頭までの用法と、一八世紀の用法とでは隔たりがある。文法化の観点から言えば、一七世紀の「-てある」の方が進んでおり、一八世紀の用法はむしろ本動詞の「いる」「ある」に近い。従って、一八世紀の「-てある」は一七世紀初頭の「-てある」から変化してきたものと見ることは難しく、改めて存在動詞「いる」「ある」に基づいて文法化を再出発させたものと見るべきことを示している。

用例を見ておく。まず、近松・世話浄瑠璃から「-ている」の用例である。次の例は、（弱）進行相を表している。

(22)　わしや一日泣いてゐた　（近松・ひぢりめん卯月の紅葉）

また次の例は、結果相を表している。

(23)　ア、待たんせ〳〵、あの障子のあちらに、今言うた、大事の男が来てゐさんす、　（近松・博多小女郎波枕）

同資料より、「-てある」の例である。「声付」という無生物主語による結果相の表現である。

(24)　おふりどうぢや、かうぢやと愛想らしい声付が、耳に残つてあるやうな。　（近松・卯月の潤色）

さらに注目すべきは、次のような他動詞による「-てある」の表現である。結果状態を表すが、「-てある」構文全体としての主語は他動詞の動作主ではなく、目的語の対象物（無生物）である。すなわち、受動文のような格体制の変換が生じているということである。

(25)　上から帯が下げてある、長持も出してある。　（近松・ひぢりめん卯月の紅葉）

次に、上方後期洒落本から例を示す。「-ている」は、概ね有生物主語で、結果相および進行相を表す。強進行相をも表すかどうか、確例は得られていない。注目されるのは、わずかであるが、無生物主語の結果状態を「-ている」で表す例が見られる点である。

次の例は、人の外的な運動の進行を表している。ただし非限界動詞であるので、弱進行相と認められる。

(26) ［小めろさん］なんのいナさつきにむかいの金吾さんのしもやけのうへをたゝきなんしていたさかい。あぶつてゐるのじやわいな　（新月花・二ウ）

次の例は、心理的な動詞で、結果相とも見えるし、弱進行相とも見える。

(27) ［友］くひはいたさぬほんまニほれて居ルのじや　（新月花・六オ）

次の例は、無生物主語の結果状態を表していると見られる。一八二七年刊行かと言われる、『北川蜆殻』からの用例である。

(28) ［犬］（中略）つゞいて高野豆腐に。かまぼこのとまつてゐるのや。ゆり根と。うどの。あはひに。はもの骨切の。およいでゐる大平や。むすびの昆布なぞで。　（蜆殻・上七オ）

また形態面で、「-てる」という縮約形が観察されるが、ごくまれである。管見の限りでは、次の『当世粋の曙』に現れた一例のみである。誤刻の可能性も捨てきれない。

(29) ［露］そんなら来年あたりはどこぞの娘ニなつてるであろふ　（粋の曙・一六ウ）

同資料の「-てある」は、近松・世話浄瑠璃と同様、無生物主語で主として結果状態を表す。

(30)［くめ］おゝしやうしめのさん。ふり袖《そで》が。ひッくりかへつて有わいな。（月花・一八ウ）

(31)［客］あいたゝこりやめつたにかぶるまいほうれんそうの汁がついて有ぞ（陽台・二オ）

また、他動詞による受動文的な「-てある」構文も存在する。

(32)［秋］治助いつの間にか花がかつてあるの（竊潜妻・下ノ一五オ）

また一部資料には、「-たある」という表記も見られる点が注目される。一七九四年刊の『北華通情』である。

(33)［きた］（中略）そして肴の鉢組などもたいていきまつたある。（北華・一二ウ）

14・4・2　「あゆひ抄」

一七七八年刊の『あゆひ抄』には、「いる」「ある」の使い分けに関する興味深い観察が見られる。筆者・富士谷成章が生みだした独創的な概念の中に「内」「外」というものがある。これは、いわゆる有情・非情に相当すると、次のように説明している。

（34）一、内外の言葉　世に言ふ、「有情」「非情」なり。「内」とは「有情」をいふ。「外」とは非情をいふ。

（あゆひ抄・おほむね下）

この概念は存在動詞「あり」を扱う「有倫《ありとも》」で用いられている。

（35）〈何あり〉おほよそ、〈あり〉は全く孔（ありな）なれば、この抄に入るべきにあらねど、多く脚結にうちまじりてある言葉なれば、ひかれて出だす。立居のさまなずらへて知るべし。そのうちにも、言葉の端などにありてまがふべくもあらぬをばかたへは『装抄《よそひせう》』にゆづりてここにいはず。この倫《とも》には〈ふせり〉・または状（さま）を受けたる・さては脚結にこもりたるは、まさしく孔《ありな》とみゆるをもあげていふ。すべてその様を言ひすゑんがためなる言葉なり。里言には、外に「アリ」と言ひ、内に「ヰル」と言ふを、歌にはおしなべて〈あり〉とのみよめれば、心しらひして「アル」「ヰル」互に里すべし。

（あゆひ抄・巻四）

「孔（ありな）」とは本動詞「あり」のことを指す。上の内容は概ね次のように理解される。

ここで言う「あり」は動詞であるから、てにをはを扱う『あゆひ抄』に入れるべきではないけれど、多く「あゆひ」（付属語）に交じって現れる言葉なのでここに取り扱う。活用の様子は本動詞「あり」に準じて知るべきである。「あり」の内でも文末などにあって明かな本動詞として認められるものは『装抄』（現存しない未刊の書）にゆずる。この節では助動詞「り」、形容詞を受けるもの、「あゆひ」に含まれるものは、形態的に明らかに動詞「あり」と見えるものも挙げて論じる。すべてその状態を言い据えるための言葉である。口語では非情物については「あり」と言い、有情物については「ゐる」と言うが、歌ではおしなべて「あり」とだけ読むので、心得て「アル」または「ヰル」と訳し分ける必要がある。

即ち、口語で有情・非情に基づいて「いる」「ある」が使い分けられるが、古語では使い分けがない、という認識が明瞭に述べられている点で重要である。さらにここでは「-ている」「-てある」というアスペクト形式にまでこの区別が及んでいることをふまえて読みとるべきである。

14・5　近代京阪方言

明治・大正落語SPレコード資料を調べると、近世の資料と対比して、次のような特徴が指摘できる。まず、「-ている」の関連から。

1　「-ている」の縮約した「-てる」が多数を占める。
2　無生物主語の「-てる」が増加している。
3　パーフェクト相、習慣相等、「-てる」の用法が広がっている。

次に、「-てある」に関連する事象について。

1　形態的にほぼ「-たーる」に統一されている。
2　自動詞による無生物主語の結果状態を表す例が相変わらず多い。
3　他動詞による受動文的な構文も多い。
4　「準備」「経験」と呼ばれる、パーフェクト相的な用法もわずかではあるが見える。

「-ている」の第二点と「-てある」の第二点を総合すると、無生物主語の結果状態を表すのに「-てる」「-たーる」両形式が選択可能であるということになる。この点は、現代の京阪方言の状況とほぼ同じである。なお、用例数の上で本資料では無生物主語の「-てる」が一〇例、無生物主語の自動詞による「-たーる」が三二例数えられる。意味的には、あまり違いが感じられない。次のようによく似た構文で用いられている場合がある。

(36) 便所の戸が開いてます　(二代目桂文枝「近日息子」)
(37) 鼻歌を歌うて軒下をばずーっと伝うて歩いておりますと、一戸入り口が細めに開いたーる　(二代目曽呂利新左衛門「鋲盗人」)

京都方言の方言会話資料②(「主要資料一覧」参照)からも例を挙げておく。傾向としては、落語SPレコードと変わらない。まず、無生物主語の「-てる」の例を挙げる。

(38) 無地模様が入ってるんですか。　(自由会話八・二六)
(39) 店がまだ　あれ　雑貨屋はんが　店が開いてまんの。　(自由会話四・六九)

次は、無生物主語で自動詞に「-てある」が用いられている例である。

(40) ほんで木がぎょーさん植わったーてねー。　(自由会話五・七五)
(41) ねー、門が閉まったーんのになー。　(自由会話七・一二)

次は、他動詞に「-てある」が付いている例である。

(42)　十皿ほど、こう並べたーんにゃなぁ。　(自由会話七・九六)

近年の近畿方言中央部の動向としては、無生物主語かつ自動詞による「-たーる」が「-てる」に置き換えられ、次第に共通語と同じ体系に近づいていくものと予測されるが、しかし「-たーる」の勢いも必ずしも衰えておらず、また地域によっても違いがあるものと思われる。

結局、近畿方言中央部では、「-てる」が中核的なアスペクト形式であることには間違いないとしても、一八世紀以来の「-てある(たーる)」との張り合い関係も無視することはできない。この点で、共通語(東京方言)とは異なる。また、この方言では一貫して連用形接続形式が中核的なアスペクト的意味を担わないことは、既に指摘したとおりである。むしろ連用形接続形式は、敬語的意味を担わされることが多い。「-おる(よる)」については11章で述べた通りであり、またキリシタン資料、狂言古本に見られる「(お・ご)-ある」も尊敬語として発達した。現在の大阪方言でも、「-ある」に起源を持つ軽い尊敬語「-やる」が観察される。

14・6　江戸語

江戸語のアスペクト形式の状況に関しては、坪井(一九七六)により詳細な推移の過程が明らかになった。ただし坪井(一九七六)では、江戸語の初期状態を上方語と同様、主語の有生性によって「-ている」と「-てある」を使い分ける体系と見、その後江戸語が急速に自動詞の「-てある」を「-ている」に置き換えていったとしている。

一方で、迫野(一九九六、一九九八)に、これとやや異なる見方が提出された。同論文は、東国抄物の精査により、東国方言では無生物主語の「-ている」が早くから発達していたことを明らかにした。例えば次のような例である。

(43)　一色ノ功ニ迷フ処デ猶ヲモ鎖鑰ガシマッテイタヿダ　（大淵代抄　八下：二五七頁）

同論文の見方によれば、東国抄物が反映している東国方言においては、「-ている」と「-てある」を有生性によって使い分けるという時期が存在しなかった。もし江戸語の基層がこのような東国方言であるとするならば、江戸語資料の初期にあって、「-ている」と「-てある」の使い分けがあるように見えるのは、外部から流入された上方語が覆い被さって、東国方言の影響を隠したことによるということになる。

江戸語がその形を取り始めた明和期ごろに、既に無生物主語の「-ている」が見え始める。

(44)　惣体《そうたい》、けだものの中《なか》で、爪《つめ》の割れたものは道《みち》が早い。犀《さい》などといふやつ、爪が割れて居るによつて、波を走ること、飛んだこつた　（話稿鹿の子餅・一七七二年刊）

(45)　妙国寺の仁王に、てふちん（提灯）があがつていたつけ　（通言総籬・一七八七年刊）

このように、一八世紀後半において既に無生物主語の「-ている」が見られる点で、上方語よりはるかに早い。一方で、無生物主語で自動詞の「-てある」もほそぼそと使い続けられている。次の例は、一九世紀初め頃の滑稽本「浮世床」で無生物主語の「-てある」と「-ている」の両方が同じ文脈の中で用いられている例である。

(46)　カリと噛《かみ》つぶすと、中に山椒《さんせう》が這入てあるはナ。それから傍の人に、山椒が這入てゐるネと云《いつ》たら

（浮世床・一八一三年刊）

なお、次のように受動文的な他動詞の「-てある」もあるが、これは上方語から受け継がれたものであるかもしれない。

(47)　ちょんぼりと火のいけてある形が、海老の殻の赤い所さ。　（浮世風呂・三編巻之上・一八一二年刊）

むろん、この形式は近代語の東京方言、共通語にまで受け継がれ、さらに準備・経験の用法をも発達させていくことになる。

14・7　存在型アスペクト形式の発達と地域差

ここで、一八世紀以降における上方語と江戸語の歩みの違いを改めて考えてみよう。上方語では、主語の有生性によって「-てある」と「-ている」が使い分けられていた。すなわち、この点で本動詞「ある」「いる」の選択制限が生きており、文法化は十分進んでいないということになる。

なお一般的に、存在型アスペクト形式は、その地域、その時代における主要な存在動詞（特に人を主語とするもの）から形成されるわけであるが、これは存在型アスペクト形式と存在表現が意味的に近いところにあるからであると考えられる。なお、存在表現の用法の中では、特に空間的存在文から存在型アスペクト形式へと発展するものと思われる。

上方語では、文法化の進み具合がゆったりとしているが、江戸語ではそれが極めて早かったことになる。迫野（一九九六、一九九八）によれば、江戸語の基層としての東国方言においてこの文法化は完了していた。なお、文法化の進行によって、主語の選択制限がなくなる場合、なぜ「ある」ではなく「いる」が選ばれるかという点が問題となる。

これには、相対的な用例数の多さが影響を及ぼしている可能性があるが、今後の検討をまちたい。

なお、西日本に広く分布する「-とる」「-よる」形式では、主語の選択制限がなく、その点では文法化が進んだ状態にあると言える。

結語

ここまでの章において得られた成果と残された問題点について述べていく。

第1章では、「空間的存在文」「限量的存在文（+所有文）」「リスト存在文」等の意味論的定義を与え、また動詞の項構造（一項か二項か）と統語構造による説明を加えた。これらの分析は十分有効であり、第1部の分析に対する理論的基盤となりえたと考える。ただし、例えば肯定表現（ある・いる）と否定表現（ない・いない）とで、文法性の判断に差が生じる問題（1・7節）など、いまだ十分説明が与えられていない問題も残る。語用論的観点や構文文法的観点等も考慮しながら、なお考察を進めたい。

第2章–第6章では、「立つ」の対義語であった「ゐる」の状態化形式「ゐたり」が「いた」という形態を経て存在動詞「いる」となり、「ある」の領域を侵していく過程を示した。その際、「いる」がまず有生物主語の空間的存在文に入り込んでいった要因が、「ゐる」の語彙的意味にあったことも述べた。地理的観点から言えば、変化の方向は京阪と江戸・東京とでは同じであったことも検証した。

問題としては、まず資料のことを挙げたい。上方・京阪の口頭語を反映する資料については、最近ようやく本格的な検討が始められたばかりであり、本書で扱った資料が最も適切であったかどうかという点に関しては、これから検証していかなければならない。特に、浄瑠璃、洒落本、落語等、ジャンルの全く違う資料から得られたデータをそのまま連続した言語の時系列的な変化と見ていいかどうかという点については、なお慎重な検討が必要であろう。

資料の問題は、江戸語・東京語・標準語についても存在する。江戸語については、まず資料が一八世紀後半までしか遡れないこと、そもそも江戸語自体が関東語と上方語の接触言語であること等に本質的な問題があるが、この点については第2部でさらに深く検討を加えた。江戸語成立以降の資料については、かなりの研究の蓄積があり、本書ではその成果が未だ十分に生かされていないという反省がある。今後、より多彩な資料の調査によって欠を埋めていきたい。一方で、これまで発掘されてきた国語資料は「標準語の成立・発展」という観点に照準が合わせられてきたせいか、言文一致体の書き言葉が中心であり、談話資料は未だ手薄であるように思われる。この点についても今後の課題として資料の発掘に努めたい。

次に、変化の要因について「人間の言語的卓立性」と「体系の単純化」という二点を挙げたが、この説明がどこまで説得力を持つか、存在動詞以外の他の現象にも目配りしながら考察を深めたい。特に、第1章との関係で、「いる」が空間的存在文から限量的存在文へと拡張される際に具体的に何が起こっているか、境界的な用例を詳しく検討しながらそのメカニズムを詳細に検討する必要がある。さらに、シンハラ語、中国語、韓国語、スペイン語等、複数の存在動詞を使い分ける言語との対照研究を歴史研究も絡めた形で進展させることが重要であると考えられる。

第7章では、「ござる」の意味変化について、限量的存在文が尊敬表現と丁寧表現の橋渡しをしたという仮説を提示したが、これもより広い資料の精査によって検証を重ねていく必要がある。併せて、諸方言における敬語の存在動詞の調査を進めることも重要である。

第2部では、アスペクト表現と待遇表現が主たるテーマとなっているが、一方で文体・話体および言語共同体といった語用論的・社会言語学的なテーマへも踏み込んだ議論が要求されている。まず第8章では、上代文献において「をり」が「ゐる」の唯一の状態化形式であったという仮説を提示したが、この問題は広く「り」と「たり」の歴史に還元して考察する必要があり、文献時代以前まで含めた古代語の音韻論、形態論、語構成論、意味論、統語論に関わる問題として研究を深めていかなければならない。

第9章では、「枕草子」「源氏物語」を中心に、平安時代和文資料の「をり」が卑語（主語下位待遇）としての機能を持っていたことを検証した。一方で、なぜ和文資料における「をり」の変質が一〇世紀中頃という時期に起こったのか、という問題は、他の言語的徴証とも照らし合わせながら、より詳細に検討していく必要がある。その際には、和文資料そのものの資料性を、漢文訓読文、記録資料や和歌などと対比する中で明らかにしていき、言語内部の変化のみならず、言語の運用をめぐる社会言語学的視点を導入する必要があることを確認したい。

前章における問題点は第10章にも受け継がれている。中世における文体の変容・創出の中で、「おる（をり）」の振る舞いは極めて特徴的であることが資料に現れている。抄物資料をはじめ、中世資料の調査は未だ十分とは言えないので、今後の進展を俟ちたい。

第11章では、近世以降の上方・京阪方言における「おる」の動向について調査・報告したが、第1部で問題にしたように、やはり資料の限定性を克服する工夫が必要となる。さらに第13章とも関わることであるが、現代の社会言語学的調査の成果をより積極的に組み込んだ考察が要求される。

第12章では、全国共通語に用いられる「おる」の機能が、異なる経路を経て西日本の言語から流れ込み、採用され、定着していったものであるという仮説を提示、検証した。しかし丁寧表現「おります」尊敬表現「おられる」連用中止法「おり」「おらず」の個々の形式ごとの調査は未だ十分でない。特に、近世・近代の文語資料を含めた、より広範な資料への目配りが要求されるところである。

第13章は第14章の問題とも深く関わるが、日本の方言分布形成という巨視的な観点と、一地域の言語変化という微視的な観点を組み合わせた研究のバランスが必要である。最大の問題は、東日本における「いる」「いた」の分布がいつ頃、どのような過程で進んだかという点にある。また、西日本における「おる」の分布が、中央の歴史的資料とどのように絡み合うのか、またなぜ「いる」の発達が中央に限定され、広く西日本に勢力を持ちえなかったのかという問題も大きい。微視的には、和歌山や八丈島の「ある」の採用の問題もやはり重要である。今後は、第7章についても触れた、敬語の存在動詞の分布や第14章のアスペクト表現の分布も総合して、考察を進めたい。

第14章では、なぜ「人の存在」を表す存在動詞がその時代、その地域の中核的なアスペクト形式を形成するのか、またテ形接続と連用形接続のアスペクト的対立の起源、形成過程がどのようなものであったかという問題を中心に、現在の考え方を提示したが、やはり研究は緒についたばかりであり、今後さらに資料や方言の調査を重ねていくことで研究を深化させる必要がある。言語変化についての一般言語学や対照研究の成果も取り込んでいくべきである。その中で、「空間的存在文」と「限量的存在文」の区別は、理論的な面で重要な概念となるという点は強調しておきたい。また、全国共通語の「接触言語」としての本質も、今後の研究でより明らかにされなければならないと考える。

主要資料一覧

○本文中に出典表示のあるものは省いた。また、特に表示のないものは、『新日本古典文学大系』または『日本古典文学大系』（共に岩波書店）を使用している。

上代～江戸時代初期

古事記　倉野憲司・武田祐吉（校注）（一九五八）『古事記 祝詞』日本古典文学大系、岩波書店

万葉集　高木市之助・五味智英・大野晋（校注）（一九五七・一九五九・一九六〇・一九六二）『万葉集』一～四、日本古典文学大系、岩波書店。なお、訓読について佐竹昭広・木下正俊・小島憲之（一九六三）『萬葉集 本文篇』（塙書房）を参照した箇所がある。

土左日記　長谷川政春・今西祐一郎・伊藤博・吉岡曠（校注）（一九八九）『土佐日記・蜻蛉日記・紫式部日記・更級日記』新日本古典文学大系、岩波書店

蜻蛉日記　長谷川政春・今西祐一郎・伊藤博・吉岡曠（校注）（一九八九）『土佐日記・蜻蛉日記・紫式部日記・更級日記』新日本古典文学大系、岩波書店

宇津保物語　宇津保物語研究会（編）（一九七三・一九八二）『宇津保物語 本文と索引 本文編・索引編』笠間書院

枕草子　三巻本。池田亀鑑・岸上慎二・秋山虔（校注）（一九五八）『枕草子 紫式部日記』日本古典文学大系、岩波書店

源氏物語　大島本。柳井滋・室伏信助・大朝雄二・鈴木日出男・藤井貞和・今西祐一郎（校注）（一九九三・一九九四・一九九五・一九九六・一九九七）『源氏物語』一～五、新日本古典文学大系、岩波書店

新撰字鏡　京都大学文学部国語国文学研究室（編）（一九六七）『新撰字鏡 天治本附享和本・群書類従本』臨川書店

大慈恩寺三蔵法師伝古点　築島　裕（一九六五）『興福寺本 大慈恩寺三蔵法師伝古点の国語学的研究　訳文篇』東京大学出版会
神田本白氏文集古点　太田次男・小林芳規（一九八二）『神田本白氏文集の研究』勉誠社
地蔵十輪経・大唐西域記古点　中田祝夫（一九五八）『古点本の国語学的研究　訳文篇』講談社
荘子古点　高山寺蔵荘子甲巻鎌倉初期点および高山寺蔵荘子乙巻南北朝期点。高山寺典籍文書綜合調査団（編）（一九八四）『高山寺古訓点資料第二』高山寺資料叢書第十三冊、東京大学出版会
今昔物語集
小峯和明（校注）（一九九九）『今昔物語集』二、新日本古典文学大系、岩波書店
池上洵一（校注）（一九九三）『今昔物語集』三、新日本古典文学大系、岩波書店
森　正人（校注）（一九九六）『今昔物語集』五、新日本古典文学大系、岩波書店
三宝絵　観智院旧蔵本。小泉弘・高橋伸幸（一九八〇）『諸本対照　三宝絵集成』笠間叢書一三一、笠間書院
三教指帰注　築島裕・小林芳規（編）（一九八〇）『中山法華経寺蔵本三教指帰注　総索引及び研究』武蔵野書院
法華百座聞書抄　小林芳規（編）（一九七五）『法華百座聞書抄　総索引』武蔵野書院
古本説話集　山内洋一郎（編）（一九六九）『古本説話集　総索引』風間書房
宇治拾遺物語　渡邊綱也・西尾光一（校注）（一九六〇）『宇治拾遺物語』日本古典文学大系、岩波書店
方丈記　佐竹昭広・久保田淳（校注）（一九八九）『方丈記　徒然草』新日本古典文学大系、岩波書店
平家物語
延慶本　大東急記念文庫蔵・延慶中写本。北原保雄・小川栄一（編）（一九九〇・一九九六）『延慶本平家物語 本文篇上・下』勉誠社
覚一本　龍谷大学蔵本覚一本。ただし巻第一の「祇王」の部分のみ東京大学国語研究室蔵高野本（覚一別本）による。
高木市之助・小澤正夫・渥美かをる・金田一春彦（校注）（一九五九）『平家物語』上、日本古典文学大系、岩波

書店

百二十句本　斯道文庫蔵百二十句本平家物語。慶應義塾大学附属研究所斯道文庫（編）（一九七〇）『百二十句本平家物語』斯道文庫古典叢刊、二、汲古書院

竹柏園本　天理図書館蔵竹柏園本平家物語。天理図書館善本叢書和書之部編集委員会（編）（一九七八）『平家物語竹柏園本』天理図書館善本叢書和書之部、天理大学出版部・八木書店

徒然草　正徹本。佐竹昭広・久保田淳（校注）（一九八九）『方丈記　徒然草』新日本古典文学大系、岩波書店

増鏡　学習院大学附属図書館蔵・室町時代古写本。岩佐正・時枝誠記・木藤才蔵（校注）（一九六五）『神皇正統記　増鏡』日本古典文学大系、岩波書店

唐物語　池田利夫（編）（一九七五）『唐物語　校本及び総索引』笠間索引叢刊四八、笠間書院

史記抄　内閣文庫蔵古活字本。岡見正雄・大塚光信（編）（一九七一）『史記抄』抄物資料集成一、清文堂出版

毛詩抄　書陵部蔵古活字本。岡見正雄・大塚光信（編）（一九七一）『毛詩抄・蒙求抄』抄物資料集成六、清文堂出版

蒙求抄　書陵部蔵古活字本。岡見正雄・大塚光信（編）（一九七一）『毛詩抄・蒙求抄』抄物資料集成六、清文堂出版

四河入海　書陵部蔵古活字本。岡見正雄・大塚光信（編）（一九七一）『四河入海　一－四』抄物資料集成二－五、清文堂出版

湯山聯句抄　大塚光信・尾崎雄二郎・朝倉尚（校注）（一九九五）『中華若木詩抄　湯山聯句鈔』新日本古典文学大系、岩波書店

中華若木詩抄　大塚光信・尾崎雄二郎・朝倉尚（校注）（一九九五）『中華若木詩抄　湯山聯句鈔』新日本古典文学大系、岩波書店

臨済録抄　松ヶ岡文庫（鑑修）（一九七六）『臨済録抄』禅籍抄物集、岩波書店

天草版平家物語　福島邦道（解題）（一九七六）『天草版平家物語』勉誠社文庫、勉誠社

エソポのファブラス　（一九七六）『伊曽保物語―天草版』勉誠社文庫、勉誠社

虎明本狂言　池田廣司・北原保雄（一九七二～一九八三）『大蔵虎明本狂言集の研究』表現社

近世上方～近代・現代京阪方言

おあむ物語　菊池真一（編）（一九八七）『おあん物語・おきく物語・理慶尼の記 本文と総索引』和泉書院索引叢刊一一、和泉書院

近松・世話浄瑠璃　第4章では重友 毅（校注）（一九五八）『近松浄瑠璃集上』（日本古典文学大系、岩波書店）を使用。

含まれる作品と略号は、以下の通り。

作品名	略号	初演年
曽根崎心中	曾根崎	一七〇三（元禄一六）年
堀川波鼓	堀川	一七〇七（宝永四）年
重井筒	重井筒	一七〇八（宝永五）年頃
丹波與作待夜の小室節	丹波	一七〇八（宝永五）年
おなつ清十郎 五十年忌歌念仏	歌念仏	一七〇九（宝永六）年
冥途の飛脚	冥途	一七一一（正徳元）年
夕霧阿波鳴渡	夕霧	一七一二（正徳二）年
鑓の権三重帷子	重帷子	一七一七（享保二）年
山崎與次兵衛寿の門松	門松	一七一八（享保三）年
博多小女郎波枕	博多	一七一八（享保三）年
心中天の網島	天網島	一七二〇（享保五）年
女殺油地獄	女殺	一七二一（享保六）年
心中宵庚申	宵庚申	一七二二（享保七）年

第11章では森修・鳥越文蔵・長友千代治（校注・訳）（一九七二・一九七五）『近松門左衛門集』一および二（日本古典

文学全集、小学館）を使用した。

上方後期洒落本　洒落本大成編集委員会（編）（一九七八～一九八八）『洒落本大成』中央公論社

対象とする作品の選定には、金沢（一九八八）を参照。作品名は以下の通り。

作品名	略号	成立・出版年	舞台となる遊里等
穿当珍話	穿当	一七五六（宝暦六）年	大坂
聖遊郭	聖遊郭	一七五七（宝暦七）年	大坂
嬉妝月花余情	月花	一七五七（宝暦七）年	大坂嶋の内
陽台遺編	陽台	一七五七（宝暦七）年	大坂
妣閣秘言	秘言	一七五七（宝暦七）年	大坂
新月花余情	新月花	一七五七（宝暦七）年	大坂
郭中奇譚（異本）	郭中	一七七一（明和八）年？	大坂
風流裸人形	裸人形	一七八〇（安永八）年？	京都
見脈医術虚辞先生穴賢	虚辞先生	一七八一（安永九）年	京都
短華蘂葉	短華	一七八六（天明六）年	大坂新屋敷
北華通情	北華	一七九四（寛政六）年	大坂曾根崎
睟のすじ書	すじ書	一七九四（寛政六）年	大坂遊里各所
十界和尚話	和尚話	一七九八（寛政一〇）年	大坂遊里各所
三睟一致うかれ草紙	うかれ	一七九七（寛政九）年	京都祇園
南遊記	南遊記	一八〇〇（寛政一二）年	大坂遊里各所
当世嘘の川	嘘の川	一八〇四（享和四）年	
滑稽粋言竊潜妻	竊潜妻	一八〇七（文化四）年	京都祇園

当世粋の曙　粋の曙　一八二〇（文政三）年　大坂坂町
河東方言箱枕　箱枕　一八二二（文政五）年　京都祇園
北川蜆殻　蜆殻　一八二七（文政一〇）年？大坂北新地

古今集遠鏡　大久保正（編）（一九六九）『本居宣長全集』三、筑摩書房
古今和歌集鄙言　後藤剛（一九八九）『古今和歌集鄙言の国語学的研究 影印・翻刻編』武蔵野書院
あゆひ抄　中田祝夫・竹岡正夫（一九六〇）『あゆひ抄 新注』風間書房
穴さがし心の内外　前田勇（一九七四）「穴さがし心の内外」『近代語研究』第四集、四二九－四八四頁、武蔵野書院
明治・大正大阪落語ＳＰレコード　真田信治・金沢裕之（一九九一）『二十世紀初頭大阪口語の実態：落語ＳＰレコードを資料として』文部省科学研究費補助金「幕末以降の大阪口語変遷の研究」研究成果報告書、課題番号：〇一四五〇〇六一、研究代表者：真田信治
演者、演目、推定発売・録音年はそれぞれ、以下の通り。
二代目曽呂利新左衛門　（一八四四－一九二三）
「馬部屋」一九〇三（明治三六）年、「盲の提灯」（同）、「後へ心がつかぬ」一九〇七（明治四〇）年、「鋲盗人」明治末～大正初、「恵比須小判」（同）、「日と月の下界旅行」一九一一（明治四四）年、「動物博覧会」（同）、「絵手紙」一九一一（明治四四）年頃
二代目桂文枝　（一八四四－一九一六）
「近江八景」「小噺」一九一一（明治四四）年頃、「たん医者」（同）、「近日息子」（同）
三代目桂文団治　（一八五六－一九二四）
「倹約の極意」明治末～大正初、「芝居の小噺」（同）
三代目桂文三　（一八五九－一九一七）
「天神咄」一九〇三（明治三六）年、「魚売り」（同）

初代桂枝雀　（一八六四―一九二八）
「亀屋左兵衛」一九〇三（明治三六）年、「蛸の手」（同）、「きらいきらい坊主」（同）、「煙管返し」（同）、「いびき車」一九〇九（明治四二）年頃、「芋の地獄」一九〇九（明治四二）、年以降「さとり坊主」一九二三（大正一二）年
二代目林家染丸　（一八六七―一九五二）
「日和違い」一九二三（大正一二）年、「電話の散財」（同）
四代目笑福亭松鶴　（桂枝鶴）（一八六九―一九四二）
「一枚起請」一九〇七（明治四〇）年頃、「いらちの愛宕参り」（同）、「魚尽し」（同）、「筍手討」（同）、「平の陰」（同）、「理屈あんま」一九二四（大正一三）年以降、「やいと丁稚」一九二五（大正一四）年、「浮世床」一九二六（大正一五）年頃
桂文雀　（生年不明。明治前期か）
「長屋議会」一九二三（大正一二）
なお、読みやすさのために、引用にあたって表記を適宜変更している。
方言会話資料・京都　①中井幸比古（二〇〇〇）『方言会話資料(1)京都(1)』（平成九―一二年度文部省科学研究費補助金研究成果報告書、課題番号：〇九六一〇五四二、研究代表者：中井幸比古）
ただし談話8、9は、話体上の問題があるので除外。録音年は一九六五年（昭和四〇）―一九六七年（昭和四二）、発話者の生年は一八八八年―一九一二年。
②中井幸比古（二〇〇一）『方言会話資料(2)京都(2)』（平成九―一二年度文部科学省科学研究費補助金研究成果報告書、課題番号：〇九六一〇五四二、研究代表者：中井幸比古）。録音年は一九八六年（昭和六一）―一九九八年（平成一〇）。話者の生年は一九〇三―一九四四年。①②とも読みやすさのために、引用にあたって表記を適宜変更している。
関西・若年層における談話データ集　真田信治（二〇〇〇）『関西・若年層における談話データ集』（平成九―一〇年度科学

研究費補助金研究成果報告書、「関西圏における「ネオ方言」談話の収集」、課題番号〇九八七一九六七、研究代表者：真田信治、一九九九）

収録年は一九九三年と一九九六年、話者の生年は一九七二年から一九七四年。話者の出生地・生育地は大阪、奈良、神戸、宝塚等。

東国語～江戸語～近代東京語・標準語

大淵代抄　駒沢大学文学部国文学研究室（編）（一九七三）『大淵代抄』禅門抄物叢刊、第二之一―二、汲古書院

浮世風呂　神保五彌（校注）（一九八九）『浮世風呂・劇場粋言幕の外・大千世界楽屋探』新日本古典文学大系、岩波書店

浮世床　中野三敏・神保五彌・前田愛（校注）（二〇〇〇）『洒落本　滑稽本　人情本』新編日本古典文学全集八〇、小学館

ゑんぎりしことば　杉本つとむ（編）（一九八五）『日本英語文化史資料』八坂書房

Colloquial Japanese S.R.Brown（1970）*Colloquial Japanese: or, Conversational sentences and dialogues in English and Japanese*, Reprint of the editionpublished in Shanghai by Presbyterian Mission press in 1863. Hokushin, Tokyo.

雑誌『太陽』　独立行政法人国立国語研究所（編）（二〇〇一）『太陽コーパスVer．0・6（一九〇一　本文テキスト）』独立行政法人国立国語研究所、研究開発部門第一領域

三四郎　夏目金之助（著）（一九九四）『坑夫・三四郎』漱石全集、五、岩波書店

阿修羅のごとく　向田邦子（一九八一）『阿修羅のごとく』向田邦子TV作品集、一、大和書房

CD-ROM版新潮文庫の一〇〇冊　日本人の作者による作品。ただし、一部の時代小説など、文体・話体上問題のある小説については対象から外した。扱った作品は下記の通り。

■森鷗外「カズイスチカ」「興津弥五右衛門の遺書」「護持院原の敵討」「高瀬舟」「高瀬舟縁起」「最後の一句」「山椒大夫」「二人の友」「杯」「百物語」「普請中」「妄想」■伊藤左千夫「守の家」「浜菊」「姪子」「野菊の墓」■夏目漱石「こころ」■島崎藤村「破戒」■泉

鏡花「歌行燈」「高野聖」「国貞ゑがく」「女客」「売色鴨南蛮」■有島武郎「小さき者へ」「生れ出づる悩み」■志賀直哉「雨蛙」「好人物の夫婦」「濠端の住まい」「佐々木の場合」「山科の記憶」「十一月三日午後の事」「小僧の神様」「城の崎にて」「真鶴」「赤西蠣太」「冬の日」「痴情」「転生」「冬の往来」「晩秋」「焚火」「流行感冒」「瑣事」■武者小路実篤「友情」■谷崎潤一郎「痴人の愛」■山本有三「路傍の石」「路傍の石・あとがき」「路傍の石・ペンを折る」「路傍の石・付録」■芥川龍之介「芋粥」「運」「袈裟と盛遠」「好色」「邪宗門」「俊寛」「鼻」「羅生門」■宮沢賢治「オツベルと象」「カイロ団長」「シグナルとシグナレス」「セロ弾きのゴーシュ」「ビジテリアン大祭」「ひのきとひなげし」「マリヴロンと少女」「よだかの星」「黄いろのトマト」「銀河鉄道の夜」「双子の星」「猫の事務所」「北守将軍と三人兄弟の医者」「饑餓陣営」■三木清「人生論ノート」「人生論ノート・後記」■井伏鱒二「黒い雨」■川端康成「雪国」■石川淳「かよい小町」「マルスの歌」「葦手」「喜寿童女」「山桜」「処女懐胎」「焼け跡のイエス」「張柏端」■壷井栄「二十四の瞳」■梶井基次郎「Kの昇天」「ある崖上の感情」「ある心の風景」「のんきな患者」「愛撫」「闇の絵巻」「過古」「器楽的幻覚」「交尾」「桜の樹の下には」「城のある町にて」「雪後」「蒼穹」「泥濘」「冬の日」「冬の蝿」「橡の花」「路上」「檸檬」「筧の話」■小林秀雄「モオツァルト」「偶像崇拝」「光悦と宗達」「骨董」「実朝」「真贋」「西行」「雪舟」「蘇我馬子の墓」「鉄斎」「徒然草」「当麻」「平家物語」「無情といふ事」■竹山道雄「ビルマの竪琴」■林芙美子「放浪記」■山本周五郎「さぶ」■堀辰雄「風立ちぬ」「美しい村」■石川達三「青春の蹉跌」■井上靖「あすなろ物語」■中島敦「李陵」「山月記」「弟子」「名人伝」■太宰治「人間失格」■大岡昇平「野火」■松本清張「点と線」■新田次郎「孤高の人」■福永武彦「草の花」■水上勉「雁の寺」「越前竹人形」■阿川弘之「山本五十六」■三浦綾子「塩狩峠」■遠藤周作「沈黙」■池波正太郎「剣客商売」■安部公房「砂の女」■吉行淳之介「砂の上の植物群」「樹々は緑か」■三島由紀夫「金閣寺」■星新一「人民は弱し官吏は強し」■立原正秋「冬の旅」■北杜夫「楡家の人々」■吉村昭「戦艦武蔵」■開高健「パニック」「巨人と玩具」「裸の王様」「流亡記」■野坂昭如「アメリカひじき」「プアボーイ」「ラ・クンパルシータ」「火垂るの墓」「死児を育てる」「焼土層」■三浦哲郎「忍ぶ川」■有吉佐和子「華岡青洲の妻」■曽野綾子「太郎物語」■五木寛之「風に吹かれて」■渡辺淳一「花埋み」■井上ひさし「ブンとフン」■筒井康隆「エディプスの恋人」■大江健三郎「死者の奢り」「飼育」「人間の羊」「戦いの今日」「他人の足」「不意の唖」■倉橋由美子「聖少女」■塩野七生「コンスタンティノープルの陥落」■藤原正彦「若き数学者のアメリカ」■椎名誠「新橋烏森口青春篇」■沢木耕太郎「一瞬の夏」■宮本輝「錦繡」■赤川次郎「女社長に乾杯！」■高野悦子「二十歳の原点」■村上春樹「世

界の終わりとハードボイルド・ワンダーランド」

参考文献

相原　茂（一九九〇）『はじめての中国語』講談社現代新書
安部清哉（一九九六）「語彙・語法史から見る資料―『篁物語』の成立時期をめぐりて―」『国語学』一八四集、一四―二七頁、国語学会
飯豊毅一（一九五九）「八丈島方言の語法」国立国語研究所『ことばの研究』秀英出版、二二五―二三二頁
井上史雄（一九九八）『日本語ウォッチング』岩波新書
井上文子（一九九二）「「アル」・「イル」・「オル」によるアスペクト表現の変遷」『国語学』一七一、（左）二〇―二九頁、国語学会
井上文子（一九九三）「関西中央部における「オル」「〜トル」軽卑化のメカニズム」『阪大日本語研究』五、一九―三二頁、大阪大学文学部
井上文子（一九九八）『日本語方言アスペクトの動態』秋山書店
大鹿薫久（一九八四）「「ある」についての素描」『山邊道』二八、五〇―六〇頁、天理大学国文学研究室
太田次男・小林芳規（一九八二）『神田本白氏文集の研究』勉誠社
大塚　望（二〇〇四）「〜がある」文の多機能性『言語研究』第一二五号、一一一―一四三頁
大坪併治（一九九二・一九九三）『訓点語の研究』上・下（改訂版）風間書房
大野仁美（一九八九）「串本方言における助動詞「イル」」『東京大学言語学論集'89』二二五―二三四頁
大野仁美（一九九一）「串本方言の継続を表わす助動詞―「アル」・「オク」・「イル」―」『東京大学言語学論集』一一、二一一

―二三五頁
大野仁美（一九九二）「南紀海岸部の方言における存在を表わす動詞」『日本方言研究会 第五四回研究発表会発表原稿集』五〇―五八頁、日本方言研究会
影山太郎（一九八七）「語彙の比較とプロトタイプ」『日本語学』六―一〇、四―一二頁、明治書院
春日和男（一九六八）『存在詞に関する研究』風間書房
金沢裕之（一九九八）『近代大阪語変遷の研究』和泉書院
金田章宏（二〇〇一）『八丈方言動詞の基礎研究』笠間書院
金田章宏（二〇〇四）「青森県五戸方言形容詞の～クテル形式」工藤（二〇〇四ａ）一三四―一六五頁
川口義一（一九九二）「議会における丁重語―謙譲語から尊敬語へ―」辻村敏樹教授古稀記念論文集刊行会（編）『辻村敏樹教授古希記念 日本語史の諸問題』一〇七―一二四頁、明治書院
姜　錫祐（一九九五）「日韓における軍隊敬語の実態」『待兼山論叢』二九、三一―四八頁、大阪大学文学会
菊地康人（一九九四）『敬語』角川書店
岸本秀樹（二〇〇二）「日本語の存在・所有文の文法関係について」伊藤たかね（編）『文法理論―レキシコンと統語―』一四七―一七一頁、東京大学出版会
岸本秀樹（二〇〇三）「「ある」「いる」の交替現象―存在・所有の概念と文法形式―」『言語』三二―一一、四五―五一頁、大修館書店
岸本秀樹（二〇〇五）『統語構造と文法関係』くろしお出版
来田　隆（一九九二）「キルとヲリ―一韓の抄物から―」小林芳規博士退官記念会（編）『小林芳規博士退官記念国語学論集』三八一―三九八頁、汲古書院
来田　隆（一九九七）「院政・鎌倉時代に於けるキルとヲリ」『鎌倉時代語研究』二〇、五―二四頁、武蔵野書院
来田　隆（二〇〇一）『抄物による室町時代語の研究』清文堂

清瀬良一（一九八二）『天草版平家物語の基礎的研究』渓水社
金水　敏（一九八二）「人を主語とする存在表現―天草版平家物語を中心に―」『国語と国文学』五九―一二、五八―七三頁、東京大学国語国文学会
金水　敏（一九八三）「上代・中古のヰルとヲリ―状態化形式の推移―」『国語学』一三四、一―一六頁、国語学会
金水　敏（一九八四）「「いる」「おる」「ある」―存在表現の歴史と方言―」『ユリイカ』総特集 日本語、一一、臨時増刊、二八四―二九三頁、青土社
金水　敏（一九九三ａ）「状態化形式の推移補記」松村明先生喜寿記念会（編）『国語研究』二六二―二七七頁、明治書院
金水　敏（一九九三ｂ）「古事記のテンス・アスペクト」『国文学 解釈と鑑賞』五八―七、二八―三三頁、至文堂
金水　敏（一九九五）「いわゆる「進行態」について」築島裕博士古稀記念会（編）『築島裕博士古稀記念 国語学論集』一六九―一九七頁、汲古書院
金水　敏（一九九六ａ）「日本語の存在表現の地理的分布と歴史的解釈」『文化學年報』一五、一七一―一八九頁、神戸大学大学院文化学研究科
金水　敏（一九九六ｂ）「「おる」の機能の歴史的考察」山口明穂教授還暦記念会『山口明穂教授還暦記念 国語学論集』一〇九―一三二頁、明治書院
金水　敏（一九九七）「現在の存在を表す「いた」について―国語史資料と方言から―」川端善明・仁田義雄（編）『日本語文法　体系と方法』二四五―二六二頁、ひつじ書房
金水　敏（一九九八）「「あり」「ゐる」「をり」＝存在の表現の意義」『國文學 解釈と教材の研究』四三―一一、六二―六九頁、學燈社
金水　敏（一九九九）「近代語の状態化形式の構造」近代語学会（編）『近代語研究』一〇、三九一―四一八頁、武蔵野書院
金水　敏（二〇〇〇）「役割語探求の提案」佐藤喜代治（編）『国語史の新視点』国語論究、八、三一一―三五一頁、明治書院

金水　敏（二〇〇一）「文法化と意味―「～おる（よる）」論のために―」『國文學 解釈と教材の研究』四六―二、一五―一九頁、學燈社
金水　敏（二〇〇二a）「平安時代の「をり」再考―卑語性の検討を中心に―」『大阪大学大学院文学研究科紀要』四二、一―二五頁、大阪大学大学院文学研究科
金水　敏（二〇〇二b）「存在表現の構造と意味」近代語学会（編）『近代語研究』一一、四七三―四九三頁、武蔵野書院
金水　敏（二〇〇三a）『ヴァーチャル日本語 役割語の謎』もっと知りたい日本語、岩波書店
金水　敏（二〇〇三b）「所有表現の歴史的変化」『言語』三二―一一、三八―四四頁、大修館書店
金水　敏（二〇〇四a）「日本語の敬語の歴史と文法化」『言語』三三―四、三四―四一頁、大修館書店
金水　敏（二〇〇四b）「敬語動詞における視点中和の原理について」音声文法研究会（編）『文法と音声Ⅳ』一八一―一九三頁、くろしお出版
金水　敏（二〇〇四c）「グローバル時代における日本語―〝客観化〟をめぐって―」韓国日語日文学会（編）『日語日文学研究』第四九輯、一五―三〇頁、韓国日語日文学会
金水　敏（二〇〇四d）「全国共通語「おる」の機能とその起源」『近代語研究』一二、三二三―四一二頁、武蔵野書院
金水　敏（二〇〇四e）「近代日本小説における「（人が）いる／ある」の意味変化」『待兼山論叢』文学篇、三八、一―一四頁、大阪大学大学院文学研究科
金水　敏（二〇〇五a）「歴史的に見た「いる」と「ある」の関係」日本語文法学会（編）『日本語文法』五―一、一三八―一五七頁、くろしお出版
金水　敏（二〇〇五b）「古代・中世の「をり」と文体」築島裕博士傘寿記念会（編）『築島裕博士傘寿記念 国語学論集』二一二―二二九頁、汲古書院
金水　敏（二〇〇五c）「日本語敬語の文法化と意味変化」『日本語の研究』一―三、一八―三一頁、日本語学会
金水　敏（二〇〇五d）「存在表現の歴史と方言」『国語と国文学』八二―一一、一八〇―一九一頁、東京大学国語国文学会

金田一春彦（一九七六）「国語動詞の一分類」金田一春彦（編）『日本語動詞のアスペクト』五―二六頁、むぎ書房
釘貫　亨（一九九九）「完了辞リ、タリと断定辞ナリの成立」『萬葉』一七〇、一―一五頁、萬葉学会
工藤真由美（一九九五）『アスペクト・テンス体系とテクスト―現代日本語の時間の表現―』ひつじ書房
工藤真由美（二〇〇二）『方言における動詞の文法的カテゴリーの類型的研究』科学研究費補助金研究成果報告書、基盤研究(B)(1)、研究代表者：工藤真由美、課題番号：一三四一〇一二四
工藤真由美（編）（二〇〇四a）『日本語のアスペクト・テンス・ムード体系―標準語研究を越えて―』ひつじ書房
工藤真由美（編）（二〇〇四b）「研究成果の概要―アスペクト・テンス・ムードを中心に―」工藤（二〇〇四a）三四―七六頁
工藤真由美（編）（二〇〇四c）「青森県五所川原方言の動詞のアスペクト・テンス・ムード」工藤（二〇〇四a）一二〇―一三三頁
久野　暲（一九七三）『日本文法研究』大修館書店
国立国語研究所（一九五〇）『八丈島の言語調査』秀英出版
国立国語研究所（一九六七）『日本言語地図』二、大蔵省印刷局
国立国語研究所（一九七九）『表現法の全国的調査研究―準備調査の結果による分布の概観―』昭和五三年度科学研究費補助金（総合研究A）研究成果報告書
小林　隆（一九九八）「文法から見た東日本方言の形成」『言語』二七―七、二六―三三頁、大修館書店
小林　隆（二〇〇四）『方言学的日本語史の方法』ひつじ書房
小林芳規（一九六七）『平安鎌倉時代に於ける漢籍訓読の国語史的研究』東京大学出版会
小松寿雄（一九七四）「『一読三歎当世書生気質』の江戸語的特色」『埼玉大学紀要』九、一七―二八頁、埼玉大学教養学部
小松寿雄（一九八五）『江戸時代の国語 江戸語―その形成と階層―』国語学叢書、七、東京堂出版
近藤　明（一九八四）「助動詞「り」「たり」の活用形の偏在をめぐって」『国語学研究』二四、一〇―二三頁、東北大学文学

部『国語学研究』刊行会
近藤泰弘（一九八六）「敬語の一特質」築島裕博士還暦記念会（編））『築島裕博士還暦記念 国語学論集』八五一一〇四頁、明治書院
近藤泰弘（一九九二）「丁寧語のアスペクト的性質―中古語の「はべり」を中心に―」辻村敏樹教授古稀記念論文集刊行会（編）『辻村敏樹教授古稀記念 日本語史の諸問題』一八一三二頁、明治書院
近藤泰弘（二〇〇〇）『日本語記述文法の理論』ひつじ書房
阪倉篤義（一九七七a）「動詞の意義分析―ヰルとヲリとの場合―」『国語国文』四六―四、一―一二頁、京都大学文学部国語学国文学研究室
阪倉篤義（一九七七b）「語りの姿勢―「をり」の消長をめぐって―」『文学』四五―五、五六四―五七九頁、岩波書店
坂梨隆三（一九七七）「居られるという言い方について」『松村明教授還暦記念 国語学と国語史』五四七―五七六頁、明治書院
坂梨隆三（一九九八）「「おられる」再考」『東京大学国語研究室創設百周年記念 国語研究論集』七五一―七七三頁、汲古書院
坂梨隆三（二〇〇二）『『浮世床』『浮世風呂』のテルとテイル」『国語と国文学』七九―八、三八―四八頁、東京大学国語国文学会
迫野虔徳（一九八八）「「たり」の展開」『文学研究』八五、一―一九頁、九州大学文学部
迫野虔徳（一九九六）「日本語の方言差と「テイル」」『言語学林 1995-1996』八六七―八七八頁、三省堂（迫野虔徳（一九九八）二一三―二一八頁に所収）
迫野虔徳（一九九八）『文献方言史研究』清文堂出版
佐藤虎男（一九八四）「たての見かたとよこの見かたをかねあわせた総合的研究―前二章のいきかたを統合したいきかた―」藤原与一（監修）・神部宏泰（編）『方言研究ハンドブック』一八三―二一二頁、和泉書院

佐藤亮一（監修）・尚学図書・言語研究所（編）（一九九一）『方言の読本』小学館
佐野　洋（二〇〇三）『Windows PC による日本語研究法—Perl, CLTOOL によるテキストデータ処理—』共立出版
滋野雅民（一九九七）「中古、中世における「クフ・クラフ・カム・ハム・食ス」の用法と位相について」『訓点語と訓点資料』九九、一—一八頁、訓点語学会
柴谷方良（一九七八）『日本語の分析』大修館書店
渋谷勝己（一九九四）「鶴岡方言のテンスとアスペクト」『鶴岡方言の記述的研究—第3次鶴岡調査 報告1—』国立国語研究所報告、一〇九—一、二三七—二六六頁、秀英出版
鈴木　泰（一九九二）『古代日本語動詞のテンス・アスペクト—源氏物語の分析—』ひつじ書房（改訂版、ひつじ書房、一九九九）
鈴木英夫（一九九八）「規範意識と使用の実態—「（人が）ある」と「（人が）いる」を中心として—」『日本語学』一七—六、八〇—九六頁
曽田文雄（一九五七）「訓点語彙—高野山光明院蔵蘇悉地羯羅経承保元年点—」『訓点語と訓点資料』八、二九—四〇頁、訓点語学会
高田祥司（二〇〇一）「青森県弘前方言のアスペクト・テンス体系〈動詞述語編〉」『待兼山論叢』日本学篇、三五、五一—六七頁、大阪大学大学院文学研究科
高橋太郎・屋久茂子（一九八四）「「～がある」の用法—（あわせて）「人がある」と「人がいる」の違い—」『研究報告書』五、国立国語研究所報告、七九、一—四二頁
橘　誠（一九七七）「源氏物語の語法・用語例—「をり」と「ゐる」と—」『国語研究』四〇、三一—一二頁、國學院大學国語研究室
田中重太郎（一九五九）「枕草子の解釈と文法上の問題点Ⅰ「をり」の待遇語法について—語彙中心に—」『講座 解釈と文法』三、二五二—二九〇頁、明治書院

田中重太郎（一九六〇）「枕草子における敬語―「をり」の待遇語法と「御」のつく語を中心として―」『国文学 解釈と教材の研究』五―一一、一〇三―一一一頁、學燈社
張　麟声（一九九二）「中日所在表現の対照研究」文化言語学編集委員会（編）『文化言語学―その提言と建設―』八九〇―八七三頁、三省堂
築島　裕（一九六三）『平安時代の漢文訓読語につきての研究』東京大学出版会
築島　裕（一九六五）『興福寺本大慈恩寺三蔵法師伝古点の国語学的研究　訳文篇』東京大学出版会
築島　裕（一九六七）『興福寺本大慈恩寺三蔵法師伝古点の国語学的研究　研究篇』東京大学出版会
辻村敏樹（一九六七）『現代の敬語』共文社
角田太作（一九九一）『世界の言語と日本語』くろしお出版
坪井美樹（一九七六）「近世のテイルとテアル」『佐伯梅友博士喜寿記念 国語学論文集』五三七―五六〇頁、表現社
寺村秀夫（一九八二）『日本語のシンタクスと意味Ⅰ』くろしお出版
時枝誠記（一九六四）『日本文法　文語篇』岩波書店
徳川宗賢（編）（一九八二）『日本の方言地図』中公新書、中央公論社
中井精一（二〇〇三）「上方およびその近隣地域におけるオル系「ヨル」・「トル」の待遇化について」『国語語彙史の研究』第二二集、一一三―一二九頁、清文堂
中田祝夫（一九五四）『古点本の国語学的研究　訳文篇』講談社
西尾純二（二〇〇三）「マイナス待遇表現の言語行動論的研究」大阪大学大学院文学研究科提出博士論文
西光義弘・水口志乃扶（編）（二〇〇四）『類別詞の対照』シリーズ言語対照3、くろしお出版
西山佑司（一九九四）「日本語の存在文と変項名詞句」『慶應義塾大学言語文化研究所紀要』二六、一一五―一四八頁
西山佑司（二〇〇三）『日本語名詞句の意味論と語用論―指示的名詞句と非指示的名詞句―』ひつじ書房
丹羽一彌（一九七七）「トル・ヨル考」『東海学園国語国文』一一、八七―九三頁、東海学園女子短期大学国語国文学会

丹羽一彌（一九八五）「紀伊半島の「アル」と「オル」」『名古屋・方言研究会会報』二、二五―三五頁
丹羽一彌（一九九五）「物の流れと語形の伝播―紀伊半島のアルとオルの場合―」名古屋・ことばのつどい編集委員会（編）『言語の変容』日本語論究、四、二一九―二四一頁、和泉書院
沼田貞子（一九七九）「存在を表す「あり・をり・ゐる」について―中古の仮名文学作品における比較を中心に―」『山口国文』二、二七―三七頁、山口大学文理学部国語国文学会
野村剛史（一九九四）「上代のリ・タリについて」『国語国文』六三―一、二八―五一頁、京都大学文学部国語学国文学研究室
橋本　治（一九九三）『源氏供養』上巻、中央公論社
橋本進吉（一九六九）『助詞・助動詞の研究』橋本進吉博士著作集、八、岩波書店
濱田　敦（一九八一）「七つの子がある」土井先生頌寿記念論文集刊行会（編）『国語史への道　上』土井先生頌寿記念論文集、一八七―二〇二頁、三省堂
原口　裕（一九九三）「英学資料に見るイル・オル」鶴久教授退官記念論文集刊行会（編）『鶴久教授退官記念 国語学論集』四一八―四三四頁、桜楓社
廣坂直子（一九九八）「「ながら」の変遷―主にアスペクト研究の一環として」『平成一〇年度国語学会秋季大会要旨集』一三―二〇頁
福嶋健伸（二〇〇二）「中世末期日本語の～タについて―終止法で状態を表している場合を中心に―」『国語国文』七一―八、三三―四九頁、京都大学文学部国語学国文学研究室
福嶋健伸（二〇〇五）「「狂言のことば」と現代韓国語の意外な類似点」『武蔵野文学』五三、七―一二頁、武蔵野書院
古田東朔（一九八六）「『東海道四谷怪談』において上方風、東国風両方の言い方をしている人たち」『松村明教授古稀記念国語研究論集』四四九―四七三頁、明治書院
古田東朔（一九八七）「『東海道四谷怪談』において上方風の言葉遣いをする人たち」『近代語研究』七、四三七―四五八頁、武蔵野書院

古田東朔（一九九三）「『東海道四谷怪談』において東国風の言葉遣いをする人たち」『近代語研究』九、二三一―二五六頁、武蔵野書院
牧村史陽（編）（一九七九）『大阪ことば事典』講談社
松村　明（一九五七）『江戸語東京語の研究』東京堂出版
三浦つとむ（一九五六）『日本語はどういう言語か』ミリオン・ブックス、講談社
三浦つとむ（一九七六）『日本語はどういう言語か』講談社学術文庫（三浦（一九五六）を改稿・増補したもの）
宮島達夫（編）（一九七一）『古典対照語い表』笠間索引叢刊四、笠間書院
三上　章（一九五三）『現代語法序説』刀江書院（一九七二、くろしお出版より復刊）
三上　章（一九五五）『現代語法新説』刀江書院（一九七二、くろしお出版より復刊）
三上　章（一九七〇）『文法小論集』くろしお出版
宮治弘明（一九九〇）「近畿中央部における人を主語とする存在表現の使い分けについて―アンケート調査からみた若年層の実態―」『阪大日本語研究』二、八三―一〇五頁、大阪大学文学部
宮田和一郎（一九五二）「語法的にみた助動詞「り」の性格」『国語国文』二一―九、一〇一―一〇八頁、京都大学文学部国語学国文学研究室
村田菜穂子（二〇〇一）「平安時代の形容動詞―～ゲナリと～カナリ―」『国語学』二〇四、一六―三〇頁、国語学会
柳田征司（一九九〇）「近代語の進行態・既然態表現」『近代語研究』八、一―二七頁、武蔵野書院
柳田征司（一九九一）『室町時代語資料による基本語詞の研究』武蔵野書院
柳田征治（二〇〇一）「「ヲリ」（居）の語源」『語源研究』二〇周年記念特別号、一四三―一五〇頁、日本語語源研究会
山下和弘（一九八五）「「テ＋イル」と「テ＋アル」」『語文研究』六五、一七―二四頁、九州大学国語国文研究会
山下和弘（一九八八）「「タリ」と「テアリ」」『語文研究』六六・六七合併号、一一一―一一七頁、九州大学国語国文研究会
山下和弘（一九九〇）「「テ＋イル」と「テ＋アル」の連体用法」『筑紫語学研究』創刊号、二四―三六頁、筑紫国語学談話

会

山下和弘（一九九六）「中世以後のテイルとテアル」『国語国文』六五―七、三九―五四頁

山田孝雄（一九〇八）『日本文法論』宝文館

湯沢幸吉郎（一九二九）『室町時代言語の研究』大岡山書店（風間書房より復刊、一九五五）

湯沢幸吉郎（一九三六）『徳川時代言語の研究』刀江書院（風間書房より復刊、一九六二）

湯沢幸吉郎（一九五四）『江戸言葉の研究』明治書院

渡辺吉鎔（一九八三）『はじめての朝鮮語―隣国を知るために―』講談社現代新書、六八七、講談社

Carlson, G.N.（1980）*Reference to Kinds in English*, Garland Publisher, New York.

Chandralal, D.（1999）"Ways of Expressing Spatial Location in Language"『沖縄短大論叢』一三―一、一―五五頁、沖縄短期大学

Heim, I. R.（1982）*The Semantics of Definite and Indefinite Noun Phrases*, Ph. D. dissertation, University of Massachusetts, Amherst.

Kuno, S.（1973）*The Structure of the Japanese Language*, The MIT Press, Cambridge, Mass.

Langacker, R. W.（2000）"A dynamic usage-based model" Barlow, M. and S. Kemmer（eds.）*Usage-Based Models of Language*, pp. 1-63, CSLI publications.（坪井栄治郎（訳）（2000）「動的使用依拠モデル」坂原茂（編）『認知言語学の発展』pp. 61-143, ひつじ書房）

Silverstein, M.（1976）"Hierarchy of features and ergativity," Dixon, R.M.W.（ed）*Grammatical Categories in Australian Languages*, Canberra: AIAS, and New Jersey: Humanities Press.

Strauss, S.（1993）"Do aru and iru Exist as Verbs of Existence in Japaense?," Soonja choi（ed）*Japanese/Korean Linguistics* 3, 271-287, CSLI, Stanford.

Takeuchi, L.（1987）*A Study of Classical Japanese Tense and Aspect*, Akademisk Forlag, Copenhagen.

Takeuchi, L.（1993a）"Long-term developments in the Japanese aspect-tense system: a case of linguistic drift?" *Acta Orientalia* 54, 150-174.

Takeuchi, L. (1993b) "The development of the exalted function of the possessive construction in Classical Japanese," *The Bulletin of the School of Oriental and African Studies, University of London*, LVI-2, 260-291.

Takeuchi, L. (1999) *The Structure and History of Japanese: from Yamatokotoba to Nihongo*, Pearson Education Limited, Harlow.

Traugott, E. C. and R. B. Dasher (2002) *Regularity in Semantic Change*, Cambridge University Press.

Voeikova, M. D. (2000) *Russian Existential Sentence: A Functional Approach*, Lincom Europa, München.

〔追加〕

高田祥司（二〇〇三）「岩手県遠野方言のアスペクト・テンス・ムード体系―東北諸方言における動詞述語の体系変化に注目して―」日本語文法学会（編）『日本語文法』三―二、一〇〇―一一六頁、くろしお出版

あとがき

本書のルーツは、一九七九年、在学していた東京大学大学院人文科学研究科での山口明穂先生の演習「あゆひ抄読解」において、私が「有倫（ありとも）」の項を担当したことに発します。古典語の「たり」を、里言（口語訳）においては「内・外」（有生・無生）の区別に従って、「-ている」「-てある」と使い分ける、という記述（本書14・4・2節参照）に興味を引かれ、同時代の本居宣長の「古今集遠鏡」で例証を試み、その事実を確認しました。それをきっかけとして、「いる」と「ある」の使い分けと歴史的変化への関心が高まり、同じく山口先生の学部時代の演習（一九七七年）で取り上げられた「天草版平家物語」を使って、原拠本との対照により、変化の断面を切り取ることを思いつきました。この調査は、一九八一年三月に提出した修士論文「文の意味構造と〈有情・非情〉」へと結実しました。そして修士論文の成果をもとに、私の最初期の公刊論文である金水（一九八二a、一九八三、一九八四）が生まれ、それが本書の基盤となった訳です。本書を生み出す重要な契機を与えてくださった山口明穂先生に、まずお礼を申し上げなければなりません。またもう一人の恩師・築島裕先生は、私を漢文訓読文の世界に導いてくださいましたが、そこから「ゐたり」と「をり」の文体的な対立という概念が導かれたわけです。そのアイディアはまず金水（一九八三）で言及され、やがて本書第2部の大きなテーマとなりました。築島裕先生、山口明穂先生、ありがとうございました。

併せて、その当時演習や普段の学習においてさまざまなご意見を賜った諸先輩・後輩の皆様にも心よりお礼を申し上げます。特に、七七年の「天草版平家物語」演習でご一緒させていただいた工藤真由美氏には、当時ご研究中だった宇和島方言のアスペクトなどのお話から、アスペクトに対する関心を開いていただきました。言うまでもなく工藤氏のご研究は工藤（一九九五）に代表されるように、その後の日本語におけるアスペクト・テンス研究を牽引する立場に立たれたわけで、本書においても多大な学恩を賜っております。記して深く感謝いたします。

その後、一九九二年頃、仁田義雄先生より、ひつじ書房の「日本語研究叢書」第二期へ寄稿せよとのお誘いをいただき、存在動詞の歴史なら書けると思ってお引き受けしましたが、これが思いの外の難産となってしまいました。今思えば、私自身の研究の興味がさまざまな方向へと広がっていった時期でもあり、一冊の本をまとめるという集中力を欠いていたことが最大の原因であったかと思います。執筆作業に手を付けられないまま時間が過ぎ、その間に九五年の阪神・淡路大震災での被災、九八年の本務校の移動などが重なり、なお出版が遅れることとなりました。この度、二〇〇五年度の日本学術振興会の出版助成を得たことを弾みとして、ついに出版にこぎ着けましたが、それもこれも、ひつじ書房主松本功氏が我慢強くねばり強く執筆を促されてきたからこそのことであります。松本氏には、心からのお詫びとお礼を申し上げます。また、最後の追い込みに担当者として伴走してくださった、ひつじ書房の編集担当の松原梓さんにもお礼を申し上げます。

さて、いささか言い訳めきますが、本書の執筆を思い立ってから今日までの回り道は、決して無駄であったわけではなく、この間に学んできた日本語史、意味論、統語論、語用論、計算言語学、社会言語学等の知識は本書にそれなりに反映されているのではないかと思います。予定通り書き上げていたら成っていたであろう本書の姿と、今日の現実の本書の姿とは、かなり異なっていたはずです。本書は、その意味で、私のこれまでの研究生活の集大成であると言えます（「役割語」も、実は本書で扱った「おる」の研究の中から生まれた概念であることを付け加えておきます）。私の満五〇歳の年に刊行がなったことも、単なる偶然を越えた意味を持つのでしょう。ここで、私が研究の道に進むことを許してくれた両親と、私の生活を支え、生き甲斐と張りを与えてくれた妻と二人の子供たちにも改めてお礼を申したいと思います。そしてここに名前を記すことができなかった方々も含め、貴重なご教示を賜り、私の研究を助けてくださった皆々様、本当にありがとうございました。

ともあれ、やっと本書を書き終え、私は今、積年の負債を返済し終えたような思いでいます。本書を足がかりとし、いざ、研究生活の後半戦へ旅立つことといたしましょう。

二〇〇六年二月　西宮の自宅にて

金水　敏　記

索引

事項

語彙

＊「ある（あり）」「いる（ゐる）」「をり」は、原則として採らない。

人名・書名

〔著者〕金水 敏 ………………きんすい さとし………………

（略歴）大阪大学大学院文学研究科教授。1956 年大阪生まれ。神戸大学教養部、大阪女子大学学芸学部、神戸大学文学部等を経て現職に至る。

専門は日本語文法の歴史、役割語研究など。主要著書として、『指示詞』（日本語研究資料集、共編著、ひつじ書房、1992）『意味と文脈』（現代言語学入門 4、共著、岩波書店、2000）、『時・否定と取り立て』（日本語の文法 2、共著、岩波書店、2000）、『ヴァーチャル日本語 役割語の謎』（もっと知りたい日本語、岩波書店、2003）など。

日　本　語　研　究　叢　書

【第 2 期第 3 巻】 日本語存在表現の歴史

A History of Existential Expressions in Japanese

Satoshi Kinsui

発行	2006 年 2 月 20 日 初版 1 刷 2015 年 8 月 20 日 初版 3 刷
定価	5000 円＋税
著者	© 金水敏
発行者	松本功
装丁者	石原亮
印刷所・製本所	三美印刷株式会社
発行所	株式会社ひつじ書房

〒 112-0011 東京都文京区千石 2-1-2 大和ビル 2 階
Tel. 03-5319-4916
Fax. 03-5319-4917
e-mail toiawase@hituzi.co.jp
http://www.hituzi.co.jp/
郵便振替 00120-8-142852

造本には充分注意しておりますが、落丁・乱丁などがございましたら、
小社かお買い上げ書店にておとりかえいたします。
ご意見、ご感想など、小社までにお寄せ下されば幸いです。

❖

ISBN4-89476-265-X
ISBN978-4-89476-265-7

Printed in Japan

刊行にあたって

もはや，日本語研究は，“いわゆる国語学者”だけの専有領域ではなくなってきている。言語学や各個別言語を専門とする者の中にも，日本語の研究を行ったり，日本語との対照研究を行ったりする者が増えてきている。さらに言えば，たとえば，言語情報処理のような言語研究プロパーでない人達からの言語に対する発言・研究も増えつつある。したがって，日本語についての研究と言えども，伝統的な国語学の成果を踏まえながらも，もはや，それら諸領域での研究成果を無視するわけにはいかないものになってきている。

こういう時期に，比較的若手を中心として，日本語を核としたさほど大部ではないモノグラム的な研究叢書を編むことにしたのは，理論に傾いた研究と実証に重きを置く研究に梯子を掛け，日本語を中心として研究を進めている研究者と，何らかの点で日本語にも関心を持つ研究者との間に橋を渡すことのできる少しでも新しい研究成果・研究方法を呈示できればとの思いからである。

この叢書が，日本語研究，広くは言語研究に，ささやかながらも一石を投ずることができれば，編者ならびに執筆者にとってこれに過ぎたる喜びはない。

編者　仁田義雄・村木新次郎

近年，日本語研究は，新しい展開を示しております。これまでの国語学の研究の範囲を超え，海外の言語研究の流れに相互的に影響を及ぼし，また，日本語情報処理，認知言語学からの影響，また，日本語教育などからの様々な要請などにより，特に現代語の研究の場で，活発に議論が巻き起こり，相互に影響を与え，大きな成果があがりつつあります。もちろん，従来の国語学の蓄積を軽んずるものではなく，明治期に国語学と博言学(言語学)にわかれた日本語の研究がここにきて，新たな統合の時期を迎えようとしているということでもあると思います。さらに，英語，フランス語，中国語などの外国語との対照研究も広く行われつつあり，日本語を色々なレベルで客観的に研究する土壌が育ってきている状況にあると思われます。日本語も新しい時代に達したのだと思います。小社では，そうした新しい局面を重視し，これからの日本語研究のために『日本語研究叢書』と題して，刊行して行くことにいたしました。まず，第１期を刊行し，続けて第２期，第３期と刊行して行きたいと存じます。

現在，日本語研究の世界で，優れた業績を上げ，また上げつつある中堅・若手の気鋭の研究者によって執筆される本叢書が日本語研究のいっそうの発展に寄与することを信じ，また，祈っております。ぜひとも皆様がたのご支援とご鞭撻をお願い申し上げます。

ひつじ書房